नए दौर की ओर...

नए दौर की ओर...

किशोर बियानी

लेखन सहयोग

दीपायन बैश्य

पुनरीक्षण

अभय कुमट

प्रकाशक

प्रभात पेपरबैक्स

4/19 आसफ अली रोड, नई दिल्ली–110002

फोन : 23289777 • हेल्पलाइन नं. : 7827007777

इ–मेल : prabhatbooks@gmail.com ❖ वेब ठिकाना : www.prabhatbooks.com

संस्करण

2020

अनुवाद

श्री अमरनाथ श्रीवास्तव

मूल्य

दो सौ पचास रुपए

अ.मा.पु.स. 978-81-7315-647-2

मुद्रक

आर–टेक ऑफसेट प्रिंटर्स, दिल्ली

———————— ★ ————————

NAYE DAUR KI ORE...

by Kishore Biyani with Dipayan Baishya

(Translation of 'It happened in India'

Published in English by Rupa & Co., New Delhi)

Published by **PRABHAT PAPERBACKS**

4/19 Asaf Ali Road, New Delhi-110002

ISBN 978-81-7315-647-2

₹250.00

समर्पित

- उन्हें जो हमारे स्टोर्स में आते हैं
- जिनको हमारे सपनों पर भरोसा है
- परिजनों एवं मित्रों को, जो हमेशा मेरे साथ रहे एवं मुझ पर विश्वास रखा।

प्राक्कथन

इस पुस्तक के लेखन का विचार जब आया, उसी समय से मैं अपने पापा से बार-बार यह प्रश्न पूछने लगी थी कि आखिर पुस्तक को इतनी जल्दी लिखने का उद्देश्य क्या है? दरअसल, उस समय मुझे यही लग रहा था कि कहानी तो अभी बस शुरू ही हुई है, इसलिए उसे लोगों तक पहुँचाने के लिए अभी बहुत समय है; परंतु लंबी चर्चा और विचार-विमर्श के बाद अब मैं इस कहानी को कल के भारत तक पहुँचाने की उपयोगिता और प्रासंगिकता को समझ गई हूँ। मेरा विचार है कि भारत को ऐसे रोल मॉडल—यानी प्रेरक आदर्शों—की जरूरत है, जो उसमें यह विश्वास भर सकें कि यह सब यहीं और इसी देश में हो सकता है। हमारी वर्तमान पीढ़ी को ऐसे आदर्शों की जरूरत है, जिनके साथ हम स्वयं को जोड़ सकें। हमें ऐसे साधारण व्यक्तियों की कहानी की जरूरत है, जिन्होंने कुछ असाधारण कर दिखाया है।

यह पुस्तक स्वयं में अनोखी है। अनोखी केवल इसलिए नहीं कि यह मेरे पापा की कहानी है, बल्कि इसलिए भी कि यह मुझे एवं मेरी पीढ़ी को सपने देखने और महत्त्वाकांक्षा रखने की प्रेरणा और साहस देती है। सचमुच, इससे हमारे मन में यह विश्वास पैदा होता है कि हम स्वयं बहुत कुछ कर सकते हैं, परिस्थितियाँ बना सकते हैं और बदल सकते हैं। यह एक दुकानदार की साधारण कहानी है, जिसने स्वयं कार्य करते हुए सीखा। इससे मेरे इस विश्वास को बल मिलता है कि दृढ़ निश्चय और अटूट आत्मविश्वास से सबकुछ हासिल किया जा सकता है और सपने सच हो सकते हैं। इसके लिए जरूरत है तो बस अदम्य इच्छा-शक्ति की।

पुस्तक में प्रस्तुत किए गए विचार आवश्यक रूप से पूर्णता की प्रतिमूर्ति नहीं हैं। सच यह है कि पुस्तक को पढ़ते समय आपको कहीं-कहीं कुछ हैरानी भी होगी। उदाहरण के लिए, पापा का सदैव ही विश्वास बचाने में नहीं बल्कि खर्च करने की

शक्ति में रहा है। उनका स्पष्ट मानना है कि जितना ज्यादा आप खर्च करेंगे उतनी ही आपकी इच्छा बढ़ेगी और इस प्रकार आप अधिक-से-अधिक कमाने की भी कोशिश करेंगे। इतना ही नहीं, पुस्तक में दिया गया मंत्र **'नियमों को बदलो और मूल्यों को बनाए रखो'** भी आपको हैरानी में डाल सकता है। मुझे आशा है कि यह पुस्तक आपके मन, विचारों और धारणाओं तक दस्तक देगी। आपको अपनी पुरानी धारणाओं को बदलकर उनके स्थान पर नई धारणाएँ विकसित करने और अपनाने के लिए विवश कर देगी।

इन सबसे ज्यादा महत्त्वपूर्ण बात यह है कि यह पुस्तक संबंधों के बारे में है। उन संबंधों के बारे में, जिनसे आज यह सब संभव हो सका है। संबंध—जो पापा के अपने ग्राहकों, शेयरधारकों, सहयोगियों, निवेशकों, साझेदारों, सप्लायर्स, शुभचिंतकों और हमारे साथ रहे हैं।

किशोर बियानी को कुछ लोग भारत में आधुनिक रिटेल की शुरुआत के लिए जानेंगे तो कुछ लोग उन्हें एक नेता के रूप में—जो अब भी सीख रहा है—प्रेरणा ग्रहण करेंगे।

—अश्नि बियानी

आभार

यह पुस्तक बहुत सारे मस्तिष्कों का सामूहिक प्रयास है। यह कोई घटनाक्रम नहीं है, बल्कि विचारों के कार्यान्वयन का एक संग्रह है। विविधताओं का वर्णन स्वयं में एक चुनौती है और पुस्तक चूँकि निष्क्रिय है, अत: पाठक को लेखक की गति से चलने को मजबूर करती है। अत: हमने वर्णनात्मकता में एक सुधार किया, पुस्तक को संवादशील बनाया। इस हेतु हमने सहकर्मियों, सहयोगियों एवं मित्रों को अपने विचार, प्रतिक्रियाएँ और मंतव्य बाँटने का निवेदन किया।

सौ से भी ज्यादा लोगों से इंटरव्यू लिया। उससे भी ज्यादा ने अनौपचारिक रूप से विचार व्यक्त किए और पांडुलिपि को सुधारने के सुझाव दिए। हम सबको यहाँ जगह नहीं दे पाए हैं, पर इससे उनके व्यक्त विचारों का मूल्य किसी भी तरह कम नहीं होता।

हमारे अपने संगठन में प्रशांत देसाई ने इस विचार की शुरुआत की और जब भी जरूरत पड़ी, समर्थन और सूचनाएँ दीं। संजीव श्रीवास्तव, के.के. राठी एवं जी.आर. वेंकटेश के अलावा और भी कई लोगों ने समय पर सूचनाएँ और अंतर्दृष्टि दीं। अश्नि, अवनि, निशिता एवं विवेक की नई पीढ़ी ने पुस्तक को नई सोच दी। और मेरे मित्रों व परिवार के सदस्यों में अभय कुमट एवं अञ्जु पोद्दार ने पांडुलिपि के विभिन्न अध्याय पढ़े और अपने बहुमूल्य सुझाव दिए।

यह पुस्तक लिखने के लिए किए गए शोध का बड़ा भाग कंपनी के दस्तावेजों और रिपोर्टों के साथ-साथ भारतीय एवं अंतरराष्ट्रीय मीडिया पर आधारित है। हमने उन पुस्तकों और अध्यायों का उल्लेख पुस्तक में किया है, जिन्होंने इन वर्षों के दौरान हमारे संगठन एवं उनके मूल्यों का निर्माण किया है। यदि असावधानीवश किसी स्रोत या प्रकाशन का उल्लेख छूट गया है तो हम क्षमा-याचना करते हैं।

अंत में लेकिन महत्त्वपूर्ण रूप से हमारे बहुत से सहयोगी और व्यापारिक साझीदार हैं, जो हमारे साथ लाखों ग्राहकों की सेवा करते हैं और हमारे हजारों शेयर होल्डरों का विश्वास अर्जित किया है। ये कहानी आप तक पहुँचाने का सबसे ज्यादा आत्मविश्वास हमें हमारे ग्राहकों से मिला है, जो हमारे स्टोरों में आते हैं, हमारे व्यवसाय को पसंद करते हैं और जिन्हें हम पर विश्वास है।

विषय–सूची

भारत में निर्मित

> 'जाने क्यों, कभी-कभी हम करोड़ों भारतीय लाखों की तरह छोटा सोचते हैं।'
>
> *—ए.पी.जे. अब्दुल कलाम*

बृहस्पतिवार का दिन था, जिसकी शुरुआत अन्य दिनों से कुछ अलग ही हुई थी। सुबह 7:30 बजे सदाशिव नायक—हमारे संगठन के पश्चिमी क्षेत्र के प्रमुख—का फोन आया। उन्होंने बताया कि लोअर परेल (मुंबई) के बिग बाजार के बाहर ग्राहकों की लंबी कतार लगी हुई है। स्टोर के खुलने का समय 8:00 बजे का था। मैंने स्वयं स्थिति का जायजा लेने का निश्चय किया। लेकिन इससे पहले कि मैं कुछ करता, बंगलौर, गुड़गाँव और कोलकाता से भी कुछ ऐसी ही स्थिति की खबर फोन पर मिलने लगी। यहाँ भी बिग बाजार स्टोर के बाहर ग्राहकों की लंबी-लंबी कतारें थीं। मैं बस निकलने ही वाला था, तब तक मुझे खबर मिली कि कई स्थानों पर स्थिति नियंत्रण से बाहर होती जा रही है। कोलकाता में—जहाँ हमारा एक स्टोर हवाई अड्डे की ओर जानेवाले वी.आई.पी. रोड पर स्थित है—हमारे ग्राहकों की अधीरता साफ देखी जा सकती थी। वे गलियों तक कतार लगाकर खड़े हो गए थे, जिससे हवाई अड्डे की ओर यातायात लगभग अवरुद्ध हो गया था। कोलकाता में हमारा दूसरा स्टोर (आउटलेट) हाइलैंड पार्क के आवासीय परिसर में स्थित है। वहाँ हमारे स्टोर प्रबंधकों ने शटर गिराना शुरू कर दिया था, क्योंकि स्थानीय निवासी शिकायत करने लगे थे कि परिसर के प्रवेश मार्ग पर ग्राहकों की भीड़ के कारण उन्हें आने-जाने में परेशानी हो रही है।

वी.आई.पी. रोड स्थित स्टोर पर भी इसी तरह का कदम उठाया जा रहा था। लेकिन कोलकाता तो आखिर कोलकाता ही ठहरा, ग्राहकों ने शटर पीटना और स्टाफ को परेशान करना शुरू कर दिया था। पुलिस, जिसने पहले स्वयं ही शटर बंद कर देने के लिए कहा था, अब स्थिति पर काबू पाने में नाकामयाब दिखाई दे रही थी, इसलिए पुलिस ने स्टोर को फिर से खोलने को कहा।

सुबह 10:00 बजे तक मैं लोअर परेल स्थित बिग बाजार में पहुँच गया। 55 हजार वर्ग फीट क्षेत्र में बने इस स्टोर में रोज हजारों की संख्या में ग्राहक आते हैं। उस दिन स्थिति यह थी कि लगभग 10 हजार ग्राहक स्टोर में थे, जबकि इतने ही स्टोर के बाहर खड़े प्रतीक्षा कर रहे थे। बिग बाजार के स्टोर्स पर न्यूनतम मूल्य पर वस्तुएँ बेचकर ग्राहकों को आकर्षित करने के हमारे अपने प्रयासों के कारण ही ऐसी स्थिति उत्पन्न हो गई थी, जिसकी हम कल्पना भी नहीं कर सकते थे।

वर्षों से हम दीवाली के अवसर पर बिग बाजार में विशेष आकर्षक छूट अथवा ऑफर देते रहे हैं। पिछली दीवाली को इस प्रकार के ऑफर और छूटों पर ग्राहकों की ओर से अत्यंत उत्साहवर्धक प्रतिक्रियाएँ देखने को मिलीं, जो पहले कभी देखने को नहीं मिली थीं। हमारे विक्रय प्रतिनिधियों की टीम सचमुच बहुत उत्साहित थी। टीम ने ही हमें एक ऐसा आयोजन करने का सुझाव दिया था, जिसमें ग्राहकों को और भी अच्छे ऑफर का लाभ मिल सके। उस समय हमने जनवरी-फरवरी में ऐसा आयोजन करने का निर्णय लिया था। इन दिनों खुदरा बिक्री कुछ कम होती है।

26 जनवरी को गणतंत्र दिवस का राष्ट्रीय अवकाश होने के कारण ज्यादातर लोग अपना समय अपने परिवार के साथ बिताते हैं। ग्राहकों के लिए इस दिन को ज्यादा उत्सवपूर्ण बनाने का यह सुनहरा मौका था। अतः हमने बड़ी संख्या में सप्लायर्स के साथ अच्छे सौदे किए। साथ ही, रेडियो तथा समाचार-पत्रों के माध्यम से 'सबसे सस्ता दिन' के बारे में विज्ञापन भी शुरू कर दिया गया।

राजन मल्होत्रा*

> हमारा बस यही उद्‌देश्य था—'हर साल आनेवाले इस दिन को कुछ खास बनाना।' गणतंत्र दिवस नजदीक था और सबकुछ उत्साहवर्धक लग रहा था। '26 को 26' का नारा मैंने ही सुझाया था और बस हमारा बिक्री लक्ष्य निर्धारित हो गया—एक दिन (26 जनवरी को) में 26 करोड़ की बिक्री। यह लक्ष्य

---

* राजन मल्होत्रा बिग बाजार के प्रमुख हैं। वह वर्ष 2000 में कंपनी में नियुक्त हुए थे।

यह मौका हाथ से नहीं जाने देना चाहता था। लालच, परोपकार, डर और न सभी मनोभावों के एक साथ एवं पूरे तालमेल में काम करने से भारी प्रतिसाद था।

म आयोजन से बिक्री बढ़ने से ज्यादा महत्त्वपूर्ण यह हुआ कि बिलकुल नए आधुनिक रिटेल स्टोरों में खरीदारी के लिए आए। उत्पादक और विक्रेता कों को अलग-अलग श्रेणियों और उपश्रेणियों में बाँटकर देखते हैं; परंतु हमारे भारतीय—जो थोड़ी-बहुत भी महत्त्वाकांक्षा रखता है—संभावित ग्राहक है।

भारत को तीन वर्गों में बाँटकर देखते हैं—भारत एक, भारत दो और भारत क्रमशः उपभोक्ता वर्ग, सेवारत वर्ग और संघर्षरत वर्ग के रूप में समझा जा । हमारे अध्ययन के अनुसार, भारत एक अथवा उपभोक्ता वर्ग का देश की संख्या में मात्र 14 प्रतिशत हिस्सा है। अब तक बिग बाजार सहित सभी खुदरा स्टोर इसी वर्ग से ग्राहकों को आकर्षित करने की कोशिश करते रहे थे। स वर्ग के लोग ही उच्च-मध्यम और निम्न-मध्यम वर्ग में आते हैं, जिनकी न्य वर्ग के लोगों की आय से कहीं बहुत ज्यादा है।

त दो अथवा सेवारत वर्ग में कार्यालयों के चपरासी, घरेलू नौकर, ड्राइवर, और धोबी आदि आते हैं। ये ही लोग भारत एक अथवा उपभोक्ता वर्ग के लोगों आसान और आरामदायक बनाते हैं। भारत दो अथवा सेवारत वर्ग का देश की ख्या में लगभग 55 प्रतिशत हिस्सा है—यानी भारत एक के एक सदस्य पर कम-से-कम तीन सदस्य। परंतु भारत एक अथवा उपभोक्ता वर्ग सेवारत वर्ग के बदले उपयुक्त पारिश्रमिक नहीं देना चाहता। (जरा सोचिए, आपके वेतन बार वृद्धि हुई है या आपने अपने ड्राइवर के वेतन में कितनी बार वृद्धि की हाँ, इस वर्ग में आनेवाले लोगों की संख्या बहुत ज्यादा है; लेकिन उनकी आय है कि वे बड़े-बड़े उत्पाद या सेवाएँ खरीदने में सक्षम नहीं हैं।

रा वर्ग है—संघर्षरत वर्ग अथवा भारत तीन, जो बड़ी मुश्किल से किसी तरह न करता है और बेहतर जीवन की सुख-सुविधाओं का खर्च वहन नहीं कर ख के साथ कहना पड़ता है कि यह वर्ग आनेवाले कुछ वर्षों में भी इसी तरह क्र में सबसे पीछे, अलग-थलग बना रहेगा। आज का व्यवसायी वर्ग उनकी ओं की ओर ध्यान नहीं दे सकता।

प्रकार, पहले दो वर्गों यानी उपभोक्ता अथवा स्वामी वर्ग और कर्मचारी रत वर्ग के लोग एक स्टोर पर खरीदारी नहीं करते। निम्न-मध्यम वर्ग के बड़े बाजारों और छूटवाले स्टोरों पर खरीदारी करने के लिए जाते हैं, जबकि

किसी गणितीय समीकरण के आधार पर नहीं, बल्कि कुछ असाधारण करने की आकांक्षा ने निर्धारित किया।

हमेशा की तरह सभी टीमों—वितरण यानी मार्केटिंग टीम, कार्य-संचालन टीम, सूचना प्रौद्योगिकी टीम—ने अपना-अपना पूर्वाभ्यास किया। लेकिन हमारे मन के एक कोने में यह संदेह बैठा हुआ था कि हम मात्र चौबीस घंटे में इतना बड़ा लक्ष्य कैसे प्राप्त कर पाएँगे? अगर हमारी अपेक्षा के अनुरूप बिक्री नहीं हुई तो क्या होगा? उस स्थिति में हमें अपनी योजना में सुधार करने के लिए कोई मौका नहीं था। मुझे याद है, सोमवार का दिन था, जब अपनी समीक्षा बैठक में मैंने इस विषय पर चर्चा की थी। के.बी. (किशोर बियानी) ने हमेशा की तरह विश्वास दिलाया कि सारे संकेत सकारात्मक हैं और हमारा यह दिन कुछ खास होगा। हालाँकि हमने उनकी बात पर पूरा विश्वास नहीं किया, जो हमारी एक गलती सिद्ध हुई।

परिणाम चिंताजनक और चौंकानेवाला रहा। कुछ ही घंटों में हमारी चिंता और उत्साह भय में बदल गए। पहले हमारा सारा ध्यान अपने बिक्री लक्ष्य को प्राप्त करने पर केंद्रित था और अब अपने स्टोरों के भीतर जुटे हजारों ग्राहकों की सुरक्षा की चिंता होने लगी थी। हालाँकि स्टोर के कर्मचारी इस तरह की मुश्किल भरी स्थिति को सँभालने के लिए प्रशिक्षित होते हैं, लेकिन उस समय ग्राहकों की भीड़ इतनी बेकाबू हो रही थी कि कोई भी उसे सँभालने के लिए तैयार नहीं था।

लगभग सभी स्टोरों पर स्थिति ऐसी ही थी। स्टोरों के बाहर बड़ी संख्या में एकत्र ग्राहकों की भीड़ को नियंत्रित करने के लिए पुलिस आई। दो घंटे की बिक्री के बाद ही स्टोरों को बंद कर देना पड़ा, ताकि स्थिति को नियंत्रण में किया जा सके। बंगलौर के कोरामंगला स्थित स्टोर में तो स्थिति यहाँ तक पहुँच गई कि शटर भी बंद नहीं किया जा सका। स्थिति को नियंत्रण से बाहर होते देखकर स्थानीय पुलिस अधिकारी को सार्वजनिक रूप से यह घोषणा करनी पड़ी कि बिक्री का समय कल तक के लिए बढ़ा दिया गया है।

सचमुच, ग्राहकों की ओर से मिली इस अप्रत्याशित और अभूतपूर्व प्रतिक्रिया से हम सभी आश्चर्यचकित थे। टेलीविजन, मोबाइल फोन और डी.वी.डी. प्लेयर जैसी वस्तुएँ तो देखते-ही-देखते सब्जी की तरह बिक गईं। ग्राहक हमारे उस चार पृष्ठोंवाले विज्ञापन-पत्र को लेकर जा रहे थे, जिसे हमने एक दिन पहले जारी किया था। खाली हाथ वापस जाना कोई नहीं चाहता था। ग्राहक हमारे ऑफरों के बारे में पढ़ चुके थे। वे विज्ञापन-पत्र में उल्लिखित प्रत्येक वस्तु और ऑफर का लाभ उठाना चाहते थे।

इस दौरान कुछ विचित्र बातें भी सामने आईं। लोअर परेल स्थित स्टोर पर कुछ ग्राहकों ने स्टोर के भीतर जाने देने के लिए सुरक्षाकर्मी को पचास-पचास रुपए की रिश्वत देने की कोशिश की। कतार में कहीं खड़े एक ग्राहक ने वॉशरूम में जाने की इच्छा जताई। उसे वॉशरूम में जाने की इजाजत दे दी गई। लेकिन तभी कतार में खड़े अन्य ग्राहकों को लगा कि कतार से बाहर निकलकर स्टोर में घुसने के लिए वॉशरूम का बहाना सबसे अच्छा है। दरअसल, वॉशरूम स्टोर के भीतर ही बना हुआ है। जब बड़ी संख्या में ग्राहक वॉशरूम में जाने की इजाजत माँगने लगे तो उन्हें यह कहकर रोकना पड़ा कि वहाँ पहले से ही लंबी कतार लगी हुई है। मुंबई के कांदीविली स्टोर पर बासमती चावल के 'बाई वन गेट वन' (एक के साथ एक मुफ्त) ऑफर के लिए तो ग्राहक एकदम ही टूट पड़े थे। सच, स्थिति इतनी बिगड़ गई थी कि हमारे स्टाफ का एक सदस्य घायल भी हो गया। उसे निकट के अस्पताल में ले जाना पड़ा।

मैं भी लोअर परेल पहुँच चुका था। मैंने देखा, बाह्य प्रचार गाड़ियाँ मॉल के बाहर खड़ी की जा रही थीं। टेलीविजन चैनलों ने भीड़ का आँखों देखा हाल दिखाना शुरू कर दिया था। इस प्रकार 'सबसे सस्ता दिन' अब राष्ट्रीय स्तर का एक विषय बन गया था, जिसमें मीडिया की दिलचस्पी किसी एकदिवसीय क्रिकेट मैच से कम नहीं लग रही थी। अगले दिन सुबह लगभग सभी स्थानीय और राष्ट्रीय दैनिक समाचार-पत्रों ने इस खबर को प्रमुखता से छापा।

रिटेल रॉक्स—बिग बाजार सेल की जबरदस्त सफलता

'टाइम्स ऑफ इंडिया', 27 जनवरी, 2006

> दिल्ली के मार्केटिंग एक्जीक्यूटिव शरद वर्मा तो यह सबकुछ देखकर हैरान रह गए थे। बस से उतरने के बाद जब वह कांदीविली के बिग बाजार स्टोर की ओर बढ़े तो उन्हें रास्ते में बस भीड़-ही-भीड़ (ग्राहकों की) दिखाई दे रही थी। स्टोर के बाहर हजारों लोग कतार में खड़े घंटों तक अपनी बारी की प्रतीक्षा करते रहे थे। अपराह्न लगभग 1:30 बजे जब स्टोर प्रबंधकों ने देखा कि स्थिति नियंत्रण से बाहर हो गई है तो उन्होंने शटर गिराकर काम बंद कर दिया।
>
> इस प्रकार, कई लोगों को निराश लौटना पड़ा। उन्हें इस बात का पछतावा था कि मुँह में पानी लानेवाले इतने सारे आकर्षक ऑफरों में से एक भी उनके हाथ नहीं आया। उस दिन ग्राहक 5,890 रुपए में फ्लैट (सपाट स्क्रीनवाले) टेलीविजन सेट, 1,399 रुपए में मोबाइल हैंडसेट और 15,999 रुपए में डिजाइनर

सोफा सेट खरीदकर ले गए। इस प्रकार, अंत में f
30 करोड़ रुपए तक पहुँच गई, जो कि एक दिन व

26 जनवरी को दोपहर बाद हमने बिक्री ऑफर को
रखने का निर्णय लिया। उन दो दिनों में भी दोबारा ग्राहकों क
बार हमने बेहतर प्रबंध किया था। ग्राहकों को नियंत्रित करने
गए थे, टोकन जारी किए गए थे तथा स्टोर के बाहर कता
भोज्य एवं पेय पदार्थों की व्यवस्था की गई थी।

II

जनवरी 2006 के बाद की बिग बाजार की कहानी
सकता है—'सबसे सस्ता दिन' से पहले और उसके बाद में।
हमारा आत्मविश्वास सचमुच बहुत बढ़ गया था। स्टोर में अ
को देखकर हमारे इस विश्वास को बल मिला कि यदि
वातावरण तैयार किया जाए और उनके साथ भावनात्मक रि
कुछ भी असंभव नहीं है।

इस अनुभव के बाद अब हमारे संगठन का कोई भी र
कोई भी (ऊँचा-से-ऊँचा) बिक्री लक्ष्य प्राप्त करना असंभव

कुछ भावनाएँ हैं, जो लोगों की खरीदारी संबंधी धारणा
करती हैं। लालच, परोपकार, डर और ईर्ष्या—ये सबसे मौलि
आकर व्यक्ति अपनी वास्तविक आवश्यकता से अधिक वस्तु
विकल्पों की अधिकता, बेहतर उत्पाद और कम कीमत से
की इच्छा बढ़ती है। ऐसे मौके पर ग्राहक अकसर अपनी आवश
कर लेता है और कई बार दूसरे लोगों को उपहार देने के उद
खरीद लेता है। इसके अलावा, अकसर लोग इस डर से भी ज
कि यह ऑफर पता नहीं बाद में फिर कभी मिले या नहीं। स्प
तो किसी एक व्यक्ति (पड़ोसी या रिश्तेदार आदि) को कु
व्यक्ति भी उसे खरीदने के लिए तैयार हो जाता है। 'सबसे स
पीछे एक रहस्य यह भी रहा कि हमने ग्राहकों में मौजूद इ
अधिकतम लाभ उठाया। वैसे तो उत्पादों की कीमतें ज्यादा थीं
के लिए उन्हें कम कीमत पर ऑफर किया गया था। हर कं
उसके पड़ोसी, मित्र और सहयोगी सभी बिग बाजार की ओर

कोई भी
ईर्ष्या—इ
निश्चित
इ
उपभोक्त
प्रायः ग्राह
लिए हर
ह
तीन। इन्हें
सकता है
कुल जन
आधुनिक
वस्तुतः इ
आय साम
भा
लिफ्टमैन
का जीवन
कुल जनस
भारत दो
की सेवाओ
में कितनी
है?) जी
इतनी कम
तीस
जीवन-या
सकता। दु
उपभोग च
आवश्यकत
इस
अथवा सेव
लोग बड़े-

उच्च-मध्यम वर्ग के लोग डिपार्टमेंटल स्टोरों और सुपर बाजारों में जाते हैं। इतना ही नहीं, भारत दो यानी कर्मचारी (सेवारत) वर्ग के लोग यदि एक जैसा उत्पाद खरीदते भी हैं तो वे एक तो कम मात्रा में खरीदते हैं और दूसरी बात, इसके लिए वे आधुनिक खुदरा स्टोरों पर कभी नहीं जाते। दरअसल, साफ-सुथरे और तड़क-भड़कवाले आधुनिक खुदरा स्टोरों के बारे में उनकी धारणा यही होती है कि यहाँ चीजें बहुत महँगी होंगी, इसलिए यह उनके लिए नहीं है। भारत दो के लोग उन बाजारों या स्टोरों से स्वयं को अलग-थलग महसूस करते हैं, जहाँ भारत एक के लोग प्रायः खरीदारी करते हैं। संभवतः भारत की यह एक अनूठी विशेषता है।

26 जनवरी, 2006 की बिग बाजार की जो सबसे बड़ी और खास बात थी, वह यह थी कि इसने भारत दो के उपभोक्ता वर्ग को बड़ी संख्या में आकर्षित किया था। पिछले कुछ महीनों में हमने मुंबई की विभिन्न चालों और झुग्गी-बस्तियों में जाकर यह जानने की कोशिश की थी कि वहाँ के लोगों की आवश्यकताएँ, इच्छाएँ और उनकी उपभोग प्रवृत्ति क्या और कैसी हैं ? इसमें हमें कई अनुभव मिले, जिनमें से एक अनुभव यह भी था कि भारत दो यानी कर्मचारी वर्ग भीड़ की ओर ज्यादा आकर्षित होता है। इस वर्ग के लोग व्यक्तिवादी नहीं हैं। उन्हें किसी चीज की जरूरत तभी महसूस होती है, जब वे अपने समुदाय के किसी व्यक्ति को वह चीज लाते देखते हैं। सचमुच, यह एक सुखद आश्चर्य था कि बिग बाजार 'सबसे सस्ता दिन' पर इस वर्ग को लुभाने में खूब सफल रहा। दिन भर इस वर्ग के ग्राहकों का ताँता लगा रहा। इससे स्पष्ट हो गया कि उपभोक्तावाद का एक नया युग शुरू हो रहा है।

रमा बीजापुरकर*

अधिकतर भारतीय उस नए उपभोक्तावाद के लिए तैयार नहीं हैं, जो हमारे देश में शुरू होने जा रहा है। हम हवाई यात्रा पर जानेवाले लोगों की संख्या को कम करके आँकते हैं, यही कारण है कि हमारे हवाई अड्डों पर प्रायः जाम लग जाता है। हम यह अंदाजा भी ठीक-ठीक नहीं लगा पाते कि कितने लोग और कितनी देर तक फोन पर बातें करेंगे, इसीलिए हमारे मोबाइल नेटवर्क प्रायः व्यस्त हो जाते हैं। इसी तरह, हम इस नए उपभोक्तावाद की शक्ति को भी नहीं समझ पाए हैं, इसलिए हम उसके लिए अभी तैयार नहीं हैं।

---

* रमा बीजापुरकर एक स्वतंत्र बाजार परामर्शदात्री हैं और कई प्रतिष्ठित कंपनियों के बोर्ड की सदस्या भी हैं।

III

वस्तुतः, यह क्रांतिकारी परिवर्तन का समय है, जो चुनौतीपूर्ण होने के साथ-साथ उत्साहवर्धक भी है। परिवर्तन के इस मोड़ पर हमारा विशाल और बहुसांस्कृतिक भारत समाजवादी अर्थव्यवस्था से उपभोक्तावादी अर्थव्यवस्था की ओर तेजी से बढ़ रहा है; लेकिन अभी हम इस परिवर्तन के क्षेत्र और गहराई को अच्छी तरह समझ नहीं पाए हैं। अकसर तो हम इसे स्वीकार ही नहीं करते हैं। यही कारण है कि जब लोगों का एक बिलकुल नया समूह उपभोक्ता वर्ग में आ जाता है तो उस समय हम अस्त-व्यस्त हो जाते हैं। पहले क्या था—हम केवल बस स्टॉपों/बस अड्डों और रेलवे स्टेशनों के आरक्षण काउंटर पर ही कतार में खड़े होते थे, आज हमें हवाई अड्डों पर कतार में खड़े होना पड़ता है; क्योंकि हम यह अंदाजा नहीं लगा पाते कि कितने लोग हवाई जहाज से यात्रा करने वाले हैं। पहले हम साधारण कार में दफ्तर जाया करते थे और अब अच्छी कारें चलाते हैं; लेकिन फिर भी समय ज्यादा लगता है, क्योंकि यातायात की स्थिति पहले से ज्यादा खराब हो गई है। दरअसल, जो सड़कें पहले की बनी हैं, उन्हें इसी धारणा के आधार पर बनाया गया था कि आभिजात्य वर्ग के कुछ विशेष लोगों का समूह ही कार में चलेगा। किंतु यह सच है कि बदलते जनसांख्यिकी स्वरूप और उत्तरोत्तर ऊपर उठते आय-स्तर तथा नगरीकरण, वैश्वीकरण, तकनीकी विकास और देश के भीतर व बाहर से विचारों के स्वतंत्र प्रवाह से उपभोक्ता-रुचि और प्रवृत्ति में नाटकीय परिवर्तन आ रहा है। उपभोक्ता वर्ग अब पहले से अधिक परिपक्व हो गया है। जैसे भारत में कुशल दुकानदारों की संख्या बढ़ रही है, उसी तरह लाखों-करोड़ों की संख्या में अनुभवी उपभोक्ता भी प्रतिवर्ष बढ़ रहे हैं। रिटेलर और विक्रेता होने के नाते हमें न केवल इस बदलाव को स्वीकार करने की जरूरत है, बल्कि उससे एक कदम और आगे बढ़कर सोचने और कुछ करने की जरूरत है। भारत जैसे युवा देश में हमें नए-नए विचार व अवधारणाएँ विकसित करने तथा नई वितरण व्यवस्था तैयार करने की आवश्यकता है, जो अधिक-से-अधिक उपभोक्ताओं तक पहुँच सके। हमारी प्रगति हमारे अपने भौतिक संसाधनों पर नहीं, बल्कि भारतीय उपभोक्ताओं को अपनी ओर आकर्षित करने की हमारी कुशलता और व्यवस्था पर निर्भर करेगी। जब यह व्यवस्था जंगल की आग की तरह पूरे देश में फैल जाएगी तो हम उस उपभोक्ता शक्ति को सही दिशा में इस्तेमाल करने में सक्षम हो जाएँगे, जो आज हमारे बीच उभर रही है।

वैसे, एकता में अनेकता की भारत की अद्वितीय विशेषता भारतीय बाजारों में भी स्पष्ट देखी जा सकती है। हमारे देश में कितने उत्सव कब, कहाँ और किसके द्वारा मनाए जाते हैं, यह सब जानकारी हम नहीं रख सकते; क्योंकि यहाँ थोड़ी-थोड़ी दूरी पर

ही सबकुछ बदला हुआ देखा जाता है। जो चावल हम खाते हैं, जो वस्त्र हमारी स्त्रियाँ पहनती हैं और जिस बोली का हम प्रयोग करते हैं—हर 100 कि.मी. पर बदल जाते हैं। इसके अतिरिक्त देश भर में परस्पर विरोधाभासी प्रवृत्तियों की भी कमी नहीं है। सचमुच तर्क और संवेदना, व्यक्तिवादी और सामाजिक भावना, गरीबी और अमीरी, जीवन और जीवन-शैली, आदर्श और यथार्थ तथा अतीत और भविष्य—ये सब भारत में एक साथ देखे जा सकते हैं। सच तो यह है कि इन परस्पर विरोधाभासी प्रवृत्तियों और विशेषताओं से ही भारत को उसका वर्तमान और यथार्थ स्वरूप मिला है।

बाहरी दुनिया के लिए ये परस्पर विरोधी किंतु समन्वयपूर्ण प्रवृत्तियाँ भारतीय उपभोक्ता बाजार की सबसे असमंजसकारी पहलू हैं। लेकिन मैं इसे भारत का खुलापन मानता हूँ और अपने सामाजिक ढाँचे में नए आयाम जोड़ने के लिए परिवर्तन को स्वीकार करने की उसकी स्वाभाविक प्रवृत्ति के रूप में देखता हूँ। यह बाजारी शक्तियों एवं रिटेलरों के लिए अवसर व चुनौती दोनों है।

इस सच्चाई से कोई इनकार नहीं कर सकता कि भारत आज विश्व में सबसे बड़ा उपभोग अवसर उपलब्ध करानेवाला देश बन गया है, जिसका अभी तक बहुत कम दोहन हो सका है। विकास और प्रगति के जिस युग में हम प्रवेश कर रहे हैं, उसे देखकर कहा जा सकता है कि देश की प्रति व्यक्ति आय दोगुनी होने वाली है। वर्ष 2010 तक हमारे देश की लगभग आधी जनसंख्या क्रियाशील वर्ग यानी 20-54 आयु वर्ग के लोगों की होगी। सफलता के परिवेश में पली-बढ़ी यह पीढ़ी न केवल उत्पादकता में तेजी लाएगी, बल्कि उपभोग प्रवृत्ति और आय-सृजन पर भी अपना सकारात्मक प्रभाव डालेगी। युवा उमंगों से भरा राष्ट्र ही अपेक्षाकृत अधिक मेहनत करके अपने आय-स्तर को ऊँचा उठा सकता है और आय-स्तर ऊँचा होने से सेवाओं एवं वस्तुओं को खरीदने की उसकी क्षमता में भी वृद्धि होगी।

ऐसा नहीं है कि यह बदलाव सिर्फ बड़े शहरों तक ही सीमित है। आज नागपुर, सूरत, वडोदरा, विजयवाड़ा और इंदौर आदि मध्यम स्तरीय शहरों की चर्चा आम हो गई है; लेकिन सांगली, पानीपत, पलक्कड़, दुर्गापुर या अंबाला जैसे छोटे शहरों में खुदरा स्टोर (रिटेल आउटलेट) चलाने का हमारा अनुभव कहता है कि इन स्थानों पर बदलाव का कुछ ज्यादा ही असर पड़ रहा है।

ऐसा भी नहीं है कि यह प्रवृत्ति सिर्फ शॉपिंग मॉलों में ही दिखाई दे रही है। अगर बॉलीवुड, क्रिकेट और प्राइम टाइम टेलीविजन को बदलाव तथा भारतीय लोक-संस्कृति के प्रतीक के रूप में देखा जाए तो यह प्रवृत्ति और भी स्पष्ट रूप में दिखाई देती है। भारतीय टेलीविजन पर आज प्रतियोगिता कार्यक्रम सर्वाधिक लोकप्रिय हो गए हैं। इन

प्रतियोगिता कार्यक्रमों में विजेता बननेवाले लोग भी प्राय: छोटे कस्बों/शहरों के ही होते हैं, किसी महानगर के नहीं। छोटे कस्बों या शहरों के ये लोग बड़े आत्मविश्वास के साथ सपनों की नगरी मुंबई में आते हैं। रातोरात पैसा और प्रसिद्धि पाने की महत्त्वाकांक्षा जितनी महानगरों के लोगों में देखी जा रही है, उतनी ही इन कस्बों/शहरों के लोगों में भी है। 'रँग दे बसंती' जैसी फिल्म की इतनी लोकप्रियता से यह बात सपष्ट हो जाती है कि भारतीय युवा बदलाव में विश्वास करते हैं और इससे भी बड़ी बात यह है कि वे इस बदलाव को प्रभावित भी करते हैं। क्रिकेट की बात लीजिए—अब से पाँच वर्ष पहले तक स्थिति अलग थी, लेकिन आज आप देखेंगे कि भारतीय क्रिकेट टीम में अधिकतर खिलाड़ी इन्हीं छोटे कस्बों और शहरों से आए हैं।

इन सबके पीछे दो मुख्य कारण हैं—आत्मविश्वास और बदलाव की इच्छा। आत्मविश्वास हमें स्वयं पर विश्वास करके सपने सच बनाने की प्रेरणा देता है और बदलाव की इच्छा हमें अपनी मूल सोच से ऊपर उठाती है। भारत की युवा पीढ़ी इन परिवर्तनों की संवाहक है।

मेरे माता-पिता ने उस भारत में जन्म लिया था, जो आजादी हासिल करने वाला था। मेरा जन्म उस भारत में हुआ, जो समाजवाद का प्रयोग कर रहा था। नई पीढ़ी एक उदारीकृत अर्थव्यवस्था में बड़ी हुई है और उसने भारत को हर क्षेत्र में कामयाबी हासिल करते हुए देखा है—चाहे वह व्यवसाय का क्षेत्र हो, सूचना प्रौद्योगिकी का या फिर खेल अथवा सौंदर्य प्रतियोगिता का—भारत की इस नई पीढ़ी ने देश को सभी क्षेत्रों में एक विश्व-शक्ति के रूप में उभरते देखा है। अत: जीवन-शैली की बात करें तो आज की पीढ़ी अपनी पुरानी या पहले की पीढ़ी की अपेक्षा अधिक आधुनिक व उन्नत हो गई है और इसीलिए उसे स्वयं को भारतीय कहलाने में अधिक गर्व की अनुभूति होती है। संक्षेप में कहें, तो आज की पीढ़ी विश्व स्तर पर अपनी पहचान और स्थान को लेकर कहीं अधिक आश्वस्त हो गई है। सचमुच, हमारी आज की पीढ़ी ऊँचे-से-ऊँचे लक्ष्य को भी अपनी पहुँच से बाहर नहीं मानती और उसके लिए प्रयास भी कर रही है। चाहे छोटे कस्बों या शहरों में देखें या फिर महानगरों में—सब जगह आपको यह प्रवृत्ति देखने को मिलेगी।

यही आयु-वर्ग हमारे देश में उपभोग-प्रेरित आर्थिक प्रगति और खुशहाली के विकास-चक्र को गति प्रदान कर रहा है। इस बदलाव के पीछे तीन प्रमुख कारक काम कर रहे हैं—आत्मविश्वास, बदलाव और उपभोग प्रवृत्ति यानी 3 C (Confidence, Change and Consumption) हमें अपूर्व की ओर ले जा रहे हैं।

उपभोग में वृद्धि से निर्माण और उत्पादन में वृद्धि हो रही है और इस प्रकार

रोजगार के अवसर बढ़ रहे हैं तथा लोगों की आय में भी वृद्धि हो रही है। आधुनिक रिटेल (खुदरा) बिक्री की लोकप्रियता बढ़ने के साथ-साथ डिब्बाबंद और मूल्यवर्धित खाद्य पदार्थों का उत्पादन तेजी से बढ़ रहा है। इससे कृषि-उत्पादों के मूल्य में वृद्धि हो रही है, जो देश के आर्थिक विकास के लिए अत्यावश्यक है। परिणामस्वरूप छोटे कस्बों और अर्ध-शहरी क्षेत्रों में भी उपभोक्ताओं की माँग में वृद्धि हुई है।

किंतु इस प्रवृत्ति का लाभ उठाने के लिए भारतीय खुदरा व्यापारियों और बाजार कारोबारियों को भारतीय उपभोक्ता को ठीक-ठीक जानना-समझना होगा। जिस तरह का बदलाव यहाँ देखा जा रहा है, उसे विश्व के किसी अन्य देश या क्षेत्र में आ रहे बदलाव के साथ जोड़कर नहीं देखा जा सकता। सचमुच, अपने विकास-चक्र को गति देते हुए भारत जिस युग में प्रवेश कर रहा है, उसकी दुनिया में कोई तुलना नहीं है। भारतीय उपभोक्ता पश्चिमी उपभोक्ताओं की नकल नहीं कर रहा है—कुछ लोग ऐसा सोचते हैं, पर आधुनिक वैश्विक मीडिया और अंतरराष्ट्रीय रुझानों के चलते दोनों में कुछ समानताएँ जरूर देखी जा सकती हैं; लेकिन हमारा अनुभव कहता है कि भारतीय उपभोक्ता—खासकर युवा पीढ़ी—अपने पारिवारिक और सामाजिक मूल्यों को इसी तरह कायम रखेंगे और जीवन के प्रति उनकी सोच में भारतीयता बनी रहेगी। यहाँ के उपभोक्ता उन विचारों, अवधारणाओं को पसंद करते हैं, जो विशुद्ध भारतीय हों। अत: हमें भारतीय संदर्भ में ही उन्हें जानना-समझना होगा तथा उसके अनुरूप ही उन्हें अपनी ओर आकर्षित करना होगा। संक्षेप में, अधिक-से-अधिक उपभोक्ताओं को आकर्षित करने के लिए हमें पहले 'भारतीयता' की अवधारणा को समझना जरूरी है।

जब हमने इस कंपनी का शुभारंभ किया था, उस समय हमने 'भारतीयता' की इसी मूल्य-आधारित अवधारणा में विश्वास किया था। हमारे लिए 'भारतीयता' का अर्थ स्वदेशी से नहीं है, बल्कि कार्य करने की भारतीय शैली से है। हम भारत को एक अलग ढंग से समझना और उसका अर्थ-निरूपण करना चाहते थे, जैसा पहले कभी किसी ने नहीं किया था। हम भारतीय उपभोक्ताओं के लिए उपभोग या खाने-पीने के नियमों को अपने ढंग से लिखना चाहते थे। शुरू में ही हमने अपना घोषित लक्ष्य बना लिया था—'नियमों को बदलो और मूल्यों को सँजोए रखो' (Rewrite Rules Retain Values)।

IV

व्यवसाय की बात करें तो उसमें कोई निश्चित नियम नहीं है। मेरा मानना है कि व्यक्ति को अपने स्वयं के नियम बनाने चाहिए और मौजूदा नियमों को अपने ढंग से बनाना चाहिए; परंतु शुरू में अधिकतर लोगों ने इसे स्वीकार नहीं किया। शुरू-शुरू में लोग हमें व्यवसाय में 'किस्मत आजमाने की कोशिश करनेवाले सनकी' समझ बैठे थे।

इतना ही नहीं, कुछ लोग तो हमें स्टॉक मार्केट में निवेशकों को ठगनेवाला मान रहे थे। सचमुच, शायद ही कोई ऐसा होगा जिसने हमारे काम करने के तरीके को उपयुक्त माना होगा। जब कभी कोई हमारी कंपनी के बारे में कुछ लिखता था तो था तो वह वास्तविकता को न समझ पाने के कारण गलत लिखता था या फिर हमारा मजाक उड़ाता था।

टाटा, गोयनका, पीरामल और रहेजा जैसे व्यावसायिक घरानों की उपस्थिति में हमें एक मामूली मारवाड़ी बनिया समझा जाता था। न तो हमारे पास अपने व्यावसायिक प्रतिस्पर्धियों की तरह धन की शक्ति थी और न ही व्यावसायिक अनुभव था। कुल मिलाकर हमारे पास ऐसा कुछ भी नहीं था, जिस पर हम गर्व कर सकते। हमारे पास अगर कुछ था तो वह था—आत्मविश्वास और कुछ कर दिखाने का जज्बा। हमने बड़े-बड़े जोखिम लिये, कई बार गलतियाँ कीं, रास्ते में लड़खड़ाए और अपनी गलतियों से सीख ली।

द मैन हू वुड बी किंग

(बादशाहत की संभाव्यतावाला व्यक्ति)

एम. राजशेखर, 'बिजनेस वर्ल्ड', 28 अक्तूबर, 2002

> भारत के संगठित रिटेल उद्योग में किशोर बियानी की स्थिति मात्र एक पोस्टर बॉय की ही नहीं है। वह रिटेल उद्योग की परिधि पर पहुँच चुके हैं और सदैव बड़े-से-बड़ा जोखिम लेने के लिए तैयार रहते हैं। उनके समकक्ष उद्यमी उन्हें 'जोश में आकर जोखिम लेनेवाला' मानते हैं और इस प्रकार वे उन्हें कम करके आँकते हैं। उल्लेखनीय है कि हाइपरमार्केट मॉडल का प्रयोग शुरू करनेवाले वह पहले व्यक्ति रहे हैं। मिलने या बातचीत करने के उनके संकोच के चलते प्रेसवाले भी उन्हें प्रायः नजरअंदाज ही करते हैं। रिटेल सेमिनारों में उन्हें कम ही आमंत्रित किया जाता है। लेकिन बियानी को इसकी बिलकुल भी परवाह नहीं है। वह भारतीय रिटेल क्षेत्र में 220 करोड़ रुपए का व्यवसाय खड़ा करके आज स्वयं को संतुष्ट मानते हैं।

चाहे निवेशकों की बैठक हो, किसी व्यापारिक संगठन की बैठक हो या फिर मीडिया—हर जगह हमें नजरअंदाज किया जा रहा था। धीरे-धीरे हम समझ गए कि यदि हम कुछ भी नया या अनोखा शुरू करते हैं तो ऐसे लोगों की भरमार देखने को मिलेगी, जो उनकी सफलता को सिरे से खारिज कर देने के लिए तैयार रहेंगे। हम आधार शिविर की सुरक्षा और आरामदायक माहौल को त्यागकर एक बिलकुल नए

उभरते व्यवसाय में उतर रहे थे। हमारे सामने लक्ष्य था—नई-नई संभावनाएँ व नए-नए बाजार की तलाश करना। स्वभावतः हम पर संदेह करनेवाले बहुत थे।

सच तो यह है कि लोगों के इस दृष्टिकोण को देखकर हमारा उत्साह और बढ़ता था। इससे हमारे इस विश्वास को बल मिलता था कि हम सचमुच कुछ अलग कर रहे हैं। मैं उद्यमी इसीलिए बना कि मैं काम को अपने ढंग से करना चाहता था, कुछ नया करना चाहता था। आलोचना से बचने के लिए या दूसरों की सोच पर चलने के लिए मैं अपना इरादा नहीं बदल सकता था।

ऐसा नहीं है कि केवल हमारे आलोचक ही हमें हतोत्साहित करने की कोशिश कर रहे थे। आलोचकों के अलावा हमें अपनी इस व्यावसायिक यात्रा में कई बड़ी-बड़ी बाधाओं का सामना करना पड़ रहा था। नए-नए प्रयोग करने के चक्कर में कई बार हम गलतियाँ कर बैठते थे। इतना ही नहीं, हमें बड़ी-बड़ी वित्तीय कठिनाइयों का भी सामना करना पड़ा, जिनसे हमारी विस्तार योजनाएँ लगभग बंद हो जाने के कगार तक पहुँच गई थीं। अनेक बार ऐसा भी हुआ कि हम बाजार को समझ नहीं पाए, जिसके कारण हमारी व्यावसायिक रणनीतियाँ असफल हो गईं। अब, जब मैं पीछे मुड़कर देखता हूँ तो मुझे लगता है कि इतनी सारी बाधाओं एवं मुश्किलों का सामना करने और एक-एक कर उन्हें दूर करने के बाद ही हमारे भीतर वह शक्ति आई, जिसने हमें यहाँ तक पहुँचाया। यदि ये मुश्किलें नहीं आतीं और अपने आलोचकों का सामना नहीं करना पड़ता तो हमारी सफलता की कहानी में ऐसा कुछ भी नहीं होता, जिसे हम आपके सामने बयान कर सकते।

रेणुका रामनाथ*

उस स्थिति की कल्पना करें, जिसमें आप एक औसत बैलेंस शीट और मामूली टर्नओवर में साधारण से लोगों की टीम के साथ काम कर रहे हों। उस स्थिति में आपको ऐसे लोगों का भी सामना करना पड़े, जो आपकी कार्य-शैली और रणनीतियों को सिरे से खारिज करने के लिए तैयार रहते हैं। इन विपरीत परिस्थितियों में भी आप अपने रास्ते पर बस आगे-ही-आगे बढ़ते रहें, सिर्फ इस विश्वास के कारण कि जीवन भर का अवसर और सफलता कुछ ही दूरी पर खड़ी आपको घूर रही है। जी हाँ, किशोर बियानी ने ऐसा ही किया और यही उनके प्रति मेरे सम्मान का आधार है।

* रेणुका रामनाथ आई.सी.आई.सी.आई. उपक्रमों की प्रबंध निदेशिका हैं। सन् 1999 में हमारी कंपनी में निवेश करनेवाली यह पहली प्राइवेट इक्विटी फंड कंपनी थी।

किशोर बियानी किसी परंपरागत व्यवसायी की तरह नहीं दिखाई देंगे, जो तीन-तीन एम.बी.ए. धारकों से घिरा रहता है और जिसके पहनावे व हाव-भाव में ही रईसी झलकती है। वह आपको एक साधारण दुकानदार की वेशभूषा में दिखाई देंगे—कोई सहायक नहीं, कोई दिखावा नहीं। अंतर्ज्ञान और सहजबुद्धि दोनों को एक साथ वह अपने काम में लेते हैं। उनके भीतर अदम्य साहस और व्यक्तिगत ऊर्जा भरी है। वह दूसरों की मदद या समर्थन की प्रतीक्षा में कभी नहीं बैठते।

वैसे, इतने सारे आलोचकों के बीच काम करने से हमें अपनी कार्य-शैली में लगातार सुधार करने का अच्छा मौका मिला, क्योंकि अपनी आलोचना सुनकर हम हमेशा सतर्क रहते थे। मैं बताना चाहूँगा कि हमारे आलोचकों में कुछ हमारे अपने उद्यम क्षेत्र से थे तो कुछ अन्य वित्तीय समुदाय से थे। मैं स्वयं मानता हूँ कि हमारी कंपनी 'पैंटलून' (Pantaloon) आज जिस मुकाम पर पहुँची है, उसमें हमारे इन आलोचकों का भी कम योगदान नहीं रहा है; क्योंकि उनकी आलोचना को गलत साबित करने के लिए हम हमेशा अच्छे-से-अच्छा करने की कोशिश में रहते थे।

'90 के दशक के आरंभिक वर्षों में जब पहली रिटेल चेन स्टोर शृंखला मुंबई में शुरू हुई थी, उस समय हम एक छोटे से पतलून निर्माता के रूप में थे। हम उनके पास अपने ब्रांड का माल बेचने गए; लेकिन चूँकि उन दिनों वे ज्यादातर विदेशी ब्रांड रखते थे, इसलिए उन्होंने हमारा ब्रांड रखने से साफ-साफ इनकार कर दिया। मेरा खयाल है कि उसी दिन हमने इस संभावना पर विचार करना शुरू कर दिया कि क्या हम अपनी स्वयं की खुदरा स्टोर शृंखला (रिटेल चेन) नहीं शुरू कर सकते? वर्षों बाद इस रिटेल चेन के मालिकों ने मुंबई में अपने शॉपिंग मॉल में हमारे स्टोर के लिए जगह देने से भी इनकार कर दिया। इस घटना ने हमें रिटेल रियल एस्टेट के विकास में निवेश कर सकनेवाले एक रियल एस्टेट फंड की स्थापना के विकल्प और संभावना पर विचार करने के लिए प्रेरित और प्रोत्साहित किया। इतना ही नहीं, एक बड़े व्यावसायिक घराने की एक बहुत ही प्रतिष्ठित महिला हैं, जो हमारी रिटेल चेन को 'गंदा स्टोर' कहा करती थीं। और भी, एक स्वयंभू परामर्शदाता थे, जिनकी इस उद्योग में शायद ही कोई आधिकारिक स्थिति रही होगी, शायद ही उनके खाते में कोई ऐसी उपलब्धि रही होगी, जिसका वह उल्लेख कर सकते; लेकिन मीडिया के सामने हमारी किरकिरी का एक भी मौका वह हाथ से नहीं जाने देते थे। अब यह बात बहुत दिलचस्प लगती है कि इनमें से कई लोगों की धारणा हमारे प्रति पूरी तरह बदल गई है।

खैर, हमने अपने उद्यम क्षेत्र के लोगों के समर्थन या प्रोत्साहन की चाह कभी नहीं रखी। हमारे लिए तो बस ग्राहक ही सबकुछ था। मेरा मानना है कि ग्राहक ही यह तय कर सकता है कि हम कामयाब हैं या नहीं। अपनी सफलता का निर्धारण न तो हम स्वयं कर सकते हैं और न ही हमारे प्रतिद्वंद्वी या निवेशक। हमें क्या बेचना है, कैसे बेचना है और कौन सा मॉडल सफल है, कौन सा नहीं—सबकुछ ग्राहकों द्वारा ही तय होता है। अतः हमारे व्यवसाय का पहला नियम यही है कि ग्राहक हमेशा सही होता है। जिस उत्पाद या व्यावसायिक रणनीति को ग्राहकों ने स्वीकार नहीं किया, वह या तो बदल गया अथवा फिर बंद ही हो गया।

जब भी हमने कोई निर्णय लिया है, अपने ग्राहकों को ध्यान में रखकर ही लिया है। वस्तुतः, यह व्यवसाय का एक आसान पहलू है और इस आसान पहलू को ध्यान में रखने से व्यवसाय भी आसान हो जाता है। मैं तो व्यवसाय को आसान ही मानता हूँ। हालाँकि कुछ लोग इसे जटिल बनाने की कोशिश करते हैं, क्योंकि वे इसी धारणा के आधार पर प्रशिक्षित होते हैं। कुछ लोग तो अपने काम के महत्त्व और औचित्य को सिद्ध करने के लिए ही उसे जटिल बना लेते हैं। हमारा देश दुकानदारों का देश है और यहाँ 1 अरब ग्राहक हैं। घरेलू उपभोग के सामान और कपड़े आदि बेचना आसान नहीं तो और क्या है, कम-से-कम यह रॉकेट विज्ञान की तरह तो बिलकुल भी नहीं है। रिटेलिंग यानी खुदरा बिक्री खरीद-फरोख्त का एक सरल चक्र है। इस पुस्तक के माध्यम से मैं आपको अपनी व्यावसायिक यात्रा के बारे में बताना चाहता हूँ और साथ ही यह भी दिखाना चाहता हूँ कि किस प्रकार सबकुछ सरल व सामान्य बनाए रखने से हमें कामयाबी की सीढ़ियाँ चढ़ने में मदद मिली।

मेरा मानना है कि मेरे इन विचारों व धारणाओं का आधार मेरा एक मध्यम वर्गीय परिवार में पला-बढ़ा होना ही है। अपने स्टोर में चक्की लगाने का विचार मेरे मन में अपनी माँ से जुड़ी खरीदारी की स्मृति से आया था। मेरी माँ गेहूँ एक दुकान से खरीदा करती थीं और फिर उसे पिसवाने के लिए दूसरी दुकान पर ले जाती थीं। पैकेट या बोरी में बंद गेहूँ वह कभी नहीं पसंद करती थीं; गेहूँ खरीदने से पहले वह उसे छूकर और सूँघकर देखती थीं। नौकरानी से आटा गुँधवाकर वह रोटियाँ भी खुद ही सेंकती थीं। मुझे नहीं लगता कि उनका ऐसा व्यवहार स्वयं में अनोखा था, अधिकतर गृहिणियाँ ऐसा ही करती हैं। परिवार की बात करें तो कुछ काम ऐसे होते हैं, जिन्हें गृहिणी स्वयं करना ही ज्यादा पसंद करती है। ये सब बातें मेरे लिए एक सीख थीं, जिनसे हमें फूड बाजार में अलग-अलग व्यवस्था करने में मदद मिली, जिसमें सभी वस्तुएँ खुली बेचने की व्यवस्था भी शामिल है। इनमें से कई व्यवस्थाएँ और अवधारणाएँ

आज अधिकतर सुपर बाजारों में आवश्यक तौर पर शामिल हैं।

सचमुच, अपना खुदरा व्यापार खड़ा करने में हमें महिलाओं से बहुत कुछ सीखने को मिला है। मेरी पत्नी और बेटियाँ तो मेरी खूब आलोचना करती हैं। उनसे हमें अपने स्टोरों में सुधार लाने के लिए सुझाव मिलते हैं। कई ऐसी पेशेवर महिलाएँ भी हैं, जिनसे हमें अपने निर्णय लेने के लिए विश्वसनीय आधार मिलता रहा है। ऐसा नहीं है कि महिलाएँ सिर्फ खरीदारी करना ही जानती हैं, महिलाओं को मैंने कई मामलों में पुरुषों से भी आगे देखा है—वे वस्तु के बारे में विस्तृत विवरण रखना चाहती हैं, व्यवसाय के सामाजिक पहलू को भी समझती हैं और उपभोक्ता व्यवहार से जुड़ी भावनात्मक बातों को समझती हैं। मेरी मित्र अञ्जु पोद्दार से मुझे अनेक दिलचस्प जानकारियाँ प्राप्त हुई हैं, जिनसे हमें अपनी महिला उपभोक्ताओं के लिए व्यावसायिक रणनीति तैयार करने में काफी मदद मिली।

अञ्जु पोद्दार*

किशोर विभिन्न स्टोरों का भ्रमण करना पसंद करते हैं—खरीदारी के लिए नहीं, वह अपने ऊपर खर्च करने से बहुत डरते हैं। जरूरी नहीं कि वह पैंटलून का स्टोर ही हो, वह किसी भी स्टोर का भ्रमण कर सकते हैं। जब भी वह किसी स्टोर का भ्रमण करते हैं, कुछ दूरी पर खड़े होकर वहाँ आनेवाले ग्राहकों की गतिविधियों पर गहरी नजर रखते हैं—वे कैसे खरीदारी करते हैं, क्या खरीदते हैं और क्या पहनते हैं? ग्राहकों की गतिविधियों और व्यवहार का बारीकी से अवलोकन करने के बाद अगर उन्हें कहीं कुछ अलग दिखाई देता है तो वह जानने की कोशिश करते हैं कि आखिर ऐसा क्यों है या किसी खरीदार विशेष ने कोई खास सामान ही क्यों खरीदा? उनके मन में हमेशा सैकड़ों प्रश्न घूमते रहते हैं। जिन प्रश्नों का उन्हें कोई तार्किक उत्तर नहीं मिल पाता, उनके बारे में संबंधित लोगों से बात करते हैं।

शुरू में हम हर छोटी-से-छोटी बात पर भी खुशियाँ मनाते थे, जैसे एक पत्रिका के आवरण पर किशोर की तसवीर आने पर, उन्हें पहली बार पुरस्कृत किए जाने पर, टी.वी. पर पहली बार उनके साक्षात्कार पर। ये सब अतीत की बातें हैं; लेकिन मुझे नहीं लगता कि पैसा और शोहरत मिलने से किशोर में

* अञ्जु पोद्दार किशोर की एक निकट मित्र हैं। वह किशोर को कई वर्षों से जानती हैं। वह पैंटलून रिटेल के बोर्ड ऑफ डायरेक्टर्स की सदस्या भी हैं।

तनिक भी बदलाव आया है। वर्षों पहले वह जिस तरह सरल–शरमीले थे, वैसे ही आज भी बने हुए हैं। आज भी वह अपने पास आनेवाले एक–एक व्यक्ति की बात ध्यान से सुनते हैं, उनसे बात करते हैं और उनकी बातें समझते हैं। वह हमेशा नई–नई बातें सीखने के लिए तैयार रहते हैं। मेरे रसोइए की उनके प्रति धारणा बहुत अच्छी नहीं है। जब हैदराबाद में पहला बिग बाजार खुला था, उस समय उसने मेरे पास आकर कहा था, 'आपके ये मित्र तो कुछ भी नहीं कमा पाते। जो चीनी वह अपनी दुकान पर बेचते हैं, वह बाजार में 15 रुपए प्रति कि.ग्रा. बिकती है, लेकिन वह तो उसे 5 रुपए प्रति कि.ग्रा. के भाव से बेच रहे हैं।'

आज भी लगभग हर रविवार का समय मैं विभिन्न शॉपिंग मॉलों के बाहर मानव–व्यवहार एवं प्रवृत्ति का अवलोकन करने में बिताता हूँ। मेरा पहला शौक हिंदी फिल्में देखना है तो दूसरा शौक विभिन्न प्रकार के लोगों के एक–दूसरे के साथ व्यवहार एवं विचार–विनिमय का अवलोकन करना ही है। मेरी कोशिश रही है कि मेरे संगठन का हरेक सदस्य मेरी तरह ही उपभोक्ता–व्यवहार का अवलोकन करे। अब स्थिति यह है कि अधिकांश व्यावसायिक विचार मुझे स्टोरों में वस्तुतः काम करनेवालों से मिलने लगे हैं। वस्तुतः, उन्हें उपभोक्ता–व्यवहार व आवश्यकताओं का अध्ययन करने का प्रशिक्षण दिया जाता है। मेरा काम उनके अध्ययनों और विचारों को कार्यरूप देना है।

इरीना विट्ठल*

मेरा खयाल है कि किशोर स्वयं यह बात मानेंगे कि वह कामयाब हैं या नहीं, यह कहना अभी जल्दबाजी होगी। प्रतियोगिता अब भी लगातार बढ़ती जा रही है और उपभोक्ता रुझान भी तेजी से बदल रहे हैं। सच तो यह है कि खेल अभी शुरू भर हुआ है; परंतु दिलचस्प बात यह है कि अब तक किसी देश या उद्योग में मैंने जितने भी स्वतंत्र विचारोंवाले प्रतियोगी देखे हैं, वे काफी हद तक किशोर की तरह ही रहे हैं। सभी की एक जैसी परिपाटी है।

पहली बात, वे सभी सबसे पहले ग्राहक को देखते हैं, यानी उत्पाद–प्रेरित न होकर उपभोक्ता–प्रेरित हैं। दूसरी बात, उन्हें नियमों को अपने ढंग से संशोधित

* इरीना विट्ठल मैकिंजी ऐंड कंपनी (McKinsey & Co.) की एक साझीदार हैं। वह भारत में कंपनी के रिटेल कार्यों की प्रमुख हैं।

करने में गर्व का अनुभव होता है। तीसरी बात, उनमें आत्मविश्वास और शालीनता का समन्वय व संतुलन होता है। यह तीसरी विशेषता मुझे सबसे ज्यादा महत्त्वपूर्ण लगती है। अपना अलग उद्योग मानदंड स्थापित करनेवाले कुछेक दिलचस्प लोगों में ये विशेषताएँ आमतौर पर देखी जाती हैं और यही बात किशोर के संदर्भ में भी सही है। कोई निर्णय ले लेने के बाद वह पूरी ऊर्जा से उसपर कार्य करना शुरू कर देते हैं; लेकिन इस दौरान भी वह नई-नई बातें सीखने के लिए हमेशा तैयार रहते हैं।

किशोर के बारे में एक दिलचस्प बात यह भी है कि वह भारत की सांस्कृतिक परंपरा को लेकर बहुत सजग रहते हैं और उसे ध्यान में रखकर नए-नए प्रयोग करते रहते हैं। अब प्रश्न यह उठता है कि क्या दीर्घावधि में वह अपना स्तर कायम रख पाएँगे? रिटेल यानी खुदरा बिक्री में केवल ग्राहकों को खुश करना ही काफी नहीं है। इसके लिए नई-नई खोज जरूरी है, हालाँकि लागत ढाँचा और स्टोर स्तर पर कार्यान्वयन भी कम महत्त्वपूर्ण नहीं है। अत: किशोर के लिए जरूरी है कि वह इसी तरह अपनी कार्य-शैली में सुधार करते रहें और नई-नई खोजें करते रहें।

हमारे संगठन का हर सदस्य सीखने, भूलने और पुनः (कुछ नया) सीखने की सतत प्रक्रिया में विश्वास करता है। कठिन अंकों और आँकड़ों पर ज्यादा जोर न देकर हम आत्मविकास और चिंतन-नेतृत्व पर ज्यादा जोर देते हैं। संगठन के भीतर सहकर्मियों की यथार्थ क्षमता को उभारने और उसका अधिकतम उपयोग करने पर ज्यादा बल दिया जाता है। इससे हमें नई-नई खोजें करने और उनके अनुसार कार्य करने में काफी मदद मिल रही है। हमने ऐसा वातावरण तैयार किया है, जिससे लोग चुनौतियों का सामना व्यक्तिगत स्तर पर रचनात्मक ढंग से करने में सक्षम हो सकें। मैं यह नहीं कहूँगा कि हमारा पूरी तरह से एक आदर्श संगठन है, लेकिन इतना जरूर कहूँगा कि उस दिशा में हमने आगे बढ़ना शुरू कर दिया है।

शिवानंद मानकेकर*

एक सफल उद्यमी बनने के लिए सबसे पहली आवश्यकता होती है—कुछ नया सोचना और नए विचारों को अच्छी तरह कार्यान्वित करना। के.बी.

* शिवानंद मानकेकर मुंबई के जमनालाल बजाज इंस्टीट्यूट ऑफ मैनेजमेंट स्टडीज के वित्त संकाय में अतिथि प्राध्यापक हैं। वह कंपनी के एक व्यक्तिगत निवेशक भी हैं।

(किशोर बियानी) इन क्षमताओं से भरपूर हैं और उनकी यही विशेषता उन्हें दूसरों से अलग करती है। कई बार तो वह इतने नए-नए प्रयोग करने लगते हैं कि लोग हैरान हो जाते हैं। हालाँकि मेरा खयाल है कि इसमें हैरानी या चिंता की कोई बात नहीं होनी चाहिए, क्योंकि उनके सभी प्रयोग और प्रवर्तन उनके मूल व्यवसाय से ही जुड़े होते हैं। उनके हर विचार या प्रयोग के पीछे एक स्पष्ट तर्क होता है। पूरी संतुष्टि के बाद ही वह कोई नया प्रयोग शुरू करते हैं।

पहले भारत में खुदरा व्यापार की सफलता के लिए उपयुक्त मॉडल प्राप्त करना और उसमें प्रतियोगिता शुरू होने से पहले उसे व्यापक स्तर तक ले जाना आवश्यक होता था। जब हम के.बी. (किशोर बियानी) से पहली बार मिले थे, उस समय उन्होंने कहा था, 'रिटेल व्यापार करना पहाड़ी पर साइकिल से चढ़ाई करने की तरह है; जैसे ही आप साइकिल का पैडल घुमाना बंद करेंगे, धड़ाम से नीचे आ जाएँगे।' उनकी इस बात से स्पष्ट संकेत मिलता है कि उन्होंने तेजी से आगे बढ़ते रहने की आवश्यकता को अच्छी तरह समझ लिया था। अवसर बार-बार किसी के पास नहीं आता और न ही वह किसी की प्रतीक्षा करता है। के.बी. की व्यावसायिक रणनीतियाँ आक्रामक रही हैं; लेकिन वह हमेशा सोच-समझकर ही जोखिम लेते हैं। अपनी इस रणनीति का उन्हें भरपूर लाभ भी मिला है और आज वह प्रतियोगिता में आगे बने हुए हैं।

V

पैंटलून रिटेल को अक्तूबर 1987 में निगमित किया गया था। उस समय कंपनी का नाम कुछ और था तथा वह प्रतिदिन 200 पतलून तैयार करती थी। अगस्त 1997 में हमने 30 लाख रुपए की शुरुआती लागत से आधुनिक रिटेल व्यवसाय शुरू किया तथा कोलकाता के गरियाहाट में एक पैंटलून फैमिली स्टोर खोला। इसके चार वर्ष बाद, वर्ष 2001 में, हमने पहला बिग बाजार स्टोर शुरू किया। बाद में हमने कई रिटेल मॉडल शुरू किए और उपभोग क्षेत्र में विभिन्न व्यवसायों में अपनी उपस्थिति दर्ज कराई।

इसी अवधि के दौरान हमने रिटेल व्यापार से संबंधित कुछ नियमों को अपने ढंग से बदलने की क्षमता हासिल की। हमने अपने रिटेल स्टोरों को बिलकुल नए ढंग से डिजाइन किया। रिटेल व्यापार में एक सबसे प्रकट और महत्त्वपूर्ण प्रश्न यह है कि कोई स्वयं को अमेरिकी कंपनी 'वाल-मार्ट' से प्रभावित-प्रेरित होने से कैसे बचा सकता है? सौभाग्य से मुझे हार्वर्ड बिजनेस स्कूल में एक सामूहिक चर्चा में शामिल होने के लिए सन् 2003 में पहली बार अमेरिका जाने का मौका मिला। यह बिग बाजार शुरू करने के

लगभग दो वर्ष बाद की बात है। इस दौरान मुझे पहली बार एक अमेरिकी रिटेल चेन को देखने का मौका मिला।

हालाँकि हमें वाल–मार्ट या इस तरह की कोई अन्य रिटेल चेन प्रेरित–प्रभावित नहीं कर सकी, लेकिन रिटेल चेन के संस्थापक सैम वाल्टन से प्रेरित हुए बिना मैं नहीं रह सका। मेड इन अमेरिका (अमेरिका में निर्मित) की इस परंपरागत प्रतिमूर्ति से मैंने व्यवसाय के कुछ महत्त्वपूर्ण और उपयोगी सबक सीखे हैं। सैम वाल्टन सचमुच व्यवसाय के नियमों को अपने ढंग से पुनः लिखने में माहिर थे। उन्होंने अपने समय की मौजूदा परिपाटी को कभी अपना रास्ता नहीं बनाया। उन्होंने स्वयं बाजार का अध्ययन किया और फिर अमेरिकी शैली के अनुरूप एक नया मॉडल विकसित किया। मैंने उनसे सबक जरूर लिया, लेकिन अपने भारत के लिए अमेरिकी मॉडल की नकल नहीं की।

बिग बाजार स्टोरों का प्रारूप तैयार करते समय मंडियों के बाहरी स्वरूप और एहसास तथा आधुनिक रिटेल की विशेषताओं, जैसे—गुणवत्ता, विकल्प (पसंद) और सुविधा (Quality, Choice and Convenience) को एक साथ मिलाने की अवधारणा को ध्यान में रखा गया है। भारतीय उपभोक्ता अपनी उपभोग आवश्यकताओं या समस्याओं का देशी हल चाहता है, जिसमें उसे अपने पैसे की अधिकतम उपयोगिता प्राप्त हो। इसके अतिरिक्त भारत में व्याप्त विविधता भी एक सर्वानुकूल रिटेल स्टोर खोलने में बाधक बनती है। भारत में किसी भी स्टोर के लिए संबंधित स्थान—शहर/कस्बा आदि की विभिन्न संस्कृतियों, पसंद–नापसंद आदि को ध्यान में रखना जरूरी हो जाता है।

हार्वर्ड बिजनेस स्कूल केस स्टडी*

हालाँकि शुरू में किशोर बियानी के कई समकक्ष और विश्लेषक उनके गैर–परंपरागत विचारों का उपहास उड़ाया करते थे, लेकिन सन् 2005 तक उन्हें 'रिटेल का राजा' ('बिजनेस टुडे', 13 मार्च, 2005) माना जाने लगा। भारतीय खुदरा व्यापार (रिटेलिंग) को नया आयाम और नई दिशा देकर उन्होंने परंपरागत बाजारों में खरीदारी करनेवाले उपभोक्ताओं को अपने बिग बाजार स्टोरों की ओर आकर्षित किया। पहले अधिकतर भारतीय उपभोक्ता आस–पास के स्टोरों से खरीदारी किया करते थे या फिर गली में फेरी लगानेवालों से वस्तुएँ खरीद लिया करते थे। अतः शुरू में कुछ ही उपभोक्ताओं ने 'संगठित' रिटेल

---

* हार्वर्ड बिजनेस स्कूल में ग्लोबल रिसर्च समूह के प्रो. अनंत रामन एवं वरिष्ठ शोधकर्ता लॉरा विनिज ने यह आलेख 6 मई, 2006 को प्रस्तुत किया।

स्टोर से खरीदारी करने का मन बनाया और यह उन्हें सुविधाजनक लगा। उपभोक्ताओं को बिग बाजार में खरीदारी के लिए प्रेरित और प्रोत्साहित करने के उद्देश्य से रिटेल स्टोरों पर बाजार की विभिन्न व्यवस्थाएँ की गईं। उदाहरण के लिए, स्थानीय स्टोरों पर अनाज खरीदते समय उपभोक्ता प्राय: उसे छूकर उसकी गुणवत्ता परखा करता था। अत: पैकिंगवाले अनाजों के साथ-साथ खुले अनाजों की व्यवस्था भी की गई, जिन्हें उपभोक्ता स्वयं छूकर उनकी गुणवत्ता परख सकता था।

पहला बड़ा पैंटलून रिटेल आउटलेट शुरू करने के बाद नौ वर्षों के भीतर ही आज हमारे पास चौंतीस भारतीय शहरों में फैले लगभग 200 आउटलेट हो गए हैं, जिनका कुल क्षेत्रफल लगभग 40 लाख वर्ग फीट है। अपने खुदरा व्यवसाय के अंतर्गत हम खाद्य, किराने के सामान, वस्त्र, फुटवीयर (जूते-चप्पल आदि), फर्नीचर से लेकर इलेक्ट्रॉनिक्स, गृहोपयोगी उत्पाद, पुस्तकें, संगीत, दवाइयाँ और संचार से जुड़े उत्पाद आदि सबकुछ बेचते हैं, यानी किसी व्यक्ति की आवश्यकताओं का लगभग 70 प्रतिशत सामान। ये सामान विभिन्न वितरण व्यवस्थाओं के माध्यम से उपलब्ध हैं—हाइपर मार्केट, सुपर मार्केट, मॉल, फैशन केंद्र, विशेष स्टोर और एक ऑनलाइन पोर्टल।

हालाँकि रिटेल यानी खुदरा बिक्री ही हमारा मूल व्यवसाय है, लेकिन अब हमने अपेक्षाकृत व्यापक उपभोग क्षेत्र में अपनी उपस्थिति बना ली है। हम रेस्त्राँ और मनोरंजन केंद्र भी चला रहे हैं। हम उद्यम के लिए पूँजी का प्रबंध करते हैं, जिसका निवेश शॉपिंग सेंटर, मार्केट सिटी बनाने और देशी ब्रांड विकसित करने में किया जा रहा है। इसके अतिरिक्त हम एक बड़ा लॉजिस्टिक नेटवर्क स्थापित कर रहे हैं और देश भर में अपनी रिटेल मीडिया प्रॉपर्टीज विकसित कर रहे हैं। अब हम बीमा उत्पाद और उपभोक्ता वित्त सेवाएँ भी शुरू करने वाले हैं। हमारा खुदरा व्यवसाय और उपर्युक्त सभी व्यवस्थाएँ अब 'फ्यूचर ग्रुप' के बैनर तले आ गई हैं।

मेरा खयाल है कि हमने अपने कार्यों में कुछ सफलता हासिल कर ली है। अब हमारे कई आलोचक भी हमें व्यवसाय का धीर-गंभीर खिलाड़ी मानने लगे हैं। हमारे आलोचकों की संख्या तो नहीं बदली है, लेकिन उनके प्रश्न जरूर बदल गए हैं। आजकल अकसर मुझसे यह प्रश्न पूछा जाता है—क्या तुम कंपनी को बेचने की योजना बना रहे हो?

मैं अब तक नहीं समझ पाया हूँ कि आखिर यह प्रश्न बड़े-बड़े व्यावसायिक घरानों के मालिकों से क्यों नहीं पूछा जाता? मैंने देखा है कि यह प्रश्न केवल पहली

पीढ़ी के उद्यमियों से ही पूछा जाता है। जिसके लिए मैंने अपने जीवन की सारी ऊर्जा और उत्साह लगा दिया, उसे भला मैं क्यों बेच दूँगा? हम यहाँ लंबी दौड़ में भाग लेने के लिए उतरे हैं और भारतीय उपभोक्ताओं के बारे में हमने जो अनुभव प्राप्त किए हैं, उनके बल पर हम हमेशा अपने प्रतिद्वंद्वियों से अलग दिखाई देते रहेंगे। ऐसा मुझे कोई भी कारण नहीं दिखाई देता, जिसके चलते हम अपना कोई ऐसा व्यवसाय बेच देंगे, जो सफल हो और भविष्य में भी जिसके विकास की पूर्ण संभावना हो।

रमा बीजापुरकर*

पहली बार जब मैं किशोर से मिली थी, उस समय आश्चर्यचकित होते हुए मैंने उनसे यही कहा था, "आप तो सचमुच मेरे जैसे नहीं हैं। मैं समझ नहीं पा रही हूँ कि हम किस क्षेत्र में एक साथ मिलकर काम कर पाएँगे?" उन्होंने मुझे अपने दफ्तर में बुलाया। मैं वहाँ गई। वहाँ मैंने उनके बारे में कुछ भी न सुनकर सबकुछ जान लिया। इस बार मैं और भी आश्चर्य में थी। बाद में फिर मैंने उनसे कहा कि मुझे नहीं लगता कि मैं आपको कोई लाभ दे पा रही हूँ, इसलिए आपको मेरा भुगतान बंद कर देना चाहिए। उन्होंने मेरी बात सुनी और फिर अपने खास अंदाज में जवाब दिया कि मुझे लाभ या कीमत देना तुम्हारा काम नहीं है, यह मेरा काम है कि मैं तुमसे कीमत या लाभ लूँ!

वे अमीर और प्रसिद्ध लोगों, गुरुओं, प्रतिस्पर्धियों एवं उनके प्रतिस्पर्धियों से भी मिल चुके थे। वे जो भी कुछ नया दे सके उससे मिलने को तैयार रहते थे। वस्तुतः वह विभिन्न प्रकार के लोगों से मिलकर स्वयं को उनके सामने रखते हैं और फिर अपने स्वयं के विचारों को चुनौती देते हैं, उनको परखते हैं। वह ऐसे लोगों की तलाश करते हैं, जो उन्हें उकसा सकें, चुनौती दे सकें। उनके साथ मैं यही भूमिका अदा करती हूँ और इसमें मुझे स्वयं बहुत कुछ सीखने को मिल रहा है। सच, इसमें बहुत आनंद आता है। हालाँकि, कभी-कभी यह मुश्किल भरा भी हो जाता है।

नए-नए विचार लाने के लिए सूचना संसाधनों की भी आवश्यकता होती है। अधिकांश लोग यह संसाधन पश्चिमी देशों से प्राप्त करते हैं। किशोर यह संसाधन यहीं भारत में ही प्राप्त कर लेते हैं। वह चीजों का बहुत बारीकी से

---

* रमा बीजापुरकर एक स्वतंत्र बाजार परामर्शदात्री हैं और कई प्रतिष्ठित कंपनियों के बोर्ड की सदस्या भी हैं।

अवलोकन करते हैं और इसके लिए वह गली के मामूली व्यक्ति से भी जुड़े रहते हैं। वस्तुतः, हर तरह के लोगों के कार्य-व्यवहार के अवलोकन से ही उनके पास सूचनाओं का भंडार आता है। इसके लिए वह दुकानों, मंदिरों, घरों, गलियों में जाकर लोगों को देखते हैं। बाद में अपने इन्हीं अध्ययनों, अवलोकनों के आधार पर वह अपनी व्यावसायिक रणनीति तैयार करते हैं। हर उद्यमी के सामने कभी-कभी असमंजसपूर्ण स्थितियाँ आती हैं। उस स्थिति में उद्यमी अपने इस विश्वास के बल पर आगे बढ़ने का निर्णय लेता है कि अर्थव्यवस्था जल्दी ही आगे निकल जाएगी। उस समय वह भविष्य की योजनाओं के साथ ही आगे बढ़ता है। बाद में उसे आप खुशकिस्मत कह सकते हैं, लेकिन मेरा मानना है कि किशोर बियानी जैसे लोगों ने भारतीय अर्थव्यवस्था पर एक बड़ा सट्टा लगाया था, जिसमें उन्हें लाभ हुआ। किशोर के सामने दो तरह के विकल्प थे—एक तो यह कि वह केवल एक नाव के सहारे समुद्र में उतरते और दूसरा यह कि एक नाव की बजाय बेड़ा ही चलाना शुरू कर देते—इस विश्वास के साथ कि हवा किसी-न-किसी दिन जरूर अनुकूल दिशा में आएगी। अब स्थितियाँ बेहतर हुई हैं, अर्थव्यवस्था विकसित हो रही है, उपभोक्तावाद उभर रहा है और नए-नए खिलाड़ी इस क्षेत्र की ओर आकर्षित हो रहे हैं। यह तो भगवान् ही जान सकता है कि यह सब किशोर ने पहले देख लिया था या फिर यह मात्र एक संयोग है, लेकिन इसमें एक सुविचारित योजना जरूर थी। मैंने एक बार उनसे पूछा भी था, जिसके जवाब में उन्होंने बताया था कि मैं एक-एक कर कदम आगे बढ़ाता रहा और उसके साथ-ही-साथ और आगे देखता रहा, इस प्रकार आगे-ही-आगे बढ़ता रहा।

आगे के अध्यायों में मैं आपको अपनी यात्रा से परिचित कराऊँगा—पहले एक किशोर के रूप में और फिर एक उद्यमी के रूप में। इसमें मैं आपको अपनी कार्य-पद्धति के बारे में भी बताऊँगा। हमारे कुछ आलोचक कहते हैं कि हमने जो कुछ भी हासिल किया है, वह हमारी खुशकिस्मती का नतीजा रहा है। मैं उनसे कहता हूँ—जी हाँ, हम खुशकिस्मत हैं। हम खुशकिस्मत थे कि हम सही समय पर, सही देश में और सही व्यवसाय में आए।

□

शून्य से शुरुआत

'शक्ति समानताओं में नहीं, विभिन्नताओं एवं विशिष्टताओं में होती है।'

—स्टीफेन कोवी

I

मेरे दादा स्व. बंसीलाल बियानी सन् 1935 की गरमियों में बंबई शहर में आए थे। वह राजस्थान में जोधपुर से लगभग 137 कि.मी. दूर स्थित नागौर जिले के निंबी नामक गाँव से यहाँ आए थे। नागवंशी राजाओं द्वारा चौथी शताब्दी में बनवाए गए एक विशाल परिसर और एक हनुमान मंदिर के अतिरिक्त निंबी गाँव में ऐसा कुछ खास नहीं है, जिसका उल्लेख किया जा सके। वैसे, जनपद कस्बे में एक वार्षिक पशु मेला लगता है, जिसके लिए उसे खासकर जाना जाता है। हर वर्ष फरवरी माह में लगनेवाले इस मेले को पुष्कर मेले के बाद दूसरे स्थान पर माना जाता है। मैं एक ही बार इस मेले में गया हूँ, जब मैं दस वर्ष का था। मेले में मुझे आदमियों और पशुओं की अद्भुत भीड़ और परंपरागत प्रतियोगिता का माहौल देखने को मिला था। मेले में आयोजित ऊँटों की दौड़, मुरगों की लड़ाई, कठपुतली, लोक-नृत्य, रस्साकशी और अन्य कई प्रकार के कार्यक्रम मुझे आज भी याद हैं। वहाँ गाय, बैल, घोड़े और ऊँट बिक रहे थे। सूर्यास्त के समय स्थानीय गायकों और संगीतकारों ने पूरा वातावरण संगीतमय कर दिया था, जिसकी गूँज शांत मरुभूमि तक पहुँच रही थी। कालांतर में मैंने अनुभव किया कि भारतीय बाजारों का अस्तित्व सिर्फ वाणिज्य पर कभी नहीं टिका रहा है। इसमें सामाजिकता अथवा सामुदायिकता ज्यादा महत्त्वपूर्ण रही है।

निंबी गाँव राजस्थान के अन्य गाँवों की तरह ही है। अठारहवीं शताब्दी के मध्य से मारवाड़ियों (माहेश्वरी बनिया समुदाय) ने समृद्धि और खुशहाली की तलाश में देश के बड़े-बड़े शहरों की ओर रुख करना शुरू कर दिया। उस समय मेरे दादा बीस-बाईस वर्ष के रहे होंगे, जब वह गाँव छोड़कर बंबई आए थे। संभवत:, पहले गाँव छोड़कर शहर में गए अन्य लोगों की सफलता को देखकर ही उन्होंने यह निर्णय लिया होगा। अपने समुदाय के कुछ लोगों की मदद से उन्होंने सेंट्रल बंबई स्थित विट्ठलवाड़ी में धोतियों और साड़ियों की दुकान के रूप में अपना पहला व्यवसाय शुरू किया। उनके बारे में मुझे बहुत अच्छी तरह तो नहीं याद है, लेकिन इतना याद है कि वह अपनी पीढ़ी के लोगों की तरह ही थे—मेहनती, ईमानदार और नीति-परायण। उनके पास बिलकुल नए माहौल में स्वयं को स्थापित करने की क्षमता थी। जब दुकान चलने लगी तो उन्होंने अपने सभी छहों बेटों को बंबई बुला लिया। वर्ष 1950 के दशक की शुरुआत तक वे सभी स्थायी रूप से इसी शहर में बस गए।

परंतु वह समय इतना आसान नहीं था, क्योंकि हरेक व्यवसाय में सरकार का पूर्ण हस्तक्षेप था। आयात पर प्रतिबंध और कोटा प्रणाली के कारण लोगों की उद्यम-क्षमता पर प्रतिबंध थे। लेकिन वे (मेरे दादा) मरुस्थल की कठिन परिस्थितियों में पले-बढ़े थे और इतनी जल्दी हार माननेवाले नहीं थे। उन्होंने एक साझा कंपनी शुरू की—कॉमटेक्स इंडस्ट्रीज, जो पॉलिस्टर की कमीजें खरीदती और बेचती थी। लगभग उसी दौरान वह अशोका इंडस्ट्रीज—नेपाल की एक टेक्सटाइल कंपनी—के एकमात्र वितरक भी बन गए।

मेरा जन्म श्री लक्ष्मी नारायण बियानी और श्रीमती गोदावरी बियानी के दूसरे पुत्र के रूप में 9 अगस्त, 1961 को हुआ था। मेरे जन्म के एक वर्ष बाद परिवार ने सिंथेटिक फर्निशिंग के रूप में दूसरा व्यवसाय शुरू किया, जिसका नाम किसी अबूझ कारण से 'मैसर्स किशोर कुमार बियानी' रखा गया। मेरे घरवाले कहते हैं कि मेरी जन्म-कुंडली बहुत अच्छी थी, इसलिए उन्हें पूरा विश्वास था कि मैं कामयाब होऊँगा। इसे सौभाग्य मानें या दुर्भाग्य, मैंने अपनी जन्म-कुंडली स्वयं कभी नहीं देखी।

मेरा परिवार पहले उत्तरी उपनगर बोरीवली में था, उसके बाद वह बंबई के मध्य में स्थित जवेरी बाजार में आ गया। मेरे जन्म के एक वर्ष बाद वह मलाबार हिल्स में स्थित जीवन विहार के एक अपार्टमेंट में आकर रहने लगा। अन्य अधिकतर परिवारों की तरह मेरा परिवार भी एक संयुक्त परिवार था। मेरे दादा-दादी, पाँचों चाचा-चाची और माता-पिता सब एक साथ रहते थे। मैं बारह चचेरे भाई-बहनों के बीच बड़ा हुआ। पढ़ने के लिए लगभग हम सभी पास के मानव मंदिर हाई स्कूल जाते थे।

परिवार के बच्चों के अलावा लगभग सौ परिवारों के बच्चे उसी आवासीय परिसर में रहते थे, इसलिए हमारे पास दोस्तों की कमी नहीं रही। मैं औसत दर्जे का विद्यार्थी था, न मैं कभी किसी परीक्षा में प्रथम आया और न ही किसी परीक्षा में अनुत्तीर्ण हुआ। स्कूल से घर वापस आकर मैं क्रिकेट खेला करता था।

क्रिकेट एक आम शौक था। खेलते समय हम अपने नियम खुद बनाते थे। टेनिस बॉल और अंडर-आर्म बॉलिंग से क्रिकेट खेलते थे, जिसमें जमकर प्रतियोगिता होती थी। शर्त लगाना और हर शाम को कुछ रुपए जीतना या हारना हमारे लिए आम बात थी। हाउसिंग सोसाइटी की क्रिकेट टीम के सदस्य के रूप में हम प्राय: निकट के क्रिकेट मैदान में जाया करते थे। मैं स्वयं को ऑलराउंडर मानता था और जैसा मेरे बड़े भाई विजयजी आज भी कहते हैं—मैं कभी अपनी हार नहीं स्वीकार करता था।

हमारा परिवार उन्नत भारतीय परिवारों में से था और फिल्में देखना हमारा पारिवारिक शौक था। अपने चाचा और चचेरे भाइयों के साथ हम प्राय: निकट के 'अप्सरा' और 'मिनर्वा' थिएटर या वर्ली के 'सत्यम्' और 'लोटस' सिनेमाघरों में फिल्में देखने जाया करते थे। राजेश खन्ना या अमिताभ बच्चन की कोई भी फिल्म हमसे नहीं छूटती थी। शाम को हम सभी बच्चे अपने दादा के पास इकट्ठा होते और वह हमें भारतीय मूल्यों व आदर्शों का पाठ पढ़ाते। वर्ष में एक बार हमें पूरी रामायण पढ़नी पड़ती और कभी-कभी लोहार चॉल में स्थित हनुमान मंदिर जाना पड़ता था। हालाँकि, यह सब मुझे अच्छा नहीं लगता था।

बचपन से ही मैं धार्मिक कर्मकांडों के खिलाफ रहता था और इस संदर्भ में मेरे विचार बिलकुल स्पष्ट थे। इस प्रकार जिस बच्चे को सबसे अच्छी जन्म-कुंडलीवाला माना जाता था, वही परिवार में निकम्मा निकल रहा था। मैं अकसर अपने बड़ों के साथ बहस करता रहता था।

अनिल बियानी*

बचपन में भी वह अकसर ऊटपटाँग व्यवहार करते रहते थे, जिससे परिवार के बड़े सदस्यों को अकसर गुस्सा आ जाता था। उनका कमरा कारों और क्रिकेट के स्टार खिलाड़ियों के पोस्टरों से भरा रहता था। लेकिन यहाँ तक तो फिर भी गनीमत थी, सबसे चिंताजनक बात यह थी कि वह परिवार में होनेवाले हर धार्मिक अनुष्ठान पर सवाल उठाते थे। इस प्रकार किसी भी

* अनिल बियानी किशोर के छोटे भाई हैं।

धार्मिक कार्य में वह तभी भाग लेते थे, जब कोई उन्हें तर्कसंगत ढंग से उसके बारे में समझा देता था।

इस संबंध में मुझे एक घटना याद है। हमारे परिवार में शीतला माता (जिन्हें चेचक को रोकनेवाली देवी माना जाता है) की पूजा होती थी। इसमें कुछ निश्चित दिनों तक सिर्फ ठंडी चीजें खाने की मान्यता थी; लेकिन किशोर थे कि वह यह सब मानने से साफ इनकार कर देते थे। उनका सीधा सा तर्क होता था—'जब स्कूल में पढ़ाई जानेवाली किताबों में लिखा है कि चेचक पर पूरी तरह से काबू पा लिया गया है तो आखिर यह सब क्यों किया जाए?' वह परिवार के बड़े सदस्यों की मान्यताओं का खंडन तो करते ही थे, साथ ही विद्रोह भी कर बैठते थे। मुझे आज भी याद है, बचपन में कोई खेल खेलते समय वह कहते, 'तुम राम की टीम में जा सकते हो, मैं रावण की टीम में रहूँगा। यही मुझे अच्छा लगता है।' उन्हें शुरू से ही अपनी क्षमता और कुशलता पर विश्वास था—इतना विश्वास कि उन्हें किसी की मदद या समर्थन की आवश्यकता कभी महसूस नहीं हुई।

क्रिकेट में अकसर हम शर्त लगाते थे। अपनी कमजोर टीम के साथ भी वह विरोधी टीम की चुनौती स्वीकार करने के लिए तुरंत तैयार हो जाते थे। कई बार तो बिलकुल हारने की स्थिति में पहुँचने पर भी वह स्वयं पूरे आत्मविश्वास के साथ खेलते रहते थे और अपनी टीम के अन्य खिलाड़ियों का मनोबल भी गिरने नहीं देते थे और फिर किसी-न-किसी तरह वह मैच जीतने की कोशिश करते थे।

जहाँ तक मुझे याद है, मैं शुरू से ही तर्क और तार्किक आधार में विश्वास करता था। कोई काम मैं तभी करता था, जब कोई मुझे उसके पक्ष में पर्याप्त तर्क देता। शायद मैंने कहीं पढ़ लिया था कि मानव-मस्तिष्क तर्क के आधार पर कार्य करता है। यह बात मेरे मन में इतनी गहराई से समा गई थी कि अतार्किक सैद्धांतिक नियमों को तोड़ने में भी मुझे हिचकिचाहट नहीं हुई। अपने परिवार में चली आ रही अतार्किक परंपराओं का खंडन करने में मुझे आनंद आता था।

उन दिनों की घटनाओं को याद करके अब मुझे लगता है कि बड़ा होने के साथ-साथ व्यक्ति जीवन को समझने की कोशिश करता है और इस दौरान उसके मन में तरह-तरह के प्रश्न भी आने शुरू हो जाते हैं। बच्चा शुरू में ही उन सभी स्थितियों-परिस्थितियों का अपने ढंग से अर्थ लगाना और उसके अनुसार धारणा बनाना शुरू कर

देता है, जो वह अपने आस-पास देखता है। उस समय जब उसे लगता है कि जो कुछ उसने सोचा है, वह वास्तविक व्यवहार से अलग है तो वह सही व गलत में भेद करने की कोशिश करने लगता है और फिर वह अपने मन में उठनेवाले प्रश्नों का उत्तर ढूँढ़ने में लग जाता है। इस प्रकार, उसकी सोच एवं धारणा बदल जाती है और उसका जीवन भी बदल जाता है। मेरा विश्वास है कि हर बात को तार्किक आधार पर देखना जरूरी है, क्योंकि जब तक पुराने स्थापित नियमों-धारणाओं पर हम सवाल नहीं उठाएँगे तब तक कुछ नया नहीं कर सकते।

मुझे नहीं मालूम कि मेरा परिवार भिन्न था या नहीं, लेकिन हमने उसे बदल जरूर दिया। मेरा मानना है कि परिवार को एक अलग ढंग और दृष्टिकोण से सोचने के लिए प्रेरित करने का काम हमारी पीढ़ी और मैंने स्वयं ही किया—पहले, पुराने समय से चली आ रही सामाजिक रीतियों के संदर्भ में और उसके बाद व्यवसाय के तौर-तरीकों के संदर्भ में।

II

स्कूल की पढ़ाई पूरी करने के बाद मैंने बंबई के एच.आर. कॉलेज में प्रवेश लिया। कॉलेज का खुला माहौल मेरे लिए एक नई दुनिया की तरह था। मुझे लगा कि मलाबार हिल में स्थित जीवन विहार की बंद गलियों में मुझे जीवन का असली स्वाद नहीं मिल पाया था। हजारों अन्य छात्रों के बीच मैं चीजों को अलग नजरिए से देखने के लिए बाध्य था। वहाँ मेरे दोस्तों का एक बड़ा समूह बन गया था, जो सभी अलग-अलग पारिवारिक पृष्ठभूमि के थे। कॉलेज का जीवन संभवत: मेरे विद्यार्थी जीवन का सबसे ज्यादा सीखनेवाला हिस्सा रहा। मैंने मानव गति-विज्ञान (Dynamics) के बारे में ज्ञान प्राप्त किया और नए-नए संबंध विकसित करके जीवन को गहराई से समझने की कोशिश की।

हमारे कॉलेज में लड़कियाँ बहुत कम थीं, वैसे भी मैं काफी समय तक लड़कियों के साथ कोई बातचीत करने से कतराता रहा था। सबसे ज्यादा निकटता यदि किसी लड़की से थी तो वह एक पत्र-मित्र थी, जो बारह सौ कि.मी. दूर कोलकाता में रहती थी। मैं उससे मिलना तो बहुत चाहता था, लेकिन मिल नहीं सका—अब तक नहीं।

उन दिनों कॉलेज में उपस्थिति की बात इतनी महत्त्वपूर्ण नहीं थी जितनी आज हो गई है। मैं दिन का ज्यादा समय कॉलेज के बाहर अपने दोस्तों के साथ नए-नए स्थानों पर घूमते हुए बिताता था। शाम का समय जीवन विहार के भूतल (ग्राउंड फ्लोर) पर बने एक छोटे से कमरे में बीतता था, जिसे हम 'डेन' कहा करते थे। मुझे लगता है कि उस समय तक मेरे घरवाले समझ गए थे कि मुझे अकेला छोड़ देना ही ठीक

है, इसलिए मेरे लिए एक चारपाई और कुछ मेजों से सजा एक अलग कमरा दे दिया गया था। बाद में उसमें एक कूलर और टेलीफोन भी आ गया। मेरे चार खास दोस्त अकसर वहाँ आते और हम विभिन्न विषयों पर खूब चर्चा करते—फिल्म, संगीत, क्रिकेट, समसामयिक घटनाएँ और कभी-कभी व्यवसाय भी।

हेमंत भोटिका*

> मैं उनसे एच.आर. कॉलेज के प्रवेश काउंटर पर मिला था। वह देखने में शरमीले स्वभाव के लग रहे थे और हम सभी की तरह कॉलेज के माहौल में खोए हुए दिखाई दे रहे थे। हम अकसर कक्षा से बाहर निकलकर खाने-पीने के लिए रेस्त्राँ में मिलते थे। सारा पैसा खाने-पीने में खर्च करने के बाद हम कॉलेज के प्रवेश द्वार के बाहर खड़ी कारों के बोनट पर जाकर बैठ जाते। कभी-कभी हम ओबेरॉय समरकंद रेस्त्राँ में भी जाते थे।

ओबेरॉय होटल जाना मुझे इसलिए पसंद था, क्योंकि मुझे पता चल गया था कि धीरूभाई अंबानी वहाँ लगभग हर दूसरे दिन आते हैं। सचमुच, उनकी एक झलक पाकर भी मैं खुशी से उछल पड़ता था। '80 के दशक के आरंभ में रिलायंस कंपनी ने स्वयं को मजबूती से स्थापित कर लिया था। कंपनी की विकास गति को देखकर मैं बहुत प्रभावित था। कॉलेज के दिनों से ही मैंने व्यवसाय के बारे में पढ़ना शुरू कर दिया था। धीरूभाई अंबानी मेरे काल्पनिक गुरु और आदर्श बन गए थे। मुझे जानकारी मिली थी कि धीरूभाई अंबानी एक साधारण पृष्ठभूमि से यहाँ तक पहुँचे थे। औसत पृष्ठभूमि से आने के बावजूद इतनी ऊँचाई तक पहुँचना—और वह भी अपनी ही क्षमताओं के बल पर—यह मेरे लिए बहुत प्रेरणादायक बात थी। उस समय के अधिकतर व्यवसायी ऐसे थे, जिन्हें व्यवसाय और सफलता विरासत में मिली थी। धीरूभाई अंबानी की सफलता की कहानी से मेरे इस विशेष दृष्टिकोण को बल मिला कि साधारण-से-साधारण पृष्ठभूमि का होने के बावजूद कोई व्यक्ति अपनी अदम्य इच्छा-शक्ति के बल पर कामयाबी की बुलंदियाँ छू सकता है।

कॉलेज में मैंने वाणिज्य विषय चुना था, शायद यही सोचकर कि गणित में मेरी योग्यता बहुत सीमित थी। यह बात मैं पहले ही सुन चुका था कि विज्ञान की पढ़ाई मेरे लिए आसान नहीं है। लेकिन मैं तरह-तरह की असंगत बातें सीखना चाहता था, जिससे

---

* हेमंत भोटिका किशोर के कॉलेज के सहपाठी थे, तभी से दोनों एक-दूसरे के मित्र हैं।

मेरे सहपाठी कई बार हैरान होते थे। मैंने टाइपिंग सीखी, रेडीमेड कपड़ों के आयात-निर्यात का पाठ्यक्रम किया और सिल्क उत्पादक संघ 'ससमीरा' द्वारा संचालित एक प्रोग्राम में प्रवेश ले लिया। एक बार तो मैंने चार्टर्ड एकाउंटेंट बनने का फैसला कर लिया था और उसकी आरंभिक परीक्षा भी उत्तीर्ण कर ली थी; लेकिन बाद में मुझे लगा कि चार्टर्ड एकाउंटेंसी मेरे लिए नहीं है। दरअसल, मैं विशेषज्ञ न बनकर सामान्य ज्ञाता बनना चाहता था, जिसे सभी तरह के कामों का थोड़ा-बहुत और कुछेक का विशेष ज्ञान हो।

संजय सेकसरिया*

किशोर का कोई गुरु या सलाहकार नहीं था, लेकिन अपना व्यवसाय शुरू करने का विचार उनके मन में कॉलेज के दूसरे वर्ष में ही आ गया था। वह अपने पारिवारिक व्यवसाय में बिलकुल नहीं जाना चाहते थे। वह अकसर रेडीमेड कपड़े का व्यापार करने और कुछ अलग कर दिखाने की बात किया करते थे। वह आज जो कुछ भी हैं, उसके बारे में उन्होंने बिलकुल भी नहीं सोचा; लेकिन मन में एक ऊँचा सपना जरूर था। वह चीजों एवं मानव-व्यवहार को बहुत बारीकी से देखते थे और लोगों की पहचान करने तथा उनके बारे में निर्णय लेने में वह बहुत कुशल थे। कॉलेज में भी वह लोगों की अपने ढंग से परख करके ही उससे जुड़ते या अलग होते थे। उन्होंने बताया तो कभी नहीं, लेकिन उनके व्यवहार से स्पष्ट होता था कि वह जोर से बोलनेवाले लोगों को नहीं पसंद करते थे। स्वभाव से वह अंतर्मुखी और शरमीले थे।

वह चुनौती देने और चुनौतियों को स्वीकार करने के लिए हमेशा तैयार रहते थे। उस समय मुंबई का एक लोकप्रिय रिटेल आउटलेट था—चिराग दीन, जहाँ से लोग कमीजें खरीदा करते थे। वहाँ प्रतिमाह बड़ी संख्या में कमीजें बिका करती थीं। किशोर अकसर कहते, 'तीस हजार क्या है! मैं इससे भी ज्यादा बेचकर दिखा दूँ।' कॉलेज के दिनों में भी वह आत्मविश्वास से भरे रहते थे।

उन दिनों चिराग दीन एक अच्छा-खासा कामयाब रिटेल स्टोर था। मैं वहाँ

* संजय सेकसरिया और किशोर दोनों कॉलेज में एक ही कक्षा में पढ़ते थे। संजय का विवाह किशोर की चचेरी बहन किरण से हुआ है। वह किशोर के व्यावसायिक सहयोगी भी हैं।

कभी-कभी जाया करता था और उसके विज्ञापन, स्टॉक आदि का मुआयना किया करता था। विज्ञापन और विपणन में मैं शुरू से ही ज्यादा रुचि रखता था। मैं पूरे मन से विज्ञापनों का अध्ययन करता था और विपणन गोष्ठियों में भी भाग लेता था। बाद में मैंने विपणन (Marketing) में एक पाठ्यक्रम भी पूर्ण किया।

रिटेलिंग (खुदरा बिक्री) के बारे में मुझे पहली बार उस समय जानने को मिला, जब किशोर वय में मैं सेंट्रल मुंबई के सेंचुरी बाजार में गया। उस समय सेंचुरी बाजार और भी बड़ा था। उसकी छतें नीचे थीं, जिससे वहाँ हमेशा ज्यादा भीड़-सी दिखाई देती थी और सबकुछ काउंटर पर बिका करता था। वहाँ की चहल-पहल और फैलाव को देखकर मेरे मन में भीतर-ही-भीतर कुछ चलने लगा था। शायद उसी समय मैंने उस तरह का या उससे भी बेहतर कुछ करने का निश्चय कर लिया था।

कॉलेज में हमने एक सामुदायिक क्लब बनाया था, जिसका नाम 'क्षितिज' रखा गया था। क्लब के नाम पर हम अकसर फिल्मों की स्क्रीनिंग करते और छोटे-छोटे आयोजन किया करते थे। 'क्षितिज' नाम बहुत अच्छा लगने लगा था। आज हमारे रिटेल रियल एस्टेट फंड का नाम भी 'क्षितिज' है।

उन दिनों मैंने जीवन विहार में एक डिस्को डांडिया (नृत्य) का आयोजन किया था। आज डिस्को डांडिया मुंबई और उसके बाहर भी बहुत लोकप्रिय हो गया है; लेकिन मैं दावे के साथ कह सकता हूँ कि डिस्को डांडिया का जो आयोजन सन् 1979 में मैंने जीवन विहार में किया था, वह दक्षिण मुंबई में अपनी तरह का पहला आयोजन था।

III

दशहरा उत्सव के दौरान आयोजित होनेवाला डांडिया एक पारंपरिक गुजराती नृत्य है। इसमें युवक व युवतियाँ समूह बनाकर लोक-संगीत की धुन पर नाचते हैं। हमारे आवासीय परिसर में भी डांडिया उत्सव होता था, लेकिन वह बिलकुल नीरस होता था।

उन दिनों राजेश रोशन मेरे पसंदीदा संगीतकार थे। उनका संगीत दल जुहू में आयोजित होनेवाले डांडिया उत्सव में अपना कार्यक्रम प्रस्तुत किया करता था। कॉलेज के प्रथम वर्ष में मेरा एक दोस्त मुझे वहाँ लेकर गया था। इतना बड़ा कार्यक्रम देखकर मैं हैरान रह गया था। इतनी बड़ी भीड़ मैंने पहले कहीं नहीं देखी थी। वहाँ लोग बॉलीवुड के संगीत पर नाच रहे थे। इस प्रकार पूरा वातावरण ही संगीतमय हो गया था, जिसका हमने भरपूर आनंद उठाया।

उसी समय मैं यह सोचने लगा था कि अगले वर्ष ऐसा ही या इससे भी अच्छा कार्यक्रम हमारे यहाँ क्यों नहीं हो सकता? दशहरा से कुछ महीने पहले मैंने अपने

दोस्तों, चचेरे भाइयों तथा अन्य लड़कों को इकट्ठा किया और उनके सामने अपना विचार रखा। सभी लोग तो तैयार नहीं हुए। कुछ लोगों का कहना था कि एक परंपरागत उत्सव को डिस्को जैसे कार्यक्रम में नहीं बदला जा सकता। लेकिन मैं आश्वस्त था, इसलिए मैंने प्रयास करने का निश्चय कर लिया।

कार्यक्रम स्थल पर सजावट और प्रकाश प्रभाव उत्पन्न करने के लिए हमने अलग-अलग तरह की स्ट्रोब एवं सिग्नल लाइटों का प्रबंध किया और हिंदी फिल्मों में अपना संगीत दे चुके एक संगीत दल को भी तैयार कर लिया। सिंथेसाइजर और अन्य विभिन्न प्रकार के इलेक्ट्रॉनिक वाद्य-संगीत यंत्रों की व्यवस्था की गई। मुझे पूरा विश्वास था कि इस बार का कार्यक्रम पहले के सभी कार्यक्रमों से कहीं बहुत अच्छा और बड़ा होगा। यह '70 के दशक के उत्तरार्ध की बात है और उस समय मुंबई जैसे शहर में भी इस तरह के कार्यक्रम काफी महत्त्व रखते थे। कार्यक्रम के लिए आमंत्रण को 'पासपोर्ट' नाम दिया गया था। हमें पूरा विश्वास था कि कोई भी किशोर/किशोरी इस मौके को हाथ से नहीं जाने देगा। मैंने एक-दो विज्ञापनकर्ताओं को भी तैयार कर लिया था। आस-पड़ोस के कुछ लोगों—जिन्हें 'चाचा' कहा करते थे—को बैनर आदि का खर्च वहन करने के लिए तैयार कर लिया था। जब कार्यक्रम का दिन आया तो सारी तैयारी और प्रबंध देखकर हम स्वयं आश्चर्यचकित थे। भीड़ का प्रबंधन सबसे बड़ी चुनौती थी और इससे पहले हमने 'भीड़ प्रबंधन' शब्द भी नहीं सुना था।

किरण सेकसरिया*

किशोर प्रमुख व्यवस्थापक और आयोजक थे। हम सभी उनके सहयोगी थे। उस दिन के कार्यक्रम की रौनक और शान को देखकर हम सभी आश्चर्यचकित थे। कार्यक्रम के आखिरी के कुछ दिनों में पाँच हजार से भी ज्यादा लोगों की भीड़ थी, जिनमें से कुछ तो उपनगरों से भी आए थे। भीड़ को सँभालना बहुत मुश्किल काम था। हालाँकि उन दिनों छेड़छाड़ या लड़कियों के साथ अश्लील व्यवहार की बातें बहुत ही कम होती थीं।

उपनगरीय क्षेत्रों में भी एक या दो वर्ष पहले से डिस्को डांडिया शुरू हुआ। उसके बाद शीघ्र ही जीवन विहार डांडिया उत्सव के लिए प्रसिद्ध हो गया। बाद के वर्षों में दक्षिणी मुंबई के अन्य आवासीय परिसरों और मुहल्लों में भी डांडिया उत्सव आयोजित किए जाने लगे।

---

* किरण सेकसरिया किशोर की चचेरी बहन हैं।

सचमुच, सबकुछ हमारी उम्मीदों से कहीं बढ़कर रहा। उसके बाद भी एक-दो वर्षों तक हम इसी तरह हर वर्ष कार्यक्रम आयोजित करते थे। वस्तुतः, यह मेरी संगठन-क्षमता की परीक्षा थी और जिस तरह हमने सबकुछ व्यवस्थित किया था, उससे मैं पूरी तरह संतुष्ट भी था।

अब मुझे लगता है कि अपनी मित्र-मंडली और आसपास की आवासीय कॉलोनियों के युवाओं के बीच अपनी पैठ बनाने का यह मेरे लिए अच्छा अवसर था और मैंने इसका लाभ भी उठाया। सबसे महत्त्वपूर्ण बात यह है कि इससे मेरे आत्मविश्वास में खूब वृद्धि हुई।

IV

कॉलेज की पढ़ाई के अंतिम वर्ष में मैंने कालबादेवी स्थित अपने दफ्तर में जाना शुरू कर दिया था। वहाँ कुछ समय तक मैं अपने पिता और उनके पाँचों भाइयों तथा चचेरे बड़े भाइयों के साथ काम भी करता था। बंसी सिल्क मिल्स ने अपनी पहली निर्माण इकाई वर्ष 1972 में अंधेरी में स्थापित की थी। दूसरी निर्माण इकाई किशनगढ़ (अजमेर) के निकट पर्बतसर में स्थापित की गई थी; लेकिन मुझे लगा कि इन दोनों में से कोई भी ज्यादा विकसित-विस्तृत होनेवाली नहीं है। हमारा व्यवसाय मूलतः विभिन्न प्रकार के वस्त्रों के व्यापार से जुड़ा था। हमारी कंपनी मुंबई के वस्त्र कारखानों और रेडीमेड कपड़े तैयार करनेवाली कंपनियों के लिए बिचौलिए का काम करती थी। इसमें लाभ बहुत कम था और भविष्य में विकास की संभावनाएँ भी बहुत कम थीं। जब मैंने अपने घरवालों को ये सब बातें बताईं तो मुझे दफ्तर में पत्र-व्यवहार के लिए पत्र आदि टाइप करने का काम दे दिया गया।

अपने कॉलेज के दिनों से ही मैंने तय कर लिया था कि मुझे अपने पारिवारिक व्यवसाय में नहीं जाना है। इसका मुझे कोई औचित्य भी नहीं दिखाई दे रहा था कि परिवार के नौवें सदस्य के रूप में मैं भी उसी पुराने व्यापार में लग जाऊँ। मुझे लगा कि इस तरह का व्यवसाय मेरे लिए नहीं है। मेरे घर के सदस्य नई संभावनाओं और अवसरों की तलाश करने की बजाय उसी पुराने व्यवसाय में लगे रहना चाहते थे। मुझे स्वयं पर विश्वास था, इसलिए मैं स्वयं के बल पर कुछ नया शुरू करना चाहता था।

व्यवसाय में एक और बात भी मुझे पसंद नहीं आई थी, वह थी—वित्तीय नियंत्रण और 'पड़ता' की मानसिकता। व्यवसाय में 'पड़ता' को ध्यान में रखकर काम किया जा रहा था। 'पड़ता' भारत के मारवाड़ी समुदाय में प्रयोग में लाई जानेवाली एक परंपरागत लेखा प्रणाली है। मैं इसे शुरू से ही नापसंद करता था। पड़ता की लेखा

प्रणाली व्यवसाय को बढ़ाने में सहायक नहीं है और फिर, जब व्यवसाय में हर जगह लेखाकार ही रहेंगे तो आखिर उद्यमी कहाँ से आएँगे?

लक्ष्मीनारायण बियानी*

> किशोर दफ्तर में आता तो था, लेकिन दो-तीन घंटे में ही चिढ़कर वहाँ से चला जाता था। व्यवसाय के प्रति हमारा नजरिया उसे बिलकुल अच्छा नहीं लगता था। हमारे सामने तो वह कुछ नहीं कहता था, लेकिन उसके चेहरे से साफ पता चलता था। वह अकसर कहता, 'ये भी कोई व्यवसाय है!' हमारा ट्रेडिंग का व्यवसाय था और हम सभी जानते थे कि इसमें लाभ बहुत कम है। किशोर अकसर हमें कोई बड़ी निर्माण इकाई स्थापित करने का सुझाव देता; लेकिन हम कोई बड़ा जोखिम नहीं उठाना चाहते थे। हमें डर लगता था।

इसी बीच, कॉलेज में मैंने अपने एक दोस्त को एक नए तरह के धागे से बनी पतलून पहने हुए देखा। वह उस पतलून को 'स्टोनवाश फैब्रिक' कहता था। वह बिलकुल अलग तरह का फैब्रिक दिखाई दे रहा था, इसलिए मुझे बहुत अच्छा लगा। मैंने उससे पतलून ले ली और उसे रेडीमेड कपड़ों के व्यवसाय से जुड़े कुछ लोगों को दिखाया, जिन्हें मैं जानता था। कुछ सप्ताह बाद मैं मुंबई की ज्यूपिटर मिल्स पहुँचा। ज्यूपिटर मिल्स सरकारी स्वामित्ववाली एक बड़ी टेक्सटाइल मिल है। मेरे कुछ दोस्तों ने बताया था कि यह कंपनी स्टोनवाश फैब्रिक बनाने की योजना बना रही है। मैंने उसे 200 मीटर कपड़े का ऑर्डर दे दिया। उस कपड़े को मैंने कुछ रेडीमेड कपड़ा निर्माताओं और शहर की कुछ छोटी-छोटी दुकानों को बेचने की कोशिश की।

कुछ अन्य व्यापारी भी मुंबई के बाजार में यह कपड़ा बेचने लगे थे और मैंने देखा कि यह कॉलेज जानेवाले लोगों में बहुत लोकप्रिय होता जा रहा था। अगले छह महीने में ही मैंने लाखों का स्टोनवाश फैब्रिक बेच दिया था। यही मेरा पहला मुनाफा था। अब मुझे पूरा विश्वास हो गया था कि मैं अपना उद्यम चला सकता हूँ।

इसी बीच मेरे माता-पिता ने मुझे संगीता राठी से मिलवाया। छह महीने के मेल-जोल के बाद नवंबर 1983 में हम दोनों का विवाह हो गया। लेकिन मुझे आज भी याद है, विवाह का दिन नजदीक आने के साथ-साथ विवाह समारोह की अत्यधिक धूमधाम

---

* लक्ष्मीनारायण बियानी किशोर के पिता हैं।

के लिए बनाई जा रही योजना पर कैसे मेरा गुस्सा बढ़ता जा रहा था। विवाहवाले दिन जो शेरवानी मुझे पहननी थी, उसकी अत्यधिक सजावट भी मुझे पसंद नहीं थी। हालाँकि हम स्वयं अपने यहाँ इस तरह की शेरवानी खूब बेचते हैं, लेकिन मुझे स्वयं इन्हें पहनने का शौक कभी नहीं रहा, यहाँ तक कि विवाहवाले दिन मेरे दोस्त संजय को एक साधारण सफेद रंग की शेरवानी लेकर आना पड़ा। उसे भी पहनकर मैं बहुत खुश नहीं था।

पिछले तेईस वर्षों से संगीता भी मेरे इस तरह के रवैए के साथ सामंजस्य बनाकर चल रही है। उसने मेरे आत्मविश्वास को बढ़ाया है और मुझमें उत्साह व साहस भरा है। उसने मेरे तुनकमिजाजी स्वभाव—जैसा मेरे दोस्त मेरे बारे में कहते हैं—को समझ लिया है।

संगीता बियानी*

अपने अलग दृष्टिकोण और विद्रोही स्वभाव के बल पर ही वह आगे बढ़ सके। उनसे मिलने से पहले कई लोगों ने मुझे सावधान किया था कि वह बिलकुल अलग सोच और स्वभाव के हैं; लेकिन हम एक-दूसरे से मिले और दो दिन में ही हमारी सगाई हो गई।

वह मुझे दिलचस्प लगे। उनसे बातें करना मुझे अच्छा लगा। सच बताऊँ तो मैं स्वयं अपने पति के रूप में कोई पुराने खयालोंवाला या अत्यधिक दिखावे में विश्वास करनेवाला मारवाड़ी लड़का नहीं चाहती थी। मैं खुले माहौल में पली-बढ़ी थी और वे मुझे पूरी तरह से उपयुक्त लगे।

वह दिखावा बिलकुल नहीं करते थे; लेकिन विवाह से पहले उन्होंने मुझे सचेत कर दिया था कि मैं बिलकुल अलग किस्म का आदमी हूँ और आवश्यकता पड़ने पर अपने संयुक्त परिवार से अलग भी हो सकता हूँ। वह सबकुछ अपने दम पर करना चाहते थे। परिवार के किसी भी सदस्य की मदद वह नहीं चाहते थे।

विवाह समारोह के समय भी उन्हें पारंपरिक रस्मों-रिवाजों के लिए बड़ी मुश्किल से तैयार किया गया था। शुरू से ही वह अपने परिवार के लोगों से कोई सलाह या मार्गदर्शन नहीं लेते थे। परिवार के लोग उनके विचारों और भावों को कम ही समझ पाते थे। वह इस सच्चाई को प्रायः स्वीकार कर

* संगीता बियानी किशोर बियानी की पत्नी हैं।

चुके थे कि वह (किशोर) सबसे अलग हैं; लेकिन उन्हें इनसे कोई बहुत बड़ी उम्मीद नहीं थी। वैसे एक अच्छी बात थी कि मेरे श्वसुर उन्हें प्रोत्साहित भले नहीं करते थे, लेकिन उन्हें किसी काम से रोकते भी नहीं थे।

और इस तरह शुरू हो गई मेरी व्यावसायिक यात्रा।

V

तीन तरह के उद्यमी होते हैं—निर्माता, सुरक्षित रखनेवाले और विनाशक (ब्रह्मा, विष्णु, महेश)। मेरे पिता और चाचा भी भारत के अधिकतर उद्यमियों की तरह संरक्षणकर्ता श्रेणी के उद्यमी थे। मैं स्वयं को निर्माता और विनाशक दोनों मानता हूँ। यथास्थिति को संरक्षण देना अर्थात् उसे बनाए रखना मुझे कभी पसंद नहीं रहा। हर व्यवसाय में परिवर्तन और विकास की एक सतत प्रक्रिया का होना बहुत जरूरी है। अगर कोई व्यवसाय विकसित-विस्तृत नहीं होता तो वह उद्यम है ही नहीं।

भारत में संभवत: विश्व के सबसे ज्यादा उद्यमी हैं। यह बात हम सभी जानते हैं कि हमारे देश में बहुत सी उद्यमी प्रतिभाएँ छिपी हुई हैं। यदि हम अपने आस-पास ही देखें तो हमें ऐसी प्रतिभाएँ देखने को मिल जाएँगी। ऐसे लोग भी हैं, जिन्होंने यहाँ अपना सफल व्यवसाय भी खड़ा किया है; परंतु ज्यादातर लोगों का क्षेत्र और स्तर सीमित ही है। इतने विशाल देश का नागरिक होते हुए भी हम प्राय: छोटी बातें सोचते हैं और अपनी संकुचित सीमा से बाहर नहीं निकल पाते।

इसके पीछे, जैसा मुझे लगता है, मूल कारण यही है कि हमारी पारिवारिक व्यवस्था उद्यमी बनने में बाधक बनती है। माता-पिता प्राय: अपने बच्चों को कोई बड़ा जोखिम लेने या कुछ अलग क्षेत्रों में जाने से रोकते हैं। वे अपनी परिधि से बाहर की बात सोचने के लिए भी तैयार नहीं होते।

जहाँ तक मेरा अनुभव कहता है, मेरे परिवार के लोग मेरे काम पर अनिच्छापूर्वक सहमत तो जरूर हो जाते थे, लेकिन वे मुझे अपने उपलब्ध संसाधनों से बाहर कुछ करने या सोचने के लिए कभी प्रोत्साहित नहीं करते थे। वे रूढ़िवादी थे और यह बात मैंने भारत के अन्य कथित व्यावसायिक समुदायों में भी देखी—गुजराती, पारसी, चेत्तियार आदि।

व्यक्ति जब तक अपने परिवार के नियंत्रण से बाहर निकल पाता है, तब तक वह अपना उत्साह और कार्य-क्षमता खो चुका होता है तथा वह अपनी यथास्थिति से संतुष्ट हो जाता है। इस प्रकार, व्यवसाय को बढ़ाने की बजाय वह उसे बनाए रखने में ही लगा रहता है। वह नए जोखिम लेना बंद कर देता है; जबकि किसी

भी व्यवसाय के विस्तार के लिए जोखिम लेना और रूढ़ियों से बाहर निकलकर सोचना बहुत जरूरी है।

अपने कॉलेज के दिनों के बाद शीघ्र ही मैंने समझ लिया था कि व्यवसाय वास्तव में बहुविकल्पीय प्रश्नों की तरह है। हमें दिए गए तीन विकल्पों में से सबसे उपयुक्त विकल्प चुनना होता है और उसकी सत्यता पर पूरा विश्वास बनाना होता है। यह सबकुछ अनुमान की शक्ति पर आधारित होता है। यदि अनुमान के सफल होने की एक-तिहाई संभावना भी है तो पूरे आत्मविश्वास और पूरे मन के साथ प्रयास करते हुए उसे संभव बनाया जा सकता है।

मेरा कोई गुरु या सलाहकार नहीं और मेरा खयाल है कि अधिकतर सफल उद्यमी आवश्यक रूप से कोई सलाहकार या गुरु नहीं रखते। मैंने बस काल्पनिक गुरु बनाया था और विभिन्न विषयों का अध्ययन करके ज्ञान प्राप्त किया था। मेरा मानना है कि कुछ दुर्गम यात्राएँ ऐसी होती हैं, जिन्हें व्यक्ति को अकेले तय करना होता है। इस मामले में मैं स्वयं को सौभाग्यशाली मानता हूँ कि मैंने पहले ही यह बात समझ ली थी कि मुझे जो भी करना है, अपने बल पर ही करना है।

बहुत से लोग ऐसे हैं, जो किसी कारण से असफल हो जाने पर दूसरों को दोष देते हैं। ऐसे में वे किसी-न-किसी को दोषी करार देते हैं और यदि कोई नहीं मिलता तो भगवान् को ही बीच में खींच लेते हैं। मेरा मानना है कि एक उद्यमी होने के नाते अपने काम की सफलता-असफलता की जिम्मेदारी मेरी अपनी है। इसके लिए मैं किसी और को या परिस्थितियों को दोषी नहीं ठहरा सकता। क्या किसी ने इस बात की गारंटी ली थी कि व्यवसाय बिलकुल बराबरी का खेल होगा? अतः जब भी मुझसे कोई गलती होती है, मैं उससे सीख लेता हूँ और फिर आगे बढ़ जाता हूँ।

जब भी किसी चुनौतीपूर्ण स्थिति का सामना करना पड़ता, मुझे यही लगता कि चुनौती में जरूर कोई अच्छा अवसर छिपा हुआ है, जिसका मुझे लाभ उठाना है।

उद्यम का अर्थ ही यही है—बड़ी-बड़ी बातें सोचना, अपनी योग्यता व शक्ति में विश्वास बनाए रखते हुए आगे बढ़ना और बड़े-बड़े जोखिम लेने के लिए तैयार रहना। इसमें निर्णय लेने की क्षमता, नेतृत्व-कुशलता और अपने सहकर्मियों को विश्वास में लेना भी महत्त्वपूर्ण है। उद्यम तैयार करना स्वयं में एक स्वप्न है, महत्त्वाकांक्षा है। हर लक्ष्य को प्राप्त करते ही मेरी महत्त्वाकांक्षा और बढ़ती रही। मैं विशाल उपभोक्ता समूह को ध्यान में रखकर सोचता था और फिर एकाग्रचित्त और एकलक्ष्य होकर उसपर कार्य करते हुए आगे बढ़ता था। इससे मुझे आगे बढ़ने में बहुत मदद मिली।

मैंने हमेशा जन सामान्य या आम उपभोक्ता को ध्यान में रखकर काम किया है।

आभिजात्य वर्ग पर पूरी तरह केंद्रित होकर मैंने कभी कोई काम नहीं किया। मुझे ऐसे लोग कभी समझ नहीं आए जो एक पेन या घड़ी पर लाखों रुपए खर्च कर देते हैं। वस्तुतः मैं आम जनता या आम उपभोक्ता के संपर्क में लगातार बने रहना चाहता था। हमारा व्यवसाय वस्तुतः इसी आम उपभोक्ता वर्ग के कार्य-व्यवहार को समझकर उसकी आवश्यकता की वस्तुएँ उपलब्ध कराने पर आधारित रहा है।

हमारे पारिवारिक व्यवसाय में इन सभी विशेषताओं का सर्वथा अभाव था। भारत में चलनेवाले अन्य अनेक व्यवसायों की तरह यह भी जो है उसे बनाए रखने की प्रवृत्ति से पीड़ित था। ऐसे में मुझे लगा कि इस प्रकार की मनोवृत्ति से बाहर निकलकर ही मैं वास्तविक उद्यमी बन सकूँगा।

हालाँकि अपने पारिवारिक व्यवसाय से मुझे एक महत्त्वपूर्ण सीख भी मिली। कालबादेवी स्थित अपनी दुकान में हम गद्दियों पर बैठा करते थे। आज भी मुंबई के कालबादेवी, कोलकाता के बड़ा बाजार में इस तरह की गद्दियाँ देखी जा सकती हैं। गद्दी पर बैठने की प्रथा के साथ-साथ मुझे वहाँ का बुनियादी ढाँचा भी अच्छा लगता था। दुकान का मालिक या सेठ एक कोने में रखी गद्दी पर बैठा रहता था और उसका मुनीम तथा अन्य सहायक उसके आस-पास बैठे रहते थे। सहायक अपने सेठ से सीधे बात कर सकते थे और सेठ भी अपने ग्राहकों से सीधे संपर्क कर सकता था। हिसाब-किताब वाउचर के बिना सीधे स्टेटमेंट पर ही लिखा जाता था।

इससे ग्राहकों के साथ सीधा संपर्क स्थापित करना और उनके बारे में जानकारी प्राप्त करना आसान हो जाता था। आधुनिक व्यवसायों में अधिकांश मौलिक विवरण संगठन या कंपनी के विभिन्न स्तरों पर उलझे रहते हैं। जानकारी प्राप्त करने के लिए ही हम बड़ी-बड़ी बैठकें करते हैं; परंतु इन बैठकों का परिणाम प्रायः अगली बैठक का समय निश्चित करना ही होता है। ऐसे में संबंधित सूचनाएँ जब तक उच्च स्तर तक पहुँचती हैं तब तक या तो उनकी प्रासंगिकता समाप्त हो चुकी होती है या फिर उनका गलत अर्थ लगाया जा चुका होता है।

मौजूदा संगठनात्मक ढाँचा औद्योगिक युग के दौरान तैयार किया गया था। हम आज ज्ञान-आधारित अर्थव्यवस्था की बात भले ही करें, लेकिन हमारा संगठनात्मक ढाँचा पुराने ढाँचे से ज्यादा अलग नहीं है। आज के युग में नए विचार एवं सूचनाएँ किसी भी कंपनी के लिए सर्वाधिक महत्त्वपूर्ण हैं। जो संगठन इन सूचनाओं के प्रवाह को स्वतंत्र रूप से बढ़ावा देंगे, वे ही सर्वोत्तम अवधारणाएँ एवं योजनाएँ प्रस्तुत करेंगे। कम-से-कम स्तर (Layer) वाले और लगातार सूचना प्रवाहवाले संस्थान सफलता के निश्चित सूत्र हैं।

वर्तमान की बात करें तो हमारी कंपनी में पाँच स्तर हैं, जबकि मुझे लगता है कि हम सिर्फ तीन स्तर को लेकर भी बहुत आसानी से काम कर सकते हैं—सूचना संग्रहण स्तर, ज्ञान अथवा सूचना निर्माण स्तर और रणनीतिक स्तर। पहले के सेठों की तरह सिर्फ दो स्तर के साथ तो नहीं, लेकिन तीन स्तर के साथ आसानी से काम किया जा सकता है। अत: अगले दस वर्षों तक मेरा उद्‌देश्य कम-से-कम स्तरोंवाले मजबूत संगठन बनाना रहेगा।

□

कोशिशें कामयाब

> 'आपके अंदर जो असीम शक्ति सोई हुई है उसे और न सोने दें, जगाएँ।'
>
> *—एंथोनी रॉबिंस*

स्टोनवाश फैब्रिक में मुझे जो सफलता मिली थी, उससे मेरा उत्साह और आत्मविश्वास बहुत बढ़ गया था। अब मैं कुछ नया करने का अवसर देख रहा था। उस समय तक मेरे कुछ चचेरे भाइयों ने अपना स्वयं का व्यापार शुरू कर दिया था। वे प्रायः प्लास्टिक, नालीदार पेपरबोर्ड और पैकेजिंग के इर्द-गिर्द ही व्यापार कर रहे थे। मैंने कुछ समय तक उनके साथ काम किया, लेकिन मुझे उसमें दिलचस्पी नहीं हुई। मुझे जरूरत थी नए-नए व्यवसायों के बारे में जानकारी प्राप्त करने की, लेकिन उसमें मुझे ऐसा कुछ नहीं मिला। मैं ऐसा कुछ करना चाहता था, जिसके माध्यम से देश भर के अधिक-से-अधिक लोगों के साथ जुड़ा जा सकता।

अगले पंद्रह वर्षों तक मैं अपने इस स्वप्न को साकार करने का मौका देखता रहा। यह '80 के दशक के आरंभिक वर्षों की बात है और उस समय आशावादिता की स्पष्ट लहर दिखाई दे रही थी। तत्कालीन युवा प्रधानमंत्री राजीव गांधी ने उदारवाद की ओर तेजी से कदम बढ़ाना शुरू कर दिया था। मुझे लगा कि कुछ नया और अलग करने का यही अच्छा अवसर है। अतः मैं उभरते नवीन भारत के अनुकूल कुछ नया करने की अवधारणा पर विचार करने लगा था।

अपने परिवार के सदस्यों और शुभचिंतकों की नाराजगी मोल लेते हुए मैंने एक

साथ कई व्यवसायों में हाथ डाल दिया था। उनमें से कुछ में तो कामयाबी मिली, लेकिन शेष व्यवसायों को कुछ ही वर्षों में बंद कर देना पड़ा। हालाँकि, इनसे मुझे ग्राहकों और उपभोक्ताओं को समझने में बहुत मदद मिली और हमारी आज की कंपनी की आधारशिला तैयार हुई।

शुरू में मैंने जिन व्यवसायों में हाथ डाला था, उनमें से एक था—पुरुषों की पतलून के लिए फैब्रिक का एक ब्रांड शुरू करना। मैंने इसे डब्ल्यू.बी.बी. नाम दिया था, यानी उन दिनों पतलून के तीन सर्वाधिक लोकप्रिय रंगों का संक्षिप्त रूप—व्हाइट (White—सफेद), ब्लू (Blue—नीला) और ब्राउन (Brown—कत्थई)। वैसे यह नाम आकर्षक भी था। जरा सोचिए, इससे ज्यादा किसी को और क्या चाहिए?

मैं शहर की छोटी-छोटी टेक्सटाइल मिलों में जाता और अपनी पसंद के कपड़े खरीद लेता तथा फिर उन्हें कालबादेवी इलाके के दुकानदारों और रेडीमेड कपड़ों के निर्माताओं को बेच देता। उस समय तक रेडीमेड कपड़े इतने लोकप्रिय नहीं हुए थे। लोग कपड़े खरीदकर ही उन्हें दर्जी से सिलवाया करते थे। कपड़ों के प्रमुख ब्रांड थे—विमल, रेमंड, बॉम्बे डाइंग आदि। पर कुछ छोटे ब्रांड थे, जो तैयार पतलून बेचते थे, जैसे क्लिफ, डबल बूल, यू.एफ.ओ., बफैलो आदि।

एक सज्जन थे, जिन्हें हम 'अहमद भाई' कहकर बुलाया करते थे। वह क्लिफ ब्रांड रेडीमेड गारमेंट के मालिक थे। उनका दफ्तर लोअर परेल के शाह और नाहर औद्योगिक क्षेत्र में स्थित था। मैं महीनों तक उनके दफ्तर में बराबर जाता रहा। वहाँ मैं बाहर बैठकर उनके बुलाने तक प्रतीक्षा करता था। इस तरह मुझे घंटों प्रतीक्षा करनी पड़ती थी। यह इंतजार मुझे बहुत अखरता था। उसी समय मैंने मन-ही-मन प्रतिज्ञा की कि मैं किसी को भी अपने दफ्तर के बाहर प्रतीक्षा नहीं करवाऊँगा।

इसके अतिरिक्त मैं शहर में लगनेवाले वस्त्र मेलों और प्रदर्शनियों में भी अपनी दुकान लगाया करता था। यह संभावित ग्राहकों से संपर्क बनाने और व्यवसाय से जुड़े अन्य लोगों की गतिविधियों पर नजर रखने का अच्छा मौका होता था। इस तरह के मेले प्रायः बड़े-बड़े होटलों में आयोजित किए जाते थे। मेरे पास शुल्क या किराया चुकाने के लिए भी पैसा नहीं होता था। इसलिए मैं होटल के बाहर ही कोई छोटी दुकान कम किराए पर लेता और वहीं बैठकर ग्राहकों के आने की प्रतीक्षा करता था।

सचमुच, वह समय भी बहुत चुनौतीपूर्ण था; लेकिन मुझे परिवार के दो सदस्यों का भरपूर सहयोग और समर्थन मिला। मेरी पत्नी संगीता मेरे साथ प्रदर्शनी या मेले में जाती थीं, जिससे मेरा उत्साहवर्धन होता था। उधर, मेरे छोटे भाई अनिल ने भी मेरे कामों में हाथ बँटाना शुरू कर दिया था। अनिल तो सचमुच एक आदर्श अनुज सिद्ध

हुआ है। उसे मेरी काबिलीयत पर पूरा भरोसा है और जब भी मुझे उसकी मदद की जरूरत पड़ी है, वह तैयार मिला है। एक और व्यक्ति, जिसने शुरू से ही हमारे साथ मिलकर काम किया है, वह है—राजू। राजू पैकिंग करने और डिब्बे ढोने में हमारी मदद किया करता था और आज भी वह मेरा सच्चा सहायक बना हुआ है।

अनिल बियानी*

इस दौरान किशोर ने तीन बिलकुल अलग तरह के काम किए। पहला काम था—ब्रांड को डब्ल्यू.बी.बी. नाम देना। ब्रांड का नाम परंपरागत रूप से किसी देवी-देवता या परिवार के किसी सदस्य के नाम पर ही रखा जाता रहा था, जैसे—महावीर साड़ी या बंसी सिल्क आदि। लेकिन उनका (किशोर का) विचार इससे अलग था। उनका मानना था कि ब्रांड का नाम उत्पाद के अनुरूप ही होना चाहिए।

उसके बाद उन्होंने विज्ञापन के लिए भी कुछ लाख रुपए खर्च करने का फैसला किया। यह भी परंपरा से बिलकुल हटकर था। इसके लिए उन्होंने एक विज्ञापन एजेंसी को ठेका भी दे दिया। मेरे चाचा लोग अकसर मेरे पिता से कहते कि कुछ अच्छा परिणाम दिखाई देने से पहले ही इतने पैसे लगाना बहुत जोखिम भरा काम है।

तीसरा काम तो सभी को चौंकाकर रख देनेवाला था। अंधेरी के एक औद्योगिक क्षेत्र में हमारे परिवार की 600 वर्ग मीटर जमीन थी। किशोर ने वहाँ एक दोमंजिली इमारत बनानी शुरू कर दी थी और हम वहाँ कुछ लूम लगाने की योजना बना रहे थे। गरमियों की एक सुबह किशोर कालबादेवी स्थित दफ्तर में पहुँचे और एक टाइपराइटर, एक कुरसी व एक मेज उठाई तथा राजू की मदद से एक टैंपो किराए पर लिया और अंधेरीवाले दफ्तर के लिए चल पड़े। उन दिनों मलाबार हिल्स में रहते हुए 25 कि.मी. दूर स्थित अंधेरी आना-जाना कोई पसंद नहीं करता था। अब तो सभी लोग यह मान बैठे थे कि वह (किशोर) सनकी हो गया है।

अब मुझे लगता है कि डब्ल्यू.बी.बी. ब्रांड शुरू करके हमने बहुत अच्छा काम किया था। हमने इसका प्रतिमाह 30 से 40 हजार मीटर तक कपड़ा बेचा था। कभी-कभी मैं खुद भी करघे पर बैठकर काम करवाता था।

---

* अनिल बियानी किशोर के छोटे भाई हैं।

डब्ल्यू.बी.बी. की सफलता से ब्रांड चलाने की हमारी क्षमता व कुशलता भी सामने आ गई थी। अब हम ब्रांड को आगे बढ़ाने और अपने उत्पादों की गुणवत्ता में वृद्धि करके इस व्यवसाय के अन्य बड़े खिलाड़ियों के साथ प्रतिस्पर्धा करने की क्षमता हासिल करने की रणनीति पर विचार करने लगे थे।

अभय कुमट*

किशोर के संपर्क में पहली बार मैं '80 के दशक के मध्य में आया, जब मैं पशुपति स्पिनिंग के लिए काम कर रहा था। वह हमारे दफ्तर में आए थे और अपने कुछ डब्ल्यू.बी.बी. उत्पाद दिखाए थे। मैंने उनसे ब्रांड के अर्थ के बारे में पूछा, जिस पर उन्होंने उत्तर दिया था—'यह एक एकदम नई सोच (Innovative) है।' मुझे वह कुछ अजीब से लगे।

उसके बाद जब भी वे और हम मिलते, उनके हाथ में एक फैशन ब्रोशर्स, शेड कार्ड और स्टाइल फाइलें होती थीं, जिन्हें वे बड़े उत्साह से दिखाते थे। मैं अब तक नहीं जान पाया कि उन्हें ये विदेशी पुस्तिकाएँ कहाँ से मिलती थीं। एक दिन वह हमारे दफ्तर में आए और एक इतालवी फैशन पुस्तिका दिखाने लगे। उसमें पतलून के लिए विभिन्न रंगों के कपड़ों का संग्रह था। उसमें संगृहीत अधिकतर कपड़े ट्राइलोबल पॉलिस्टर से बने थे, जिससे कपड़े में एक अलग चमक आती थी। जब मैंने और मेरे बॉस मे पुस्तिका देख ली तो किशोर ने कहा कि आप सभी किस्म के धागे बनाएँ। मैंने उन्हें हैरीज कलेक्शन के राजू अमरनानी से मिलवाया, जिनकी मुंबई में कपड़ा बनाने की यूनिट थी। अमरनानी के साथ मिलकर हमने कपड़ों का एक विशेष संग्रह तैयार किया और पतलून की डिजाइनों में चेक बनाना शुरू किया। हमारा यह संग्रह संभवतः देश का अपनी तरह का पहला संग्रह था।

अभय कुमट से मेरी मित्रता हो गई थी और वह मेरे सबसे बड़े आलोचक भी थे। डब्ल्यू.बी.बी. की अल्पकालिक सफलता के बाद मुझे लगा कि अब मुझे आगे कदम बढ़ाते हुए पुरुषों के लिए रेडीमेड पतलून बेचने का काम शुरू करना चाहिए। मैंने अंधेरी जाकर लगभग तीस-चालीस पतलून सिलवा लिये और उन्हें कुछ दुकानदारों को दिखाया; लेकिन किसी भी दुकानदार ने हमारी छोटी सी कंपनी का उत्पाद बेचने

* अभय कुमट किशोर के पुराने व अच्छे मित्र हैं, जो वस्त्र व्यवसाय से जुड़े हैं।

में दिलचस्पी नहीं दिखाई। सन् 1985 के अंत तक अपने एक अन्य मित्र की मदद से मैंने बॉम्बे सेंट्रल रेलवे स्टेशन के निकट सी.पी. टैंक में 400 वर्ग फीट की एक दुकान शुरू की। उसमें पुरुषों के पतलून बिकते थे; दुकान का नाम हमने 'पतलून' रखा था। यह मेरा रिटेल का पहला अनुभव था।

संगीता बियानी

किशोर के लिए 'पतलून' एक प्रयोग की तरह था। वह दोपहर के बाद दुकान पर जाते और वापस आने पर पूरे उत्साह से मुझे बताते कि किस तरह आज दो या तीन पतलून बिक गए। रेडीमेड कपड़े बेचना उन दिनों लोकप्रिय नहीं था, इसलिए उन्हें कोई गंभीरता से नहीं लेता था। यहाँ तक कि परिवार के सदस्य भी उनकी बातों का मजाक उड़ाया करते थे। लोग मेरे पास आते और कहते, 'हम कोई दर्जी नहीं हैं। आखिर वह (किशोर) दर्जी का काम क्यों कर रहा है?' इस प्रकार की टिप्पणियों से तंग आकर मैं उन्हें अकसर टोकती। लेकिन वह बस इतना ही कहते, 'क्या फर्क पड़ता है?' दूसरे लोग क्या कहते या सोचते हैं—उन्हें इससे कोई फर्क नहीं पड़ता था। वह जो कुछ भी करते थे, अपने आत्मविश्वास से ही करते थे। धीरे-धीरे मैंने भी इस तरह की टिप्पणियों पर ध्यान देना बंद कर दिया।

II

जिस समय मैं अंधेरी में अपना दफ्तर बना रहा था, उसी दौरान मेरे घरवालों ने तारापुर के औद्योगिक क्षेत्र में कुछ जमीन ले ली थी। औद्योगिक क्षेत्र महाराष्ट्र औद्योगिक विकास निगम (MIDC) द्वारा विकसित किया जा रहा था। यह मुंबई के उत्तर में करीब 100 कि.मी. की दूरी पर स्थित है। यहाँ कई टेक्सटाइल और पेट्रोलियम के कारखाने पहले से चल रहे थे। मेरे चाचा लोग वहाँ एक प्रोसेसिंग यूनिट स्थापित करना चाहते थे; लेकिन मुझे वह स्थान इसके लिए उपयुक्त नहीं लगा। मुंबई में पायधुनी क्षेत्र की एक दुकान पर मैंने फैंसी धागेवाला एक कपड़ा देखा था। बाद में मुझे पता चला कि वह आयातित कपड़ा था। मैंने सोचा कि इससे मिलता-जुलता धागा तैयार करना लाभप्रद हो सकता है। यह उच्च मूल्यवर्धित व्यवसाय था और मुझे लगा कि इस प्रकार के धागों को इस्तेमाल में लाकर एक नया फैशन शुरू किया जा सकता है। इसमें कच्चे माल के रूप में फिलामेंट यार्न का प्रयोग हो रहा था, जो सेंचुरी एनका और रिलायंस पेट्रोलियम आदि कंपनियों द्वारा भारत में पहले से ही तैयार किया जा रहा था। मेरे एक मित्र ने मेरा परिचय कृष्णा झुनझुनवाला से कराया, जो रिलायंस तथा राष्ट्रीय

वस्त्र निगम की कुछ मिलों के उत्पादों के डिस्ट्रीब्यूटर थे।

मैं कृष्णा झुनझुनवाला के साथ मिलकर इसके निर्माण का व्यावसायिक अवसर तलाशने लगा। वस्त्र-निर्माण के बारे में शुरुआती जानकारी हम दोनों को ही थी, इसलिए हमें अब किसी ऐसे व्यक्ति की मदद की जरूरत थी, जो इस उद्योग में पहले से हो। इसके लिए हमने सुशील सेन से संपर्क किया, जो उस समय नेशनल टेक्सटाइल मिल्स, दक्षिणी महाराष्ट्र के चेयरमैन थे। नेशनल टेक्सटाइल मिल्स के अधीन उस समय राज्य भर में पैंतीस मिलें थीं। कृष्णा कभी-कभार उनके साथ धंधा भी करते थे। यह सन् 1985 के आरंभ की बात है और अगले ही वर्ष वह कंपनी से सेवानिवृत्त होने वाले थे। कृष्णा झुनझुनवाला ने उनसे मिलकर हमारी योजना के बारे में बताया और हमारा साझेदार बनने के बारे में उनकी राय पूछी। वह एक आदर्श व्यक्ति लगे थे; लेकिन मैं आश्वस्त नहीं था कि इतनी ऊँची हैसियतवाला कोई व्यक्ति बीस लोगों के एक छोटे से समूह के साथ साझेदारी स्वीकार करेगा, जो एक मामूली सा संयंत्र स्थापित करने की कोशिश कर रहा हो। पहली बार जब मैं बांद्रा स्थित उनके घर पर उनसे मिला, उस समय मुझे कुछ घबराहट-सी हो रही थी।

सुशील सेन*

पहली नजर में किशोर मुझे एक डरपोक, किंतु ईमानदार युवक लगा। उसने कृष्णा को पहले ही सारी बात समझा दी थी कि मुझसे क्या और किस तरह बात करनी है। उसने स्वयं मुझसे शायद ही कोई बात की होगी। लेकिन अंत में जब उसने मेरे साथ बातें कीं तो उसकी बातों में मुझे दम लगा। अपनी योजना को लेकर उसके पास एक स्पष्ट अभिदृष्टि थी और साथ ही उसे टेक्सटाइल तथा बाजार संबंधी अच्छी जानकारी भी थी। कुल मिलाकर शुरुआत बिलकुल सकारात्मक लगी।

अपने पूरे कैरियर में बड़े-बड़े निगमों से जुड़े रहने के कारण मुझे इतने छोटे से उपक्रम में संलग्न होने में कोई दिलचस्पी नहीं लेनी थी; लेकिन किशोर पूरी तैयारी के साथ आया था। व्यवसाय योजना और लाभ विवरण आदि सबकुछ ठीक लगा।

उस समय को याद करके अब मुझे लगता है कि किशोर ने इस अवसर की उपयोगिता को सही समय पर और दूसरों से पहले समझ लिया था। रिटेल

---

* सुशील सेन पैंटलून रिटेल के बोर्ड ऑफ डायरेक्टर्स के संस्थापक सदस्य हैं।

व्यवसाय में उसकी सफलता के मामले में भी संभवतः यही बात सच है। लेकिन सफलता या पैसा—कोई भी उसे बदल नहीं सका है। उसकी सादगी अभी भी वही है। उसने सचमुच बहुत शानदार काम किया है; लेकिन सबसे महत्त्वपूर्ण बात यह है कि वह एक अच्छा और दिलचस्प आदमी है।

सुशील सेन जैसे प्रतिष्ठित और प्रभावशाली व्यक्ति हमें गाइड करने के लिए तैयार थे—इससे यह बात स्वयं सिद्ध हो जाती है कि यदि मजबूत इच्छाशक्ति और दृढ़ निश्चय हो तो कोई भी काम मुश्किल नहीं रह जाता। सुशील सेन से मुझे एक महत्त्वपूर्ण सीख मिली—तत्काल निर्णय लेना। उन्होंने मुझे तत्काल निर्णय लेना और फिर उसपर काम करना सिखाया। अगले कुछ समय तक वह मेरे गुरु और परामर्शदाता बने रहे और आज भी हमारे बीच गहरे संबंध हैं।

हमने तारापुर में फैंसी धागे का एक छोटा संयंत्र लगाने की योजना पर काम शुरू कर दिया। उन दिनों तारापुर जाने के लिए पहले रेलगाड़ी से बोयसर स्टेशन तक जाना पड़ता था और फिर वहाँ से ताँगा करना पड़ता था। हम तीनों ने कंपनी में 3-3 लाख रुपए लगाए थे। कंपनी का नाम 'ध्रुव सिंथेटिक्स' रखा गया। सन् 1986 में हमने कारखाना चालू किया। मशीनें कोयंबटूर से मँगवाईं, जिनमें माइक्रोप्रोसेसर लगे थे, जो कपड़े को फैंसी रूप देते थे। हमने चार मशीनों से काम शुरू किया था और लाभ बढ़ने के साथ-साथ धीरे-धीरे हमने बारह मशीनें लगा लीं। एक मशीन से प्रतिदिन लगभग 50 कि.ग्रा. फैंसी धागा तैयार होता था।

उस वर्ष हम सभी पेरिस में आयोजित अंतरराष्ट्रीय टेक्सटाइल मशीनरी प्रदर्शनी देखने के लिए गए। यह प्रदर्शनी यूरोप में हर चौथे वर्ष आयोजित की जाती है। यह मेरी पहली विदेश यात्रा थी। रास्ते में मैं लंदन में रुका था, जहाँ मार्क्स ऐंड स्पेंसर में भी गया। कई वर्षों पहले मैंने यही सोचा था कि मुंबई की सेंचुरी बाजार ही सबसे बड़ी दुकान हो सकती है, लेकिन लंदन में मार्क्स ऐंड स्पेंसर को देखकर मेरी आँखें खुल गईं। इसके बारे में सुना और पढ़ा तो था, लेकिन देखा नहीं था। उसकी छवि मेरे मन में गहराई में बैठ गई थी। दस वर्ष बाद जब हमने कोलकाता में अपना 'पैंटलून' स्टोर शुरू किया तो उस समय एक सज्जन मेरे पास आए और कहने लगे कि यह भारत का मार्क्स ऐंड स्पेंसर है। इतना उत्साहवर्धन मेरे लिए बहुत था।

ध्रुव सिंथेटिक्स शुरू करने के बाद पहले ही वर्ष में हमने करीब 1 करोड़ रुपए का माल बेचा, जिसमें हमें अच्छा मुनाफा हुआ। लोगों में फैशन के प्रति जागरूकता बढ़ती जा रही थी, इसलिए हमें फैशन डिजाइनरों और निर्यातकों से अच्छा-खासा ऑर्डर मिलने

लगा था। अब हम व्यवसाय को और आगे बढ़ाने की योजना बनाने लगे थे; लेकिन जरूरी नहीं कि हर बार वही होगा जो हम सोचते हैं।

तारापुर उन दिनों श्रमिक विवादों के लिए जाना जाता था। हम इसके बारे में जानते थे, लेकिन हमें लगा कि इतने छोटे कारखाने पर श्रमिक झगड़ों का असर नहीं पड़ेगा। हमारे आस-पास के कई कारखाने गंभीर श्रमिक समस्याओं का सामना कर रहे थे और जल्दी ही हमारी कंपनी के श्रमिक भी एक श्रमिक संघ की आवश्यकता महसूस करने लगे। हमने उनकी कुछ समस्याओं को सुनने की कोशिश की—अपने मजदूरों के लिए आवास की सुविधा उपलब्ध कराने के उद्देश्य से हमने जमीन भी खरीद ली थी; परंतु क्षेत्र का श्रमिक नेता विवाद को सुलझाना नहीं चाहता था। हमारे पास माल के लिए ऑर्डर-पर-ऑर्डर आते रहे, लेकिन श्रमिक हड़तालों के चलते हम आपूर्ति नहीं कर पा रहे थे। हमने उत्पादन प्रक्रिया को नियंत्रण में लेने की कोशिश की; लेकिन जब भी बातचीत की प्रक्रिया शुरू करना चाहते, श्रमिक नेता हर बार नई-नई माँग सामने रख देता। अंततः स्थिति यह आ गई कि हमारे सामने उत्पादन इकाई को बंद करने के सिवाय और कोई विकल्प ही नहीं बचा।

उत्पादन बंद कर देने से एक बार तो मुझे जोरदार झटका लगा, लेकिन गनीमत यह थी कि उस समय मैंने अरविंद मिल्स में तैयार किए जानेवाले डेनिम (फैब्रिक) के वितरण अधिकार भी ले रखे थे।

'80 के दशक में डेनिम बाजार में बहुत लोकप्रिय होता जा रहा था। इसकी अधिकांश आपूर्ति आयात से ही होती थी। अरविंद मिल्स विश्व का सबसे बड़ा डेनिम कारखाना स्थापित करने और इस प्रकार व्यापक घरेलू बाजार पर अपनी पकड़ बनाने जा रही थी। मैंने इस अवसर को भलीभाँति पहचान लिया। हर बुधवार को मैं सौराष्ट्र एक्सप्रेस से अहमदाबाद जाता। वहाँ अरविंद मिल्स में लोगों से मिलता और अपना ऑर्डर बुक करता। सप्ताह का शेष समय डेनिम की बिक्री के लिए विक्रय प्रतिनिधियों का नेटवर्क तैयार करने में लगाता था। डेनिम के आ जाने से पुरुषों के लिए रेडीमेड परिधान भारत में भी पसंद किए जाने लगे थे। इसके निर्माण और वितरण के लिए हम पहले से योजना बना रहे थे। हालाँकि ध्रुव सिंथेटिक्स का कार्यकाल बहुत छोटा रहा, लेकिन इसमें मुझे प्रबंधन का जो अनुभव मिला, वह तेजी से आगे कदम बढ़ाने में मेरे लिए बहुत सहायक सिद्ध हुआ।

III

मैंज वेअर प्राइवेट लिमिटेड का निगमन 12 अक्तूबर, 1987 को किया गया। मैं उस समय छब्बीस वर्ष से कुछ ज्यादा उम्र का था। शुरू के पाँच वर्ष मैंने वस्त्र उद्योग

को समझने में बिताए थे। हमने शुरुआत रेडीमेड कपड़ों के निर्माता के रूप में की, दो ब्रांड शुरू किए, उसके बाद सीधी मार्केटिंग (विपणन) में उतरे और फिर दस वर्ष बाद आधुनिक रिटेल में आ गए। इस दौरान कंपनी का नाम भी 'मैंज वेअर' से बदलकर पहले 'पैंटलून फैशन' और उसके बाद 'पैंटलून रिटेल' हो गया। यह नाम-परिवर्तन व्यवसाय के स्वरूप में परिवर्तन के अनुरूप ही था।

कंपनी की शुरुआत 7 लाख रुपए की आरंभिक पूँजी से की गई थी। शुरू में इसमें 200 पतलून प्रतिदिन तैयार होते थे। पतलूनों को 'पैंटलून' के ब्रांड नाम से बेचा जाता था। मैं पूरे विश्वास के साथ नहीं कह सकता कि यह ब्रांड नाम चुनने की प्रेरणा मुझे कहाँ से मिली, संभवत: इतालवी फैशन पत्रिकाओं के व्यापक अध्ययन से ही मुझे यह नाम सूझा होगा। वैसे, यह शब्द उर्दू के पतलून शब्द से मिलता-जुलता है, लेकिन यह स्वयं में बिलकुल अलग और फैंसी था।

एक ही वर्ष में कंपनी का टर्नओवर (कुल बिक्री) 32 लाख रुपए तक पहुँच गया, लेकिन 8 लाख रुपए का घाटा भी दर्ज किया गया। इसका मूल कारण यही था कि हमने ब्रांड निर्माण और विज्ञापन पर ज्यादा पैसे—16 लाख रुपए—खर्च कर दिए थे।

मुझे एक क्रांतिकारी परिवर्तन देखने को मिल रहा था, जो मेरे लिए एक रोमांचक अनुभव था। पहले लोग कपड़ों का व्यापार-व्यवसाय करते थे, अब नए युग में इसे 'फैशन' नाम दे दिया गया। एक शब्द में, परिवर्तन से बिलकुल नया अर्थ और स्वरूप उभरकर सामने आ रहा था और उसने पहनावे की धारणा को ही बदलकर रख दिया था। लोग फैशनपरस्त होते जा रहे थे और पहनावे का नया स्वरूप सामने आ रहा था। लोग दर्जी के पास जाने की बजाय सिले-सिलाए (रेडीमेड) कपड़े खरीदने के लिए रेडीमेड स्टोरों पर जाने लगे थे। इस उभरते क्षेत्र में मैं भी अपना स्थान बनाने में लग गया था।

मार्केटिंग (विपणन), विज्ञापन और ब्रांड निर्माण की ओर मेरा झुकाव शुरू से ही रहा था। मेरा मानना है कि एक प्रभावी विज्ञापन लोगों को किसी ब्रांड की ओर आसानी से आकर्षित कर सकता है। मैंने विज्ञापनों का व्यापक अध्ययन किया था और विज्ञापनों के आधार पर संबंधित संगठनों/कंपनियों को समझा भी था। मैं अपनी कंपनी को एक फैशन हाउस के रूप में स्थापित करना चाहता था। इसके लिए हमने एक बड़े बजट का प्रचार अभियान भी चलाया था।

अगले कुछ वर्षों में हमने अपने स्वयं के ब्रांड तैयार करने और उनका विज्ञापन करने में काफी पैसा निवेश किया। ब्रांडेड कपड़े की माँग सबसे ज्यादा देखने को

मिली। मेरा खयाल है कि अपनी विज्ञापन एजेंसी की मदद से हमने अपने पतलून के ब्रांड 'पैंटलून' को स्थापित करने का बहुत अच्छा काम किया।

समीर सेन*

एक बार गरमियों की छुट्टी में मेरे पिताजी ने मुझे अंधेरी स्थित किशोर बियानी के कारखाने में काम करने के लिए भेजा। उस समय, जैसा मुझे याद है, एक दर्जी काम करता था, जो पतलूनें बनाता था। मेरा काम उन पतलूनों को तह करके उन्हें पैक करना और फिर टैक्सी पर लादना होता था। काम शुरू करने के लिए यहाँ मुझे अच्छा माहौल मिला। किशोरजी के एक चचेरे छोटे भाई घनश्याम भी मेरे साथ ही काम करते थे। किशोर स्वयं भी पतलूनों को तह करते, डिब्बों को बंद करते और बिल टाइप करते तथा चेक पर हस्ताक्षर करते थे। इस प्रकार वह स्वयं भी बहुत काम करते थे।

किशोर अपनी डिजाइनों को बड़ी रचनात्मकता से तैयार किया करते थे और संभवत: उनकी डिजाइन अपने समय से थोड़ा आगे ही होती थी। एक डिजाइन उन्होंने तैयार की थी, जिसमें चेन के ऊपर तीन बटन लगे होते थे और कमर बहुत ऊँची होती थी। यह डिजाइन स्वयं में बिलकुल नई थी। मैंने स्वयं वैसे पतलून पहनने शुरू कर दिए थे। मुझे याद है, धीरे-धीरे मेरे दोस्तों में भी वह डिजाइन बहुत लोकप्रिय हो गया था।

सचमुच, किशोर मुझे बहुत महत्त्वाकांक्षी व्यक्ति लगते थे। उनकी काबिलीयत और कामयाबी पर मुझे इतना विश्वास हो गया था कि मैंने अपने पिताजी से पैंटलून का विक्रयाधिकार लेने के लिए आग्रह किया था। उस समय मेरे भीतर उद्यमी की प्रवृत्ति जगानेवाले किशोर ही थे।

पहले वित्तीय वर्ष की समाप्ति के समय हम वापस तारापुर आ गए। दरअसल, मैं उत्पादन में तेजी से वृद्धि कर सकनेवाली किसी नई टेक्नोलॉजी की तलाश में था। मुंबई में एक टेक्सटाइल मशीनरी प्रदर्शनी में मैंने एक इंपोर्टेड स्वचालित डोनियर बुनाई मशीन देखी। ये मशीनें बहुत महँगी थीं। हमने अपने तारापुर संयंत्र में ये मशीनें लगाने

* समीर सेन ध्रुव सिंथेटिक में किशोर के साझेदार सुशील सेन के पुत्र हैं। दिसंबर 2005 में उन्होंने गोल्डमैन सैक (यूरोप) के प्रबंध निदेशक का पद छोड़ दिया और फ्यूचर कैपिटल होल्डिंग के प्रबंध निदेशक व साझेदार बन गए।

के लिए एक बैंक से कर्ज लिया। इस नई और उन्नत प्रौद्योगिकी से हमें अपनी उत्पादन क्षमता बढ़ाने में बहुत मदद मिली। अब हम और आगे बढ़ने का अवसर देखने लगे थे।

अनिल बियानी*

> कमलेश मर्चेंट हमारे साथ एक तकनीकी सलाहकार और मशीनरी इंडेंटिंग एजेंट के रूप में काम किया करते थे। उन्हें पता चला था कि किशोर उन्नत तकनीक की बुनाई मशीन की तलाश में हैं। जर्मनी की अपनी एक यात्रा में उनकी मुलाकात इन मशीनों के एक वितरक से हुई, जो नवीनतम तकनीक की चौबीस मशीनें बेचना चाहता था। कमलेश ने किशोर से बात की और उन्हें जर्मनी आने को कहा, ताकि किशोर मशीन देखकर कीमत निश्चित कर लें। उन्होंने कमलेश से कहा कि उन्हें तकनीकी ज्ञान बहुत कम है, इसलिए वह (कमलेश) स्वयं निर्णय लेकर जल्दी-से-जल्दी ऑर्डर बुक करवा लें। जब भी कमलेश से मेरी मुलाकात होती है तो वह इस घटना का जिक्र करने लगते हैं। आज भी वह आश्चर्य प्रकट करते हैं कि फोन पर कोई इतना बड़ा सौदा कैसे कर सकता है? किशोर तो ऐसी सौ मशीनें लगाना चाहते थे, मोलभाव करके कुछ लाख रुपए बचाए जा सकते थे; लेकिन उन्हें इसकी चिंता नहीं थी।

अब तसवीर साफ होने लगी थी। हालाँकि लाभ-स्तर तो काफी कम था, लेकिन मैं व्यवसाय को और आगे बढ़ाने की कोशिश में था। उस दौरान हम मूल रूप से मुंबई और कुछ अन्य स्थानों के रेडीमेड स्टोरों को माल की आपूर्ति कर रहे थे। पैंटलून ब्रांड तैयार करने में पहले ही अच्छा-खासा पैसा लगाया जा चुका था। अब मैं उसे अधिक-से-अधिक लोकप्रिय बनाना चाहता था।

इसमें सबसे बड़ी बाधा थी वितरण की और एक अच्छा नेटवर्क तैयार करने के लिए आवश्यक पूँजी की। इन पतलूनों को हम मुंबई और उसके आस-पास की विभिन्न दुकानों पर बेचने की कोशिश कर रहे थे, लेकिन यह कोई आसान काम नहीं था। मेरे एक मित्र ने गोवा में अपना एक गारमेंट स्टोर खोला था, जो बहुत अच्छा नहीं चल रहा था। मैंने उसे स्टोर में सिर्फ पैंटलून (पतलून) ही बेचने का सुझाव दिया। वितरण (फ्रैंचाइज) का अच्छा नेटवर्क तैयार करके ही हम अपने ब्रांड

---

* अनिल बियानी किशोर के छोटे भाई हैं।

को पूरे देश तक पहुँचा सकते थे। मेरा मित्र तैयार हो गया और सन् 1991 में हमने गोवा में पहला फ्रैंचाइज स्टोर शुरू किया। इसे 'पैंटलून शॉप' नाम दिया गया था।

जब 'पैंटलून शॉप' शुरू हो गया तो मैंने राष्ट्रीय स्तर का एक फ्रैंचाइज (वितरण) नेटवर्क तैयार करने की कोशिश की। बाद में केरल के कोचीन और एर्णाकुलम में, मुंबई के कोलाबा और अंधेरी में, अहमदाबाद के सी.जी. रोड पर और चेन्नई के टी. नगर में पैंटलून स्टोर खुल गए।

अरविंद मिल्स के डेनिम पतलूनों का हमारा वितरण व्यवसाय भी अब तक अच्छा-खासा बढ़ गया था, जिससे हमारे टर्नओवर में वृद्धि हो रही थी; लेकिन यह किसी अन्य के ब्रांड का व्यापार करना था और इसमें लाभ भी बहुत कम था। चूँकि अब तक हमने डेनिम का बाजार विकसित कर लिया था और उसके बारे में हमें अच्छी जानकारी भी हो गई थी, इसलिए हमने बेयर नेसेसिटीज (Bare Necessities) के नाम से अपना स्वयं का जींस ब्रांड शुरू करने का निर्णय लिया।

उसके बाद हमने पैंटलून शॉप को पुरुषों के विभिन्न परिधानों के लिए एक ऐसा केंद्र बनाने का विचार बनाया, जहाँ सबकुछ एक ही जगह पर उपलब्ध कराया जा सके—कमीजें, पतलून, स्पोर्ट्स व डेनिम वीयर, जुर्राब, टाई और रूमाल आदि। 'नाइटहुड' के नाम से कमीजों का एक नया ब्रांड शुरू किया गया। इसी नाम से हमने रूमाल, टाई और जुर्राब भी निकाले। इस प्रकार पैंटलून शॉप अब पुरुषों के फैशन की पूरी रेंजवाला स्टोर बन गया। सन् 1991 के अंत तक देश भर में ऐसे बाईस केंद्र हो गए थे। इनमें से अधिकांश केंद्र विभिन्न लोकप्रिय क्षेत्रों में स्थित छोटी-छोटी दुकानों के रूप में थे।

सन् 1991 तक तारापुर संयंत्र की उत्पादन क्षमता काफी बढ़ गई थी और हम कुछ निर्माण-कार्य बाहर के कारखानों से भी करवा रहे थे; परंतु उत्पाद का पर्याप्त वितरण सुनिश्चित करने के लिए व्यापक नेटवर्क तैयार करना जरूरी था और इसमें काफी धन के निवेश की आवश्यकता थी; जबकि हमारे पास इतना धन उपलब्ध नहीं था। लाभ का स्तर कम होने के कारण हमें बाहर से काम करवाना (आउटसोर्सिंग) जरूरी हो गया था, ताकि हम अपनी विकास-विस्तार योजना को कार्यरूप दे सकते।

मुंबई और उसके आस-पास टेक्सटाइल उद्योग के सामने बहुत सी चुनौतियाँ थीं। पिछले दशक में लगातार बार-बार चली हड़तालों और तेजी से बढ़ती लागत के चलते टेक्सटाइल उद्योग नाजुक स्थिति में पहुँच गया था। ब्याज दर इतनी ऊँची थी और कोई भी बैंक इस क्षेत्र में कोई खास दिलचस्पी नहीं दिखा रहा था।

ऐसे में वित्त की व्यवस्था करने का एक ही रास्ता था—स्टॉक मार्केट। नई

सरकार द्वारा सन् 1991 में लागू की गई उदार नीति के परिणामस्वरूप स्टॉक मार्केट तेजी पर था। स्टॉक मार्केट में सूचकांक तो ऊपर आ ही गया था, साथ ही प्राथमिक बाजार में भी तेजी आ गई थी।

मई 1992 में 225 लाख रुपए का वित्त जुटाने के लिए हमने मुंबई, दिल्ली और अहमदाबाद के स्टॉक एक्सचेंजों में आरंभिक सार्वजनिक प्रस्ताव (Initial Public Offer—IPO) की घोषणा की।

IV

आरंभिक सार्वजनिक प्रस्ताव (IPO) के दौरान हमने अपनी होल्डिंग 60 प्रतिशत घटा दी, ताकि 225 लाख रुपए जुटाए जा सकें। 10 रुपए के बाजार मूल्य पर रखे गए इस आई.पी.ओ. से हम अपने लिए आवश्यक वित्त जुटाने में सफल रहे। लेकिन अब चूँकि हम सार्वजनिक क्षेत्र में प्रवेश कर चुके थे, इसलिए हम न केवल बड़ी संख्या में शेयरधारकों के लिए जवाबदेह हो गए, बल्कि हमारा व्यापार एवं कार्यशैली भी हमारे व्यावसायिक सहयोगियों और प्रतिस्पर्धियों के निरीक्षण-परीक्षण के लिए उपलब्ध हो गया। हालाँकि शुरुआती चरण में चल रही किसी कंपनी के लिए निवेशकों की उम्मीदों पर पूरी तरह से खरा उतरना कोई आसान काम नहीं था।

दलाल स्ट्रीट के लिए हमारा विकास के हर चरण पर लाभ अर्जित करना अपेक्षित था। यदि हमने शुरुआती वर्षों में अपनी मौलिक स्थिति पर इतना ध्यान केंद्रित नहीं किया होता तो शायद स्थिति भिन्न होती। निस्संदेह जितना धन हमने इससे जुटाया, वह अब बहुत कम लगता है और यदि हम अगले कुछ वर्षों तक और प्रतीक्षा करके कंपनी के शेयर और ऊँचे मूल्य पर बेचते तो ज्यादा अच्छा होता; लेकिन मुझे इसका बिलकुल अफसोस नहीं है।

प्रगति की राह के हर अवसर का मैंने लाभ उठाया। स्टॉक मार्केट से धन जुटाना भी एक अवसर ही था, जिसे मैं छोड़ नहीं सकता था। उस समय उदार नीति के चलते अर्थव्यवस्था में एक लहर देखी जा रही थी। हमारी एक प्रमुख समस्या पूँजी की थी और '90 के दशक की शुरुआत में कई उद्यमी प्राथमिक बाजार में प्रवेश करने लगे थे। दूसरी ओर, निवेशक हर सार्वजनिक प्रस्ताव पर दाँव लगाने के लिए तैयार थे।

दूसरों की नजर में युवा यानी अपरिपक्व दिखाई देनेवाला कोई व्यक्ति यदि नियमों को बदलने की कोशिश करे तो लोग उसे 'पागल' मान बैठते हैं और यदि वही 'पागल' व्यक्ति बाद में सफल हो जाए तो लोग उसे स्वतंत्र विचारोंवाला मानने लगते हैं। मेरे दो चाचा, जो यह नहीं समझ पा रहे थे कि मैं इतने बड़े-बड़े जोखिम क्यों ले रहा हूँ, सन् 1997 में व्यवसाय से अलग हो गए—हमारे आधुनिक रिटेल में उतरने से

ठीक पहले। यह बात तो स्पष्ट थी कि स्टॉक मार्केट का रुख मेरे विचारों के अनुरूप नहीं था। हमारे शेयरों की कीमत लंबे समय तक काफी कम रही। पैंटलून डिपार्टमेंटल स्टोर शुरू करने के बाद भी यही स्थिति जारी रही। नवंबर 1998 में यह अपने निम्नतम स्तर 1.50 रुपए पर पहुँच गई थी। बैंक भी काफी समय तक रुपए उधार देने से कतराते रहे, क्योंकि रिटेल को अलग उद्योग क्षेत्र के रूप में वर्गीकृत नहीं किया गया था। उसे टेक्सटाइल क्षेत्र से ही जोड़कर देखा जाता था।

मैं तो मानता हूँ कि स्टॉक मार्केट ही पूँजी का सबसे बड़ा वितरक है। हालाँकि स्टॉक मार्केट को कंपनियों का वास्तविक मूल्य आँकने में थोड़ा समय तो लगता ही है। स्टॉक मार्केट भी काफी समय तक हमें नजरअंदाज करता रहा; लेकिन हमें अपने कार्यों पर पूरा भरोसा था। स्टॉक मार्केट के रुख से हमने अपनी व्यावसायिक योजनाओं को प्रभावित नहीं होने दिया। हम प्रयोग करते रहे और इस दौरान काफी कुछ सीखते भी रहे। यह सच है कि कंपनी की निम्न मूल्यवत्ता हमारी पूँजी-निर्माण प्रक्रिया को बाधित कर रही थी; लेकिन व्यवसाय कोई बच्चों का खेल नहीं है और हमें आसान रास्ते की उम्मीद भी नहीं थी।

अभय कुमट

'90 के दशक के मध्य का समय पैंटलून के विक्रेताओं और आपूर्तिकर्ताओं के लिए मुश्किल भरा था। हालाँकि वे आश्वस्त तो थे कि कंपनी डूब नहीं सकती, लेकिन फिर भी ऐसी कई बातें थीं जो चिंता का कारण बनी हुई थीं। एक चिंताजनक बात तो यही थी कि भुगतान महीनों विलंब से हो रहा था। किशोर स्वयं इन समस्याओं से वाकिफ थे। वह चिंतित भी थे; लेकिन वह बस चलते रहने में विश्वास करनेवाले थे। आर्थिक मुश्किलों में फँसे रहकर वह अपनी विकास योजनाओं को बाधित नहीं होने देना चाहते थे। वह हमेशा दीर्घकालीन उद्‌देश्य को ध्यान में रखकर चलते थे। जब भी मैं उनसे मिलता, आपूर्तिकर्ताओं के भुगतान में विलंब का मामला उनके सामने उठाता। इसपर वह बस इतना ही कहते, 'अभय, मैं अगले कुछ वर्षों में 100 करोड़ का व्यवसाय करने की बात सोच रहा हूँ। कुछ हजार रुपयों की यह समस्या तो बस कुछ दिनों की है।' वह परेशान और चिंतित तो थे, पर उनके चेहरे पर हमेशा आत्मविश्वास झलकता था। वित्तीय समस्याओं के चलते उन्होंने अपनी सोच एवं महत्त्वाकांक्षा को प्रभावित नहीं होने दिया।

वित्तीय मामले महत्त्वपूर्ण तो थे, लेकिन उनके चलते हमने अपने निर्णयों को प्रभावित नहीं होने दिया। मैंने दृढ़ निश्चय कर लिया था कि मैं अपनी कंपनी को लेखाकारों के नियंत्रण में नहीं जाने दूँगा। मैंने ऐसे कई खानदानी व्यवसायों का विकास उनकी वित्तीय नियंत्रण संबंधी सोच के चलते बाधित होते देखा था। अतः हमने इस मामले में व्यापक दृष्टिकोण अपनाते हुए समस्याओं का हल निकालने की कोशिश की। जब भी धन की जरूरत पड़ी, हम जुटाने में सफल रहे।

मुझे नहीं लगता कि केवल धन की कमी के चलते कोई व्यवसाय बंद हो सकता है। यदि व्यक्ति के पास मजबूत इच्छाशक्ति है और वह व्यवसाय को सफल बनाने की ईमानदार कोशिश करता है तो उसे बहुत मददगार मिल जाते हैं। लेकिन यदि धन को ही सबकुछ मानकर चला जाए तो आगे नहीं बढ़ा जा सकता।

चंद्रप्रकाश तोषनीवाल*

> मेरे साक्षात्कार के समय भी किशोरजी ने साफ-साफ कहा था कि वित्तीय और लागत नियंत्रण उनकी पहली प्राथमिकता में शामिल नहीं है। उनका मानना था कि वित्तीय व लेखा कार्य का महत्त्व इतना ही होना चाहिए कि उससे उपयुक्त व्यावसायिक निर्णय लेने के लिए ठीक-ठीक जानकारी मिल सके।
>
> लेखाकार के रूप में हमें वित्तीय नियंत्रण की परंपरागत शैली में प्रशिक्षित किया गया था। उस समय की अन्य कंपनियों के विपरीत, पैंटलून का वित्त विभाग कोई ज्यादा सशक्त या प्रभावशाली नहीं था। कंपनी में मेरे आने के बाद ही मुझे पता चल गया था कि किशोरजी अपने व्यवसाय के मार्ग में वित्तीय नियंत्रण को नहीं आने देंगे। वित्तीय समस्याओं से निपटने के लिए वह हमेशा नए-नए रास्ते तलाशते रहते थे।

परिस्थितियाँ बहुत कठिन थीं और निवेशकों की ओर से भी व्यवसाय को संगठित बनाने और उसमें आधारभूत सुधार लाने के लिए दबाव था। वे चाहते थे कि व्यवसाय को धीमा कर दिया जाए और ज्यादा जोखिम लेने से बचा जाए। लेकिन हमने अपने विकास स्तर को बनाए रखने और साथ-ही-साथ निवेशकों का विश्वास भी

---

* चंद्रप्रकाश तोषनीवाल पैंटलून रिटेल की कॉरपोरेट प्लानिंग के प्रमुख हैं। वह वर्ष 1995 में कंपनी में आए थे।

बनाए रखने पर अपना ध्यान केंद्रित किया। हमने कई कदम ऐसे उठाए, जो स्वयं में बिलकुल अलग थे—और हमारे उद्योग क्षेत्र में पहली बार ऐसा हुआ था।

हर कोई यही मानकर चल रहा था कि विज्ञापन और प्रचार पर हमारे द्वारा किया जा रहा व्यय हमारी कंपनी के आकार को देखते हुए बहुत ज्यादा है। मैंने कहा कि ब्रांड निर्माण में हमारे द्वारा किए जा रहे व्यय को एक निवेश के रूप में देखा जाना चाहिए, जिसका हमें दीर्घकालिक लाभ मिलेगा। मेरा यह मौलिक विश्वास था कि ये ब्रांड्स एक दिन हमारे लिए सबसे बड़ा खजाना बन जाएँगे। सन् 1993 तक हमने ब्रांड के खर्चों को चार वर्षों में डेबिट करना शुरू कर दिया।

उसके बाद हमने एक स्वतंत्र मूल्यांकक को अपने ब्रांडों का मूल्यांकन करने के लिए कहा। ऐसा प्रायः कुछ फार्मास्युटिकल कंपनियों में ही होता रहा था, वस्त्र उद्योग में ऐसा कभी नहीं देखा गया था। हमने अपने ब्रांडों का उचित मूल्यांकन करवाया, जो कि हमारी बैलेंस शीट में स्पष्ट रूप से दिखाया था। उसके बाद हमने अपने ब्रांडों के अनुमानित मूल्यों के आधार पर व्यक्तिगत व सार्वजनिक क्षेत्र के बैंकों से धन की व्यवस्था की। इसके अतिरिक्त कुछ अन्य कदम भी उठाए, जैसे—भविष्य साख-पत्र प्राप्ति को सुरक्षित करना, जिनसे और अधिक पैसा जुटाने में हमें मदद मिली और वित्त-पोषकों को भी हमारी विकास योजनाओं को उधार देने के लिए तैयार किया जा सका।

इसी दौरान निर्यात में एक ऐसी स्थिति उभरने लगी थी, जो हमारे व्यवसाय के तौर-तरीके को ही बदल सकती थी। मेरा एक मित्र यूरोप के वस्त्र बाजार का अध्ययन करके आया था। उसने हमारे उत्पादों के लिए निर्यात बाजार का सर्वेक्षण-परीक्षण करने में अपनी मदद देने का प्रस्ताव रखा। भारत कुछ ही समय पहले विश्व व्यापार संगठन में शामिल हुआ था और अनेक टेक्सटाइल कंपनियों ने निर्यात पर अपना ध्यान केंद्रित करना शुरू कर दिया था। इटली, अमेरिका और मध्य-पूर्व को निर्यात करते हुए हमने भी इसमें हाथ आजमाने की कोशिश की। ब्रिटेन की एक छोटी कंपनी के साथ मिलकर भारत में पतलून तैयार करने और उनका यूरोप को निर्यात करने के लिए हम एक संयुक्त उपक्रम भी शुरू करने वाले थे। हालाँकि अब मुझे लगता है कि यह उपक्रम शुरू नहीं हुआ, यह हमारे लिए अच्छा रहा।

निर्यात बाजार भी कई हिस्सों में बँटा हुआ था और यह बाह्य कारकों पर निर्भर था। सरकारी नियमों-विनियमों—भारतीय व विदेशी दोनों—और कोटा समझौतों में आनेवाले बदलावों का सीधा प्रभाव व्यवसाय पर पड़ता था। मुझे यह भी लगा कि यदि हम अपना पूरा ध्यान निर्यात पर केंद्रित करते हैं तो उस स्तर पर नहीं पहुँच पाएँगे,

जिसकी हमने योजना बनाई थी। इसके अतिरिक्त व्यवसाय पर कोई नियंत्रण नहीं था और विदेशी बाजार में हमें अपना ब्रांड विकसित करने के लिए ज्यादा संभावनाएँ भी नहीं थीं। ऐसे में हमें भारत में ही सबसे अच्छा अवसर दिखा, इसलिए हमने निष्कर्ष निकाला कि भारतीय बाजार पर ध्यान केंद्रित करते हुए इस अवसर का लाभ उठाना ही अच्छा है।

जहाँ तक मेरा खयाल है, भारतीय उपभोक्ता या ग्राहक की इच्छाओं और आवश्यकताओं को समझ लेना ही मेरी ताकत रही है। भारतीय उपभोक्ता मुझे आकर्षित भी करता है और मेरे सामने एक चुनौती भी रखता है। एक संगठन के रूप में हम भारतीय उपभोक्ताओं के प्रत्येक वर्ग को अभी भी पूरी तरह नहीं समझ पाए हैं। हमने घरेलू उपभोग क्षेत्र का अध्ययन व मूल्यांकन करने और उसका लाभ उठाने पर ही हमेशा ध्यान दिया है और आगे भी देते रहेंगे। सचमुच, यह क्षेत्र इतना व्यापक और वैविध्यपूर्ण है कि अगले दो दशकों तक बाहर जाने की आवश्यकता ही नहीं दिखाई देती।

V

व्यवसाय की आरंभिक अवस्था से ही हमने अपना यही मार्गदर्शक सिद्धांत अपनाया है—'आम उपभोक्ता को वह सबकुछ उपलब्ध कराना, जो सिर्फ कुछ अमीर लोगों को उपलब्ध है।' आम उपभोक्ता बाजार में अपनी पैठ बनाने के लिए हमें अपने उपभोक्ताओं को उनके पैसे की अधिकतम उपयोगिता देनी होगी—यह बात हम पहले ही समझ गए थे। हालाँकि अपने उपभोक्ताओं तक हमने ऐसा कोई स्पष्ट संकेत तो नहीं पहुँचाया, लेकिन हमारी कीमतें हमेशा निम्न से मध्यम बिंदु के बीच ही निर्धारित की जाती रही हैं।

सफेद कमीजों की कीमत हमने 199 रुपए से शुरू की थी तथा काली पतलूनों की कीमत 250 रुपए से शुरू की थी। पैंटलून की कमीजें औपचारिक स्तर की थीं, जो नाइटहुड कमीजों के साथ मेल खाती थीं। युवकों के लिए खासकर बेयर ब्रांड शुरू किया गया था। यह ब्रांड बाजार में मिलनेवाले अंतरराष्ट्रीय ब्रांडों की अपेक्षा काफी सस्ता था। इसी ब्रांड में हमने महिलाओं के लिए डेनिम वीयर भी निकाला, जो अपनी तरह का पहला था। इसमें एक उपब्रांड भी था—मिस्टर बिग (Mr. Big), जो भारी शरीरवाले पुरुषों के लिए था। इसमें कमर की चौड़ाई 40 इंच से ऊपर थी। बेयर के एक-दो वितरण केंद्र भी थे।

यह वह समय था, जब भारत में अनेक विदेशी कपड़ों के ब्रांड शुरू किए गए थे और विदेशी ब्रांडों के साथ जुड़ना या उनका वितरण अधिकार लेना एक लाभदायक व्यवसाय लगने लगा था। लेकिन हमने ऐसा न करके कमीजों का एक ब्रांड अमेरिकी

नाम 'जॉन मिलर' के रूप में पंजीकृत करा लिया। लोगों ने सोचा, 'यह अमेरिकी ब्रांड पर आधारित कमीज है।' इसकी कीमत काफी कम रखी गई थी, लेकिन यह सचमुच एक खास ब्रांड बन गया। इस प्रकार, सबकुछ हमारी योजना और अपेक्षा के अनुरूप ही चलने लगा था। जॉन मिलर ब्रांड ग्राहकों में खूब लोकप्रिय हुआ। आज 'जॉन मिलर' और 'बेयर' दोनों ही भारत के सबसे बड़े ब्रांडों में गिने जाते हैं।

इसी दौरान हमने बाजार का व्यापक अध्ययन करना शुरू किया था। भारत ऐतिहासिक रूप से बचत-प्रेरित समाज रहा है। हम कीमत के प्रति सचेत तो रहते ही हैं और कोई चीज नष्ट भी नहीं करते, न उसे फेंकना चाहते हैं। भारतीय महिलाओं को तो बचपन से ही वस्तुओं को सँभालकर रखने की शिक्षा दी जाती है। कपड़ों के मामले में भी यही बात सच है। औसत भारतीय एक ही कमीज-पतलून वर्षों तक पहनता रहता है, भले ही उसका रंग उड़ चुका हो और उसके बटन टूटने लगे हों। हर भारतीय शहर में महिलाएँ पुराने कपड़े देकर स्टील के नए बरतन खरीद लेती हैं। मध्यम वर्गीय परिवारों की महिलाएँ भी इसमें शामिल हैं।

यह रिटेलरों और विक्रेताओं के लिए एक बड़ी चुनौती रही है। ग्राहकों को अपनी ओर आकर्षित करने के लिए हमने देश में डेनिम के लिए पहली एक्सचेंज योजना शुरू की। एक्सचेंज में पुरानी जिंस के बदले नई जिंस पर आकर्षक छूट दी जा रही थी। हमारी यह योजना खूब सफल रही।

आज विनिमय योजना हर क्षेत्र में लोकप्रिय हो गई है—चाहे वह कपड़े की बात हो, कार या टेलीविजन की बात हो अथवा कुछ और। इसलिए बिग बाजार में भी हमने ऐसी योजना शुरू की है। ग्राहकों को प्रयोग में न आनेवाली किसी भी वस्तु के बदले में नया खरीदने के लिए प्रोत्साहित किया जाता है। बिग बाजार के बाहर आप लोगों की बड़ी कतार देख सकते हैं, जो अपनी कारों या ऑटो में से पुराने कपड़े, बरतन, अखबार, बोतलें उतार रहे होते हैं। उन वस्तुओं का वजन किया जाता है और कुल वजन के अनुसार उन्हें कूपन दिए जाते हैं। इन कूपनों का प्रयोग करके ग्राहक बिग बाजार में की गई अपनी कुल खरीदारी का एक-चौथाई बिल अदा करते हैं।

लोग अकसर हमसे पूछते थे कि आप इन पुराने सामानों का क्या करेंगे? हम इन पुराने सामानों को सफाईवालों और रेहड़ीवालों के हाथ ही बेच देते हैं। दरअसल, विनिमय योजना के पीछे हमारा मकसद ग्राहकों को अपने स्टोर पर ज्यादा-से-ज्यादा खरीदारी करने के लिए प्रोत्साहित करना होता है। उदाहरण के लिए—किसी ग्राहक को अपने पच्चीस रुपए का कूपन भुनाने के लिए सौ रुपए की खरीदारी करनी होगी। ग्राहक भी ऐसे ऑफर को खूब पसंद करते हैं, क्योंकि उनके लिए यह 25 प्रतिशत छूट

के बराबर होता है। इस प्रकार वे अपनी योजना से भी ज्यादा यहाँ खर्च करते हैं। इस योजना से हम देश के सबसे बड़े रेहड़ीवाले बन गए; लेकिन बिग बाजार में पिछले वर्ष इसी के चलते हमारी अच्छी-खासी वार्षिक बिक्री हुई।

लगभग सभी पैंटलून शॉपी आउटलेटों पर इस तरह के बिक्री-प्रोत्साहन कार्यक्रम चलते रहे, जो वर्ष भर चलते रहते थे। जब हमने देखा कि इतने पर भी कुछ ग्राहक रेडीमेड पतलून की ओर पूरी तरह आकर्षित नहीं हो रहे हैं तो हमने पैंतालेंथ (Pantalength) शुरू किया। यह स्वयं पतलून तैयार करने की एक किट थी, जिसमें कपड़ा, धागे और बटन सबकुछ मौजूद होता था। इस उत्पाद के लिए हमने सीधी बिक्री का एक मॉडल विकसित किया और इसमें करीब 2 हजार युवकों को लगा दिया, जो विभिन्न दफ्तरों और अपार्टमेंटों में जाकर इसे बेचते थे। इससे हमें नए-नए ग्राहक तैयार करने और उन्हें अपने उत्पाद से परिचित कराने में बहुत मदद मिली और यह मॉडल काफी सफल रहा।

यह विचार हमें विभिन्न पेशों से जुड़े लोगों से मिलने और उनके बारे में अध्ययन करने से मिला था। मैं स्वयं घूमता रहता था और तरह-तरह के लोगों से मिलता रहता था, जो हमें इस प्रकार के विचार दे सकें।

डार्ली ओ. कोशी*

किशोर से मेरी पहली मुलाकात उस समय हुई थी, जब मैं राष्ट्रीय फैशन प्रौद्योगिकी संस्थान (NIFT–National Institute of Fashion Technology), दिल्ली में पढ़ाता था। मैं कुछ फैशन पत्रिकाओं में बराबर लिखा करता था। किशोर ने भी उनमें से कुछ पढ़ा होगा। उनसे मेरी मुलाकात एक अन्य युवा उद्यमी के माध्यम से हुई थी, जिसे मैं पहले से जानता था और किशोर उसे कपड़े सप्लाई किया करते थे।

मैंने उन्हें एक ऐसे उद्यमी के रूप में देखा, जो फैशन और रिटेल के बारे में जानने के लिए बहुत उत्सुक थे। उनका विशेष ध्यान कपड़े बेचने पर था; लेकिन ब्रांड निर्माण में आ रही क्रांति को उन्होंने पहले देख लिया था। वह बहुत पुराने व्यवसायी तो नहीं थे, लेकिन उनके मन में दृढ़ निश्चय था। बाहर के देशों में तो वह बहुत नहीं घूमे थे, लेकिन वह जोरदार विश्लेषक थे और

---

* डॉ. डार्ली ओ. कोशी राष्ट्रीय डिजाइन संस्थान, अहमदाबाद के निदेशक हैं। वह पैंटलून रिटेल के बोर्ड ऑफ डायरेक्टर्स के सदस्य भी हैं।

रचनात्मक लोगों के प्रति उनके मन में सम्मान था।

फैशन-डिजाइनों के बारे में नई-नई जानकारियाँ प्राप्त करने के लिए वह समय-समय पर हमारे संस्थान में आया करते थे। वह नई-नई चीजों को बारीकी से देखते और अपनी योजनाओं व अभिदृष्टियों पर खुलकर चर्चा करते थे। वह स्वयं मध्यम आय वर्गीय व्यावसायिक परिवार से थे, इसलिए भारत में आय की असमानताओं से वह भलीभाँति परिचित हैं।

पैंटलून, बेयर और जॉन मिलर ब्रांडों के लोकप्रिय होने के बाद हमारे पास देश भर से पैंटलून शॉपी के विक्रय अधिकार के लिए अनुरोध आने लगे। अच्छे साझेदार का चुनाव हमेशा युक्तिपूर्वक ही किया जाता है। साझेदार अथवा सहयोगी के आर्थिक स्तर से ज्यादा उसका आदर्श और मूल्यवत्ता महत्त्वपूर्ण है। इसके लिए मैं अपने संभावित प्रत्याशी की परख करता था। अकसर मैं उसके स्टोर के खुलने से कुछ समय पहले वहाँ पहुँच जाता था—यह देखने के लिए कि स्टोर समय पर खुलता है या नहीं। स्टोर का दरवाजा खुलते ही मैं उसके भीतर पहुँच जाता था। भारतीय दुकानदारों में सबसे आम बात है कि वे दुकान या स्टोर खोलने के बाद सबसे पहले पूजा करते हैं। मैं देखना चाहता था कि संबंधित दुकानदार अपने ग्राहकों को कितना महत्त्व देता है। मैं ठीक पूजा के समय ही दुकान पर पहुँचता था, यह देखने के लिए कि वह पहले मेरे पास आता है या पूजा करने तक मुझसे इंतजार करवाता है। एक दुकानदार के लिए ग्राहक ही उसका आराध्य होता है, इसलिए उसे पहली प्राथमिकता दी जानी चाहिए। इन दोनों बातों में खरे उतरनेवाले दुकानदार से मैं स्वयं बातचीत शुरू करता था।

'90 के दशक के मध्य तक हमारे ब्रांड ग्राहकों में बहुत लोकप्रिय हो चुके थे और पैंटलून शॉपी अब एक पूर्ण फैशन वीयर केंद्र के रूप में स्थापित हो गया था। 'खरीदारी का सुखद अनुभव'--यही पैंटलून शॉपी का पर्याय बन गया था।

हमने पैंटलून कैश एन कैरी (Pantaloon Cash N Carry) आउटलेट भी शुरू किए, जो हमारे वितरकों द्वारा छोटे-छोटे दुकानदारों को रेडी स्टॉक में से हमारा उत्पाद स्वयं चुनने का अवसर देते थे। इससे भी हमें स्थानीय स्टोरों तक अपनी पहुँच बनाने में मदद मिली। राष्ट्रीय स्तर पर हमारे चार वितरक थे—मुंबई, दिल्ली, कोलकाता और चेन्नई में एक-एक। कोलकाता में हमारे वितरक प्रदीप सरावगी का स्टोर 1,500 वर्ग फीट क्षेत्र में बना था, जो कैमक स्ट्रीट में स्थित था।

प्रदीप सरावगी*

पहली बार किशोरजी से मेरी मुलाकात ओबेरॉय होटल में एक परिचित के माध्यम से हुई थी। यह मात्र पंद्रह मिनट की मुलाकात थी। वह जींस, चप्पलें और टी-शर्ट पहनकर आए थे। देखने में तो वह कोई बहुत प्रभावशाली नहीं लगे; लेकिन सचमुच, उनके पास जैसे कोई जादुई शक्ति थी। डिपॉजिट के रूप में उन्होंने एक बड़ी रकम जमा करने के लिए कहा, इसके बावजूद मैं पूर्वी क्षेत्र के वितरण अधिकार लेने के लिए तैयार हो गया। किशोरजी में मैंने एक खास बात देखी है—वह जो भी काम करते हैं, उसे बेहतरीन तरीके से करते हैं। जब हमने बेयर ब्रांड को कोलकाता में शुरू किया था, उस समय उन्होंने ओबेरॉय ग्रांड होटल में एक फैशन शो आयोजित किया था, जो संभवतः उस वर्ष का शहर का सबसे बड़ा शो था। इसी तरह जब हमने जॉन मिलर ब्रांड शुरू किया, उस समय भी उन्होंने एक शानदार आयोजन किया। जॉन मिलर उत्पाद पहने मॉडलों को मोटरकेड पर शहर भर में घुमाया गया था। सन् 1996 के क्रिकेट विश्व कप के दौरान पैंटलून ने सर्वोच्च स्कोर बनानेवाले खिलाड़ी के लिए कार का पुरस्कार रखा था। यह निर्णय काफी सफल रहा, क्योंकि सचिन तेंदुलकर ने यह कार जीती थी और इसके साथ ही पैंटलून चर्चा के केंद्र में आ गया था। हर वितरक इस तरह के विज्ञापन की महत्त्वाकांक्षा रखता है। इस तरह पैसा खर्च करने के लिए लोग अकसर किशोरजी पर पीठ पीछे हँसते थे; लेकिन उन्होंने कभी इसकी परवाह नहीं की, वह बस अपना ब्रांड विकसित करने की ओर ध्यान दे रहे थे।

अपने स्टोर को एक फैशन हाउस के रूप में स्थापित करने के लिए हमने लगभग हर मॉडल से अपने ब्रांडों की मॉडलिंग कराई होगी। दिया मिर्जा, ऐश्वर्या राय, मिलिंद सोमन, जॉन अब्राहम और सुष्मिता सेन आदि हमारे ब्रांडों के लिए पहले ही मॉडलिंग कर चुके थे, जब वे इतने प्रसिद्ध भी नहीं हुए थे। हमने उन्हें पहले ही समझ लिया और शायद हमारे ब्रांड उन सभी के लिए भाग्यशाली सिद्ध हुए।

VI

पैंटलून के चरम विकास के दौरान देश भर में चालीस से अधिक शहरों में कुल 72 पैंटलून शॉपी थे। शहरों/कस्बों में हुबली, काकीनाड, किलोन, राउरकेला, त्रिची, त्रिवेंद्रम, उदयपुर, विजयवाड़ा और वारंगल भी शामिल थे। सन् 1994 में हमारा

* प्रदीप सरावगी वर्ष 1993 से 1999 तक पैंटलून ब्रांड के पूर्वी क्षेत्र के वितरक रहे।

टर्नओवर 9 करोड़ रुपए पर पहुँच गया था। अगले पाँच वर्षों में हमारा 100 करोड़ का आँकड़ा छूने का लक्ष्य था। उस वर्ष की वार्षिक रिपोर्ट में हमने इसकी घोषणा की थी।

परंतु देश में हमारे स्टोरों (आउटलेटों) की संख्या बढ़ती रहने के बावजूद सबकुछ हमारी आशा के अनुरूप नहीं चल रहा था। मार्च 1997 के अंत में हमें गहरा झटका झेलना पड़ा। दो वर्षों में तीन बार अपने टॉपलाइन में बढ़ोतरी करने के बाद भी सन् 1997 में कंपनी का विकास मात्र 15 प्रतिशत रहा। ऐसे में हमें अपनी कार्य-पद्धति में सुधार करना जरूरी हो गया था।

बड़े स्तर की फॉर्मेट रिटेलिंग भारत में धीरे-धीरे अपनी जगह बना रही थी। इस तरह का पहला आउटलेट '90 के दशक के आरंभ में मुंबई में खुला—'शॉपर्स स्टॉप' के नाम से। तत्कालीन सरकारी नियमों-विनियमों से विदेशी रिटेलरों को भारत में आने का अच्छा अवसर मिल रहा था और कुछ रिटेलर तो पहले से ही बाजार में प्रवेश कर रहे थे। इधर हम वितरण अधिकार मॉडल (Franchise Model) से ज्यादा प्रभावित थे। हमने देखा कि नए वितरण केंद्र तो तेजी से आगे बढ़ रहे थे, लेकिन पुराने वितरण केंद्रों पर बिक्री कम होती जा रही थी। हमारे आधारभूत मॉडल में समस्याएँ आती साफ दिखाई दे रही थीं।

एक तो हमने अत्यधिक विस्तार करके गलती की थी। देश के कोने-कोने में हमने अपनी उपस्थिति दर्ज करा ली थी, जो प्रबंधन की दृष्टि से एक बड़ी समस्या थी। हम अपने स्टोरों पर भी नियमित रूप से नहीं पहुँच पाते थे, जिससे यह देख सकते कि वहाँ क्या हो रहा है? बिक्री एवं आँकड़े देर से मिलते थे। इस प्रकार नियंत्रण में ढील के चलते, जैसा हमने देखा, कुछ लोग हमसे अनुचित लाभ उठा रहे थे।

विक्रय अधिकार रखनेवाले दुकानदार कमीशन पर काम करते थे, इसलिए वे स्वतंत्र भी थे। वे स्टोर का संचालन करते थे, जबकि हम स्टॉक का। उनमें से कई तो ऐसे थे, जो ग्राहकों के साथ अच्छे संबंध स्थापित करने पर ध्यान न देकर जल्दी-से-जल्दी पैसा कमाने पर ज्यादा ध्यान दे रहे थे। ब्रांडिंग, ग्राहक सेवा की बात की जाए तो व्यवस्था या नियमितता का सर्वथा अभाव था। उदाहरण के लिए, हम अपने ग्राहकों को कपड़ों के नाप सुधारने की मुफ्त सुविधा देते थे; लेकिन विक्रेता प्रायः ग्राहकों को यह बात नहीं बताते थे और हमसे उसका प्रभार ले लेते थे, जिसे वे अपनी जेब में रखते थे। इससे भी दुःखद बात यह थी कि जब हमने समय सीमा-युक्त बिक्री प्रोत्साहन योजना शुरू की तो विक्रेताओं ने इस दौरान अपनी पुरानी बिक्री दर्ज करवा दी।

जहाँ तक मेरा मानना है, कई बिक्री केंद्रों पर ऐसी समस्या है। बिक्री केंद्र मॉडल के सफल संचालन के लिए कड़े नियम और समझौते होने चाहिए। इस प्रकार हमें पता

चला कि हमारे विकास की धीमी गति का कारण यह नहीं था कि हमारे उत्पाद बिक नहीं रहे थे, बल्कि वास्तविक कारण यह था कि हमारा बिक्री मॉडल ठीक नहीं चल रहा था।

इसी बीच मेरा छोटा चचेरा भाई राकेश अपनी स्नातक की पढ़ाई पूरी करके हमारे साथ व्यवसाय में लग गया। वह ढेर सारे नए-नए विचार व उत्साह लेकर व्यवसाय में आया। इस दौरान उसने कई सफल योजनाओं का नेतृत्व किया है।

राकेश बियानी*

> अपने सभी व्यवसायों में—चाहे वह पैंटलून शॉपी हो, पैंटलून कैश एन कैरी हो, सीधी रिटेलिंग हो या फिर थोक बिक्री—हम नई-नई बातें सीखते रहे थे। ये सभी व्यवसाय सफल रहे, लेकिन एक सीमा तक ही। हमें लगा कि व्यवसाय में स्थापित होने के लिए हमें व्यापक स्तर पर जाना होगा; लेकिन इनमें से कोई भी व्यवसाय हमें आवश्यक व्यापक क्षेत्र उपलब्ध करानेवाला नहीं था।
>
> इस बीच आधुनिक रिटेल भी मजबूती से स्थापित होने लगा था। शॉपर्स स्टॉप के शुरू होने के बाद हम उसके संचालकों के पास पहुँचे और उनके स्टोरों तक अपने ब्रांडों को पहुँचाने की पूरी कोशिश की। वे अंतरराष्ट्रीय ब्रांड बेच रहे थे। हमने सोचा कि वे हमारे ब्रांड भी बेचें; किंतु वे इसके लिए तैयार नहीं हुए, इसलिए हमें अपनी तात्कालिक व भावी योजनाओं पर पुनः विचार करना पड़ा।
>
> उसके बाद हमने तीन संभावनाएँ तलाश कीं। पहली संभावना थी—मौजूदा ढाँचे में ही बड़ा निवेश करके एक बड़ा फैशन ब्रांड विकसित करना और दूसरी संभावना थी—किसी अंतरराष्ट्रीय ब्रांड के साथ मिल जाना और फिर भारत में बड़े स्तर पर उसका विपणन करना। तीसरी संभावना सर्वाधिक चुनौतीपूर्ण थी—रिटेल क्षेत्र में स्थापित होकर नई उभरती शृंखलाओं के साथ प्रतिस्पर्धा करना।

उसके बाद हमने हांगकांग के एक ब्रांड 'बोसिनी' से बात की। राकेश व्यवसाय

---

* राकेश बियानी किशोर के सबसे छोटे चचेरे भाई हैं। वह वर्ष 1999 में व्यवसाय में आए थे और वर्तमान में पैंटलून रिटेल के बोर्ड ऑफ डायरेक्टर्स के सदस्य हैं।

में नया-नया ही आया था और वह काफी उत्साहित था। उसने इस ब्रांड के लिए एक बड़ी व्यावसायिक योजना तैयार की और फिर हम 'बोसिनी' से बात करने के लिए हांगकांग पहुँच गए; परंतु लंबी बातचीत के बाद भी कोई सकारात्मक परिणाम सामने नहीं आया। मैं बातचीत अधूरी छोड़कर ही बैठक कक्ष से बाहर आ गया था। इस प्रकार हमें खाली हाथ ही लौटना पड़ा। अब हमने अपने व्यवसाय को एक नई दिशा देने का मन बना लिया था। हमने प्रौद्योगिकी में बड़ा निवेश किया और आपूर्ति प्रबंधन, व्यवस्था तथा सूचना प्रौद्योगिकी के क्षेत्र में बहुत से पेशेवरों को उतारा। हमने एक लॉयल्टी प्रोग्राम भी शुरू किया—पैंटलून प्रिविलेज क्लब। लेकिन मैं अच्छी तरह से जानता था कि हमें तेजी से आगे बढ़ना होगा। इस प्रकार की स्थिति में थोड़े या छोटे-छोटे प्रयासों से कुछ होने वाला नहीं था।

मिशन स्टेटमेंट

वार्षिक रिपोर्ट 1995, पैंटलून फैशंस (इंडिया) लिमिटेड

हम इस विश्वास के साथ काम कर रहे हैं कि अपने नए-नए विचारों और समर्पण के माध्यम से अपने कार्यों में सुधार लाकर हम अपने ग्राहकों और अंशधारकों की संतोषजनक सेवा कर सकते हैं। फैशन के क्षेत्र में हम अपने ग्राहकों को अच्छी-से-अच्छी सेवा प्रदान करेंगे। कंपनी गुणवत्ता की अपनी प्रतिबद्धता बनाए रखते हुए इंडियन रिटेलिंग कांगलोमरेट बनने के लिए प्रयासरत रहेगी।

वार्षिक रिपोर्ट 1996, पैंटलून फैशंस (इंडिया) लिमिटेड

पैंटलून फैशन हाउस अपने स्वरूप में उभरता हुआ रिटेलिंग में आनेवाली क्रांति के लिए स्वयं को तैयार कर रहा है। इंडियन रिटेलिंग कांगलोमरेट बनने का हमारा मिशन अब साकार होने जा रहा है।

कंपनी रिटेलिंग के नए उभरते क्षेत्र में प्रवेश कर रही है और 2,500 वर्ग फीट से भी ज्यादा के नए फॉर्मेट शुरू करेगी। इसे 'द मेगा स्टोर' कहा जाएगा, जिसमें हर तरह के परिधान होंगे। इस तरह के दो स्टोर—लगभग 10,000 वर्ग फीट क्षेत्रफल के—इस वर्ष शुरू हो जाने चाहिए।

वर्ष 1996 के मध्य में हमने बड़े फॉर्मेट रिटेल स्टोर खोलने के लिए उपयुक्त

स्थान की तलाश करने का निर्णय लिया। हमने इसे 'द मेगा स्टोर' नाम दिया था। जब भी मैं किसी शहर में जाता था, वहाँ इसके लिए उपयुक्त स्थान की तलाश में रहता था। हैदराबाद, कोलकाता, चेन्नई और नागपुर आदि शहरों में हमारे ब्रांड अच्छे चल रहे थे।

हमारी सबसे पुरानी और सबसे ज्यादा चलनेवाली पैंटलून शॉपी हैदराबाद के मॉडल टाउन में पुंजागुत्ता में थी। कोलकाता और चेन्नई में अपना ब्रांड तैयार करने के लिए हमने काफी निवेश किया था, जिसका हमें अच्छा लाभ मिल रहा था।

मैं कोलकाता अकसर जाता रहता था। वहाँ मैंने हर बाजार और शॉपिंग केंद्र का निरीक्षण किया था। अपने मित्र सुधीर भंडारी के साथ मैंने सैकड़ों स्टोर देखे होंगे। एक दिन जब हम वापस हवाई अड्डे की ओर जा रहे थे, उस समय उन्होंने गरियाहाट की 10,000 वर्ग फीट की एक संपत्ति का जिक्र किया। हम कार में बैठकर तुरंत उस ओर चल पड़े। शाम को 8:00 बजे हम वहाँ पहुँच गए। दरवाजे बंद थे और हमें पता चला कि वहाँ एक मैरिज हॉल बनाया जा रहा है।

मुझे लगा जैसे यह जगह मेरे लिए ही बनी थी। यह संपत्ति शहर की सबसे चौड़ी सड़क पर उभरते एक शॉपिंग एरिया के मध्य में स्थित थी। उसकी बनावट भी ठीक थी, ग्राहकों को दुकान में घुसने के लिए सीढ़ियाँ चढ़ने की जरूरत नहीं पड़ती। जहाँ तक मेरा अनुभव कहता है, सीढ़ियों से चढ़कर दुकान पर जाना कई ग्राहक पसंद नहीं करते और इस कारण ऐसी दुकान पर वे जाने से बचते हैं। हॉल का शानदार संगमरमर का फर्श और नक्काशीदार लकड़ी के दरवाजे मेरी योजनावाले स्टोर के लायक नहीं थे।

सुधीर भंडारी*

गरियाहाट स्टोर में घुसते ही किशोरजी ने सीधे शब्दों में कहा, 'मुझे यह (स्टोर) चाहिए।' बिल्डिंग बहुत बड़ी थी, जिसका क्षेत्रफल लगभग 10,000 वर्ग फीट था। उस समय शहर के सबसे बड़े स्टोर 1,500 से 2,000 वर्ग फीट तक थे। अगले दो-तीन महीने तक मैंने उनके मुँह से इसके बारे में कुछ नहीं सुना तो सोच लिया कि कुछ नहीं होगा। लेकिन तीसरे महीने में ही उन्होंने कहा कि वह संपत्ति के मालिक से मिलना चाहते हैं। उधर, संपत्ति के

* सुधीर भंडारी किशोर के पुराने मित्र व सहयोगी हैं। वह कोलकाता की कंपनी डॉल्फिन पब्लिसिटी के प्रबंध निदेशक भी हैं।

मालिक श्री श्याम सुंदर धानुका की पैंटलून के बारे में धारणा बहुत अच्छी नहीं थी। कोलकाता के न्यू मार्केट में भी उनका एक स्टोर था और पहले हम उन्हें अपने स्टोर में पैंटलून ब्रांड रखने के लिए विश्वास में नहीं ले पाए थे। मैंने धानुकाजी को मुंबई जाकर पैंटलून का निरीक्षण करने के लिए तैयार कर लिया। किशोरजी ने उन्हें बताया था कि 'द मेगा स्टोर' में केवल पैंटलून ब्रांड बिकेंगे। धानुकाजी यह मान बैठे थे कि इतने बड़े स्टोर में यह काम नहीं चल पाएगा; लेकिन किशोरजी को अपनी योजना पर पूरा भरोसा था। वह लोगों से सुझाव ले लेते हैं, लेकिन जब एक बार कोई बात ठान लेते हैं तो उसपर दृढ़ रहते हैं।

श्याम सुंदर धानुका*

हमने अपना स्वयं का स्टोर खोलने के लिए यह संपत्ति खरीदी थी, लेकिन परिवार में कुछ दुर्भाग्यशाली परिस्थितियों के चलते हमें अपना विचार बदलना पड़ा। बाद में हम इसे मैरिज हॉल बनाने या किसी को किराए पर देने की योजना बनाने लगे थे। उसी दौरान श्री बियानी मुझसे मिले। उस समय पैंटलून बहुत छोटा ब्रांड था और ज्यादा लोकप्रिय भी नहीं था। हमें हिचकिचाहट हो रही थी, लेकिन फिर भी बातचीत शुरू कर दी। तब मैं मुंबई गया और एक समझौता-पत्र के साथ श्री बियानी से मिला।

बातचीत के दौरान मैंने जिक्र किया कि हम इसी तरह का रेमंड स्टोर कोलकाता के लिंडसे स्ट्रीट में खोलने की योजना बना रहे हैं और हम रेमंड कंपनी के प्रबंध निदेशक से मिल भी चुके हैं। श्री बियानी ने एकदम पूछा कि मैं रेमंड को ज्यादा क्यों पसंद करता हूँ? मैंने कहा कि रेमंड का अच्छा नाम है। इसपर वह बोले, 'अगले पाँच वर्षों में हम रेमंड के कुल टर्नओवर से आगे निकल जाएँगे।'

हालाँकि मुझे यह संभव नहीं लगा, लेकिन मैंने कोई तर्क नहीं किया। बातचीत यहीं समाप्त हो गई। अब मुझे लगता है कि उन्होंने पाँच वर्ष से भी कम समय में रेमंड का टर्नओवर पार कर लिया।

जो भी हो, उनकी सोच सकारात्मक है और वह महत्त्वाकांक्षी हैं। समझौता-

* श्याम सुंदर धानुका कोलकाता के गरियाहाट स्थित पैंटलून्स आउटलेट के भवन-स्वामी हैं। वह सुमंगल स्टोर के मालिक भी हैं।

पत्र में मैंने कुछ नियमों व शर्तों का उल्लेख किया था, जिन्हें उन्होंने स्वीकार कर लिया। अगले दो महीनों तक मैंने स्टोर के खुलने की प्रतीक्षा की।

मैं पूरे विश्वास के साथ नहीं कह सकता कि धानुकाजी हमारी योजनाओं से आश्वस्त थे, लेकिन वह अपना भवन हमें किराए पर देने के लिए तैयार हो गए थे—भले किराए की ऊँची दर पर ही सही। हमारे बीच यह भी समझौता हुआ कि मेरी दैनिक बिक्री का एक निश्चित हिस्सा उनके बैंक खाते में जमा होगा, ताकि किराया देने में हमारी ओर से कोई देरी न हो। शर्तें तो कड़ी थीं, लेकिन मुझे भी अपने सपनों को साकार करने का आदर्श स्थान मिल गया था। अब अपनी सफलता की कहानी मैं स्वयं लिख सकता था।

□

नित नया

> **'मुश्किलों और निराशाओं के बावजूद अपनी ताकत भर करने और लोगों की उम्मीद से बेहतर करने में एक अलग आनंद है।'**
>
> *—जे.आर.डी. टाटा*

I

8 अगस्त, 1997 की सुबह थी और स्थान था—कोलकाता का गरियाहाट। हम पिछले दो महीने से वहाँ एक मैरिज हॉल को शॉपिंग सेंटर के रूप में बदलने का काम कर रहे थे। आज सुनकर विश्वास नहीं होगा, लेकिन यह सच है कि '90 के दशक के उत्तरार्ध तक भी शॉपिंग मॉल की अवधारणा इतनी जानी-पहचानी नहीं थी। इसमें हमारे लिए जोखिम का स्तर बहुत ऊँचा था, क्योंकि यह रिटेल शृंखला शुरू करने की हमारी महत्त्वाकांक्षी योजना का आधार था। शाम को 7:00 बजे स्टोर खुलना था और अचानक ही सबकुछ अलग दिखाई देने लगा।

साइनबोर्ड तैयार करनेवाला पिछली शाम को यह बताने आया था कि अगले दिन दोपहर तक साइनबोर्ड तैयार हो जाएगा। पहनावे से वह पक्का अंग्रेज लगता था—सूट-बूट पहने और टोपी लगाए। मेरा खयाल है, ऐसा व्यक्ति आपको कोलकाता में ही मिल सकता है। अगले दिन दोपहर में वह दिखाई ही नहीं पड़ा। साइनबोर्ड पंद्रह फीट लंबा और पीतल के अक्षरोंवाला था, जिसमें पीछे से प्रकाश की व्यवस्था थी। जब उसका कुछ पता नहीं चला तो हमने स्वयं ही साइनबोर्ड खड़ा करना शुरू कर दिया। हमारा एक सहकर्मी जल्दी से बाजार गया और वहाँ से एक ड्रिल मशीन किराए पर लेकर

आ गया। ड्रिल मशीन से संगमरमर की पटिया पर छेद करते समय शोर सुनकर आस-पास के लोगों का ध्यान हमारी ओर खिंचने लगा। तभी हमने देखा कि स्टोर के एक कोने से धुआँ उठ रहा है। बिजली के तारों पर ज्यादा लोड पड़ने के कारण फ्यूज उड़ गया था। शुक्र था कि फ्यूज प्रवेश द्वार के पास ही था। बिजलीवालों को बुलाया गया और हमने जेनरेटर का प्रबंध भी कर लिया। स्टोर के खुलने के समय तक बिजली का कनेक्शन फिर से जोड़ा जा चुका था।

इस प्रकार एक मुश्किल तो किसी तरह दूर हुई, लेकिन तभी दूसरी मुश्किल खड़ी हो गई। गलीचे बिछाने के काम में लगा मजदूर अपराह्न 3:00 बजे आया था और 5:00 बजे ही अपनी कमीज पहनकर जाने लगा। मैंने उसे रोका और उससे इस तरह काम पूरा होने से पहले जाने का कारण पूछा। उसने कहा कि यहाँ बहुत गरमी लग रही है। इस स्थिति में मैं काम नहीं कर सकता। वैसे भी उस समय 5:00 बज रहे थे और कोलकाता के प्राय: सभी कारखाने इस समय तक बंद हो जाते हैं, इसलिए वह जाना चाहता था। उसके सुपरवाइजर को बुलाया गया, लेकिन वह भी कुछ नहीं कर सका। अंत में हमने उसके लिए एक पंखे का प्रबंध किया, तब जाकर वह काम करने के लिए तैयार हुआ।

उन दिनों स्टोर खोलना हमारे लिए एक बड़ी बात थी और फिर वह हमारा पहला स्टोर था। हमने पूरा शहर लाल झंडियों से भर दिया था और समाचार-पत्र में भी पूरे एक पृष्ठ का विज्ञापन निकलवाया था। हमारे पचास से अधिक मित्र और संबंधी इस अवसर पर कोलकाता आए थे तथा करीब 1 हजार परिचितों को इस उद्घाटन समारोह में आमंत्रित किया गया था। अब तो हम लगभग हर सप्ताह एक नया स्टोर खोलते हैं, इसलिए ये सब बातें अतीत की हो गई हैं। लेकिन स्टोर खुलने से ठीक पहले जो अव्यवस्था होती है, वह प्राय: एक जैसी होती है। हालाँकि हमारी अनुभवी प्रबंधन टीम अब सबकुछ आसानी से सँभाल लेती है और काम निर्धारित समय पर पूरा हो जाता है।

सुधीर भंडारी

स्टोर शुरू होने के कुछ सप्ताह पूर्व एक बार फिर किशोरजी ने बिलकुल अनोखा काम किया। कंपनी का टर्नओवर तब 47 करोड़ रुपए था, लेकिन उनमें यह कहने का साहस था कि मैं पूरे कोलकाता में झंडे गाड़ दूँगा। शहर भर में तीन महीनों के लिए लगभग सौ होर्डिंग बुक करवाए एवं दो अंग्रेजी दैनिकों में हर सप्ताह पूरे पृष्ठ के विज्ञापन दिए। ऐसा विज्ञापन अभियान कोलकाता ने पहले कभी नहीं देखा। इसे भी लोग एक और मूर्खतापूर्ण कदम

के रूप में देख रहे थे।

और फिर अपनी ओर से भी कुछ जोड़कर उन्होंने इसे और भी दिलचस्प बना दिया। 'कलकतिया' की परिभाषा करते हुए उन्होंने कहा कि कलकतिया वही है, जिसे अपने शहर पर गर्व हो, तो हम पुरानी कहावत को लेकर क्यों न चलें। कोलकाता जो आज सोचता है शेष भारत उसे कल सोचता है। सचमुच, शहर में सफलता प्राप्त करने का यह सबसे प्रभावी मंत्र था। आज भी बहुत से लोग सोचते हैं कि पैंटलून कोलकाता की कंपनी है और किशोरजी भी कोलकाता के ही हैं।

स्टोर के उद्घाटन से पहले भी कई लोगों ने कहा था कि इतना बड़ा स्टोर कोलकाता जैसे शहर में मुनाफे में नहीं चलाया जा सकता। 10,000 वर्ग फीट क्षेत्रफल का स्टोर आज बहुत छोटा लगता है। अब तो 27,000 वर्ग फीट क्षेत्रफल के स्टोर भी हैं; लेकिन उस समय बड़े स्टोर भी प्राय: 4,000 वर्ग फीट से ज्यादा क्षेत्रफल के नहीं थे और हमारा स्टोर इसका दोगुना था। पहले ही दिन स्टोर में जो सकारात्मक परिणाम देखने को मिले, उनसे सभी आलोचकों की बोलती बंद हो गई।

स्टोर के स्थान पर चल रही गतिविधियों पर संभावित ग्राहकों की दृष्टि पहले से ही टिकी हुई थी। दुर्गा-पूजा का समय था और खरीदारी जोरों पर थी। स्टोर शुरू करने के लिए यह समय सबसे उपयुक्त सिद्ध हुआ। अगले दिन सुबह स्टोर को ग्राहकों के लिए खोल दिया गया और जल्दी ही वहाँ ग्राहकों की कतार लग गई।

शाम के समय हमारा स्टोर प्रबंधक नकदी लेकर पास में ही स्थित स्टेट बैंक ऑफ इंडिया की शाखा में गया। बैंक में हमारा खाता था, लेकिन बैंक प्रबंधक ने नकदी लेना स्वीकार नहीं किया। उसने कहा कि हमारे पास कोई नहीं है, जो इतना सारा पैसा बैठकर गिनता रहेगा।

जैकब मैथ्यू*

जब हम विजयवाड़ा में पैंटलून शॉपी शुरू करने की तैयारी कर रहे थे, तभी किशोरजी ने कहा कि उन्हें कोलकाता में एक बड़ी जगह मिल गई है।

---

* जैकब मैथ्यू बंगलौर की इडियम डिजाइन ऐंड कंसल्टिंग के सह-संस्थापक हैं। वह पैंटलून रिटेल के अधिकतर फॉर्मेटों के लिए डिजाइन, लेआउट और रणनीति तैयार करने के कार्य से जुड़े हैं।

उन्होंने पूछा, 'क्या हम अगले महीने तक अपना मेगा स्टोर शुरू कर सकते हैं?' यह असंभव लग रहा था। उस समय अनुभवी कार्यकर्ता या परियोजना प्रबंधक नहीं थे, जो इतने कम समय में इतना बड़ा स्टोर शुरू करने का प्रबंध कर सकते।

स्टोर शुरू करने के कुछ सप्ताह पहले तक तो नाम भी निश्चित नहीं किया गया था। जहाँ तक मुझे याद है, उद्‍घाटन से दो सप्ताह पहले एक रात हम सभी कोलकाता में उनके एक मित्र के दफ्तर में इकट्ठा हुए थे। 2:00 बजे रात का समय रहा होगा और वहाँ किशोरजी, राकेशजी तथा कंपनी के एक-दो और लोगों के साथ मैं भी था। दफ्तर के शेष लोग जा चुके थे, लेकिन हम स्टोर के लिए नाम के चुनाव पर चर्चा करने के लिए रुके थे, जिसे अब तक हम मेगा स्टोर बोलते आ रहे थे। अलग-अलग नाम सुझाए—पैंटलून फैशन हाउस, पी.एफ.एच. इंटरनेशनल आदि। अंत में किशोरजी अपनी कुरसी पर पीछे की ओर झुके और उनके मुँह से निकला—'पैंटलून्‍....स'। अगले आधे घंटे तक इस नाम के गुण-दोषों पर गरमागरम बहस चलती रही। अंत में किशोरजी ने कहा, 'मैंने सोच लिया है, हम इसे 'पैंटलून्स' नाम ही देंगे।' चर्चा यहीं समाप्त हो गई। सचमुच, किशोरजी तत्काल निर्णय लेते हैं। निर्णय छोटा हो या बड़ा, अच्छा हो या बुरा, यदि लेना है तो बस लेना है।

कोलकाता में स्टोर शुरू करने के बाद अगले छह महीनों में हमने हैदराबाद, चेन्नई, भुवनेश्वर और नागपुर में भी नए स्टोर खोले। पैंटलून्स स्टोरों का आदर्श वाक्य था—'जहाँ भारत सही मूल्य पाने के लिए खरीदारी करता है'। इन्हें 'फैमिली स्टोर' के रूप में जाना जाता था, जहाँ महिलाओं, पुरुषों और बच्चों—सबके लिए कपड़े होते थे। यहाँ पुस्तकें, खिलौने, उपहार आदि भी बिकते थे। बाद में जल्दी ही इनमें सौंदर्य-प्रसाधन, आभूषण, जूते और खेलों के वस्त्र भी शामिल कर लिये गए।

कुछ लोगों को यह बात भी अटपटी लगती है कि हमने अपना पहला बड़ा स्टोर कोलकाता में ही क्यों खोला? '90 के दशक में कोलकाता शहर औद्योगिक संघर्ष और बंद के लिए ज्यादा जाना जाता था। मैं आशावादी रहा हूँ। मैं जानता था कि स्थिति इससे ज्यादा नहीं बिगड़ सकती, बल्कि अब बेहतर ही होगी। मेरा यह अनुमान बिलकुल सच निकला और सन् 1997 के बाद शहर की प्रगति के साथ-साथ हम भी प्रगति की ओर बढ़ते गए।

इस तथ्य की ओर कम ही लोगों ने ध्यान दिया था कि कोलकाता की जनसंख्या और उसका उपभोक्ता बाजार दिल्ली या मुंबई की जनसंख्या और उपभोक्ता बाजार के बराबर ही था। इसके अतिरिक्त यहाँ किराए की दर कम थी और साथ ही यहाँ शिक्षित तथा कुशल मानव संसाधन भी उपलब्ध था। इन सबसे बढ़कर एक और महत्त्वपूर्ण बात थी, जिसके चलते कोलकाता हमारी रिटेल योजनाओं के लिए बहुत उपयुक्त सिद्ध हुआ। मीडिया, निवेशक और प्रतिस्पर्धा जैसे पहलुओं से आगे बढ़कर हमने देखा कि कोलकाता हमारे नए मॉडल की परीक्षा कर उसे आगे बढ़ाने के लिए अच्छा स्थान सिद्ध होगा। इससे हमें प्रयोग करने और आवश्यकतानुसार अपनी कार्य-प्रणाली में सुधार करने का अवसर मिला। इसके बाद से हम अपने अधिकांश फॉर्मेट दिल्ली या मुंबई में तभी लाते हैं, जब वे किसी अन्य शहर में पूर्णता हासिल कर चुके होते हैं। मुंबई में हमने अपना पहला स्टोर अगस्त 1999 में खोला।

संगठन के स्तर पर देखा जाए तो हम शुरू से ही कोलकाता के साथ गहराई से जुड़े हुए हैं। मेरा मानना है कि कोलकाता के साथ भावनात्मक संबंध बनाने में हम बिलकुल सफल रहे हैं। कोलकाता के व्यावसायिक समुदाय से मिलनेवाला सम्मान और दुकानदारों की वफादारी सबकुछ स्वयं में बेजोड़ है। कुछ वर्ष बाद जब हमने बिग बाजार शुरू किया तो एक बार फिर पहला स्टोर कोलकाता में ही खोला गया।

नोएल सोलोमन*

> इस स्टोर पर ग्राहकों की ओर से आनेवाली प्रतिक्रिया हमें आश्चर्य में डालनेवाली होती है। कोलकाता की खासियत है कि अगर आपने यहाँ के किसी ग्राहक का विश्वास एक बार जीत लिया तो वह हमेशा के लिए आपका ग्राहक बन जाएगा। यहाँ के अधिकांश ग्राहक हमें हमारे नाम से जानते हैं और वे हमारे साथ परिवार के सदस्य की तरह ही बरताव करते हैं। जी हाँ, वे अपने बेटे-बेटियों के विवाह में भी हमें आमंत्रित करते हैं। इस तरह के माहौल में काम करने से ज्यादा संतोषजनक बात और क्या हो सकती है!

II

जब से हमने पैंटलून्स स्टोर खोले हैं, तब से यहाँ हम अपने स्वयं के ब्रांड ही ग्राहकों के लिए प्रस्तुत करते रहे हैं, जबकि अन्य रिटेल स्टोरों में ऐसा नहीं है। उद्योग

---

* नोएल सोलोमन ने प्रशिक्षु सेल्समैन के रूप में उस समय काम शुरू किया था, जब कोलकाता के गरियाहाट में पैंटलून स्टोर खोला गया था। वर्तमान में वह स्टोर मैनेजर हैं।

की भाषा में रिटेलर द्वारा अधिकृत ब्रांड को 'प्राइवेट लेबल' कहा जाता है। प्राइवेट लेबलों की बड़ी सूची हमें फैशन रुझानों को समझने और अन्य निर्माताओं की अपेक्षा जल्दी अपना उत्पाद ग्राहकों के लिए बाजार में लाने में मदद करती है। इससे हमें फैशन-चक्र (Fashion Cycle) को नियंत्रित करने में भी मदद मिलती है, क्योंकि हम ग्राहकों के सीधे संपर्क में रहते हैं और इससे हमें शीघ्र प्रतिक्रिया लेने में मदद मिलती है। इससे भी महत्त्वपूर्ण बात यह है कि प्राइवेट लेबलवाले कपड़े या तो हमारे अपने कारखाने में तैयार होते हैं या फिर हमारे व्यावसायिक साझेदार के। इससे हम अपने उत्पादन की कीमत कम रखकर ग्राहकों को ज्यादा संतुष्टि दे सकते हैं।

हम मानते हैं कि फैशन गलियों में होता है। वह केवल आभिजात्य वर्ग या फैशन मॉडलों की विरासत नहीं है। व्यक्ति का पहनावा उसके स्वयं के बारे में वक्तव्य है, चाहे यह बड़े शोरूम से खरीदा गया हो या छोटी दुकान से। यदि फैशन आम जनता के लिए है तो उसकी प्रेरणा भी स्थानीय ही होनी पड़ेगी। विदेशों के बजाय ये फैशन हमारे देश की संस्कृति, रीति-रिवाजों एवं रंगों पर आधारित होनी चाहिए।

कृष्णा थिंगबैजम*

जब से मैंने कंपनी में काम शुरू किया है, तभी से के.बी. (किशोर बियानी) को फैशन डिजाइन के 'भारतीयकरण' की बात करते सुन रहा हूँ। वह आम जनता तक पहुँचना चाहते थे। उनके लिए डिजाइन का संबंध सिर्फ उत्पाद या सौंदर्य से नहीं था, बल्कि इसे वह आम लोगों के साथ भावनात्मक संबंध बनाने के माध्यम के रूप में देखते थे।

डिजाइन के बारे में परंपरागत धारणा यही रही है—'कुछ ऐसा बनाएँ, जिससे हमें खुशी और संतुष्टि मिले और उसके बाद हम उसका विज्ञापन और प्रोत्साहन करें। मुझे नहीं लगता कि डिजाइनरों ने माँग के अनुरूप काम किया या फिर ग्राहकों की पसंद को समझा। हम पश्चिमी फैशन में भी प्रशिक्षित हैं। हम Versace या Gucci शैली तो जानते थे, लेकिन 'हिंदुस्तान' को नहीं जानते थे। भारतीय लोगों की शारीरिक बनावट व आकार, त्वचा का रंग और जीवन-शैली आदि सबकुछ पश्चिम से अलग है। उदाहरण के लिए, डिजाइनर इस तथ्य की ओर ध्यान नहीं देते कि अधिकतर ग्राहक बसों व रेलगाड़ियों में यात्रा करते हैं, वातानुकूलित कारों में नहीं। अतः भारतीय

* कृष्णा थिंगबैजम पैंटलून्स रिटेल में मुख्य डिजाइनर हैं। वह वर्ष 2002 में कंपनी में आए थे।

> ग्राहकों के लिए कपड़ों की डिजाइन तैयार करते समय इन भारतीय स्थितियों को ध्यान में रखना जरूरी होता है। के.बी. शुरू से ही कहा करते थे, 'अपने लोगों को देखो, उन्हें समझो और उनसे उनकी भाषा में बात करो।' इसमें हमें कुछ समय लगा। कुछ भूलने में समय तो लगता है, लेकिन के.बी. कहा करते थे कि ऐसा संभव है। सच, मैं उनका आभारी हूँ कि आज मैं बॉलीवुड फिल्मों का भी प्रशंसक हूँ।

पैंटलून्स में हम अपनी प्रत्येक वस्तु में भारतीय रंग डालने की कोशिश करते थे, चाहे वह महिलाओं का पश्चिमी शैली का परिधान हो या फिर पुरुषों का। उदाहरण के लिए, हमारा एक समर कलेक्शन (ग्रीष्मकालीन संग्रह) स्थानीय बाजारों की अवधारणा 'नींबू-मिर्ची' पर आधारित था। भारत में नींबू-मिर्ची का प्रयोग नजर उतारने के लिए किया जाता है और वैसे भी हरा व पीला रंग ताजगी का सूचक है। ग्राहकों ने इसे खूब पसंद किया और यह हमारा सबसे सफल संग्रह रहा।

फैशन या रिटेलिंग का अर्थ केवल उत्पाद बेचना ही नहीं है—इसमें अवधारणा बेची जाती है। जब ग्राहक निराश होता है या वह ऊब जाता है तो खरीदारी क्यों करता है ? सिर्फ इसलिए नहीं कि उसके पास खरीदारी करने के लिए पैसा है, बल्कि इसलिए कि वह एक नई अनुभूति चाहता है। आप आइसक्रीम क्यों खरीदते हैं ? इसलिए नहीं कि आप भूखे होते हैं, बल्कि इससे अलग किसी विशेष कारण से खरीदते हैं। रिटेलिंग (खुदरा बिक्री) में सबसे महत्त्वपूर्ण होता है—ग्राहकों को अपने उत्पाद से सीधे जोड़ना और स्टोर पर उनके लिए सुखद वातावरण तैयार करना।

सौभाग्य से हमने विजुअल मर्चेंडाइजिंग की अवधारणा को समय पर अपना लिया था। विजुअल मर्चेंडाइजिंग एक कला है, जिससे रिटेल स्टोर सीधे अपने ग्राहकों से बात करता है। इसमें रंग, चमक, पसंद, अनुभूति आदि सबकुछ ध्यान में रखा जाता है। यह देखना जरूरी होता है कि हम अपने ग्राहकों को किस तरह की अवधारणा, किस तरह की छवि बेच रहे हैं। जब हमने इस अवधारणा के आधार पर अपने स्टोरों को संचालित करना शुरू किया तो अधिक-से-अधिक ग्राहक हमारे उत्पादों की ओर आकर्षित होने लगे। इसके अतिरिक्त कई रिटेलरों द्वारा प्रयोग में लाई जानेवाली ब्रांड मर्चेंडाइजिंग पद्धति को छोड़कर हमने 'श्रेणी प्रबंधन' (Category Management) शुरू किया। श्रेणी प्रबंधन इस मान्यता पर आधारित है कि कोई ग्राहक स्टोर में किसी खास ब्रांड के लिए नहीं जाता, बल्कि पार्टी शर्ट या पतलून के लिए जाता है। अत: स्टोर की डिजाइन पुरुषों के पार्टी वीयर, महिलाओं के वेस्टर्न वीयर या कैजुअल

वीयर आदि श्रेणियों के अनुसार बनाई गई। संगठन के भीतर भी कार्यकर्ताओं की टीम को श्रेणी के अनुसार ही बाँटा गया था। हम प्रत्येक श्रेणी में अलग-अलग मूल्य, अलग-अलग डिजाइन, रंग, आकार आदि के परिधान रखना चाहते थे। इस प्रकार हमारा लक्ष्य ब्रांडों को एक-दूसरे की प्रतिस्पर्धा में लाने की बजाय स्टोर के भीतर 'ट्रैफिक ड्राइवर' बनाना था। इस प्रकार श्रेणियों पर इतना ध्यान देने से हमें एक विशेष वर्ग में पूर्णता हासिल करने में मदद मिली।

आज पैंटलून्स युवा, गतिशील और महत्त्वाकांक्षी ग्राहक को लक्ष्य करके चल रहा है। 'फ्रेश फैशन' इसका प्रतीक बन गया है। एक अधेड़ उम्र की माँ हमारे स्टोरों में अधिकतम संतुष्टि के लिए आती है तो नवयुवती बेटी फैशनेबल समझकर यहाँ आती है। इस प्रकार, फैशन के साथ-साथ उपयुक्त मूल्य व ग्राहक-संतुष्टि ही हमारा ध्येय रहा है।

लेकिन 'फैशन' में बने रहना उतना आसान नहीं है जितना लगता है। हर वस्तु को कम मूल्य पर खरीदकर बेचने की अवधारणा इसपर नहीं लागू होती। फैशन एक अत्यधिक संवेदनशील वस्तु है। यदि इसे निश्चित समय सीमा में नहीं बेचा गया तो बाद में छूट (Discount) पर ही बेचना पड़ेगा। यह बिलकुल मछली बाजार की तरह है—यदि आप शुरू के कुछ दिनों के भीतर अपनी मछलियाँ नहीं बेच पाए—जब तक वे ताजा होती हैं—तो बाद में उन्हें छूट या कम कीमत पर बेचने के अलावा आपके पास कोई और विकल्प नहीं रह जाएगा।

अत: इसमें कम-से-कम 'समयांतराल' पर ध्यान देना जरूरी होता है। फैशन की प्रवृत्ति को समझने और उसे अपने स्टोर में लाकर सजाने के बीच का अंतराल कम-से-कम होना चाहिए। इसमें सबसे पहले फैशन की प्रवृत्ति को समझना, उसके अनुसार अवधारणा तैयार करना, नमूना तैयार करना और उसकी व्यावसायिक संवेदनशीलता को समझना भी शामिल हैं। उसके बाद कपड़े के लिए ऑर्डर बुक कराए जाते हैं और साथ ही उन्हें तैयार करने का काम भी शुरू हो जाता है। इसके साथ-ही-साथ स्टोर डिजाइन और विजुअल मर्चेंडाइजिंग का काम भी शुरू करके उत्पाद को कारखाने से स्टोर तक लाना होता है। यहाँ सबसे बड़ी चुनौती यह होती है कि यह पूरा चक्र सिर्फ छह सप्ताह के भीतर पूरा करना होता है। इस प्रक्रिया को शीघ्र पूरा करने के लिए हम एक नई टीम व्यवस्था पर काम कर रहे हैं। सात सीजनल कलेक्शन (सामयिक संग्रह) प्रस्तुत कर हम इस लक्ष्य के बहुत नजदीक हैं।

III

आधुनिक रिटेल में शुरुआती दौर में ही हमने प्रवेश किया, पर हमसे पहले

भी कुछ लोग मौजूद थे। '80 के दशक के दौरान मुंबई में अकबरअलीज और बेंजर, चेन्नई के स्पेंसर्स, बंगलौर में किड्स केंप और नीलगिरीज जैसी शृंखलाएँ पहले से चल रही थीं। लेकिन ये एक-एक शहर तक ही सीमित थीं और कुछेक राष्ट्रीय शृंखलाएँ बॉम्बे डाइंग एवं रेमंड आदि टेक्सटाइल कंपनियों की थीं।

शॉपर्स स्टॉप शुरुआती रिटेल शृंखलाओं में था और शताब्दी के अंत तक इसके चार आउटलेट थे। वर्ष 1998 में टाटा समूह की कंपनी ट्रेंट ने बंगलौर स्थित यू.के. के रिटेल आउटलेट लिटिलवुड्स को खरीद लिया। उसने इसका नाम बदलकर 'वेस्टसाइड' कर दिया तथा 1999 के अंत तक तीन और स्टोर खोल दिए। ग्लोबस ने अपना पहला स्टोर 1999 में इंदौर में खोला। बाद में उसी वर्ष उसने चेन्नई में भी एक स्टोर खोल दिया।

उस समय की अधिकांश रिटेल शृंखलाएँ आज देश की अग्रणी रिटेल शृंखलाओं में गिनी जाती हैं। ये प्रायः प्रतिष्ठित व्यावसायिक घरानों द्वारा समर्थित व प्रोत्साहित तथा पेशेवरों द्वारा संचालित थीं। इस दौरान इस क्षेत्र में सभी को मुश्किल परिस्थितियों से गुजरना पड़ा। बिना बिके उत्पाद पर अधिक छूट और गुणवत्तापूर्ण रिटेल क्षेत्र की कमी के चलते अधिकतर रिटेल शृंखलाओं को बड़ी बाधाओं का सामना करना पड़ा। कुछ खिलाड़ी तो मैदान से बाहर ही हो गए।

वेद प्रकाश आर्य*

> रिटेल एक पहेली है, जिसमें बहुत बार आपको बिलकुल अज्ञात बात पर भी दाँव लगाना पड़ जाता है। कोई स्टोर डिजाइन या मर्चेंडाइज चलेगा या नहीं, यह पहले से कोई नहीं जानता। जरूरी नहीं कि जो ग्राहक आज आपके पास आ रहा है, वह कल भी आपके पास ही आएगा। इसमें पूर्णता नहीं प्राप्त की जा सकती, क्योंकि आज ग्राहक को जो कुछ पूर्ण लग रहा है, वही कल उसे नीरस या बेकार भी लग सकता है। एक रिटेलर को लगभग हर रोज अपने आपको बदलना पड़ता है। इसके लिए क्षण भर में कई बड़े निर्णय लेने पड़ते हैं। इसमें व्यवसाय को आगे बढ़ाते हुए नई-नई अवधारणाएँ विकसित करना भी जरूरी होता है।

---

* वेद प्रकाश आर्य पैंटलून रिटेल के मुख्य संचालन अधिकारी और बोर्ड ऑफ डायरेक्टर्स के सदस्य हैं। मार्च 2004 में इसमें आने से पहले उन्होंने ग्लोबस के मुख्य कार्यकारी अधिकारी के रूप में छह वर्ष तक कार्य किया।

भारत में आधुनिक रिटेलिंग के इस प्रथम चरण में अधिकांश कंपनियों के विकास या विस्तार पर ज्यादा ध्यान न देकर मुनाफा कमाने पर ज्यादा ध्यान देते हुए परंपरागत कार्य-शैली ही अपनाई। उनका ढाँचा परंपरागत था, जिसमें सभी कार्यकारी प्रमुख साथ-साथ आते थे और निर्णय-निर्धारण की प्रक्रिया प्रशासनिक ढंग से होती थी। लेकिन रिटेल का प्रबंधन इस ढंग से नहीं किया जा सकता। विश्व स्तर पर देखा जाए तो हर रिटेलर में जोखिम लेने की आदत रही है, जो उसे व्यवसाय को आगे बढ़ाने के लिए प्रेरित-प्रोत्साहित करती रही है। उद्यमी एक बड़ी तसवीर मन में लेकर चलता है और निर्णय संगठन के प्रत्येक व्यक्ति के स्तर पर लिया जाता है।

जब मैं ग्लोबस में मुख्य कार्यकारी अधिकारी के रूप में कार्य कर रहा था, तभी से मैं के.बी. (किशोर बियानी) को जानता हूँ। जब भी वह हमारे स्टोर पर आते, यही कहते, 'लगता है, मेरी बेटियों को आपका स्टोर ही अच्छा लगता है। आप लोग जरूर अच्छा काम कर रहे होंगे।' उन्हें विश्वास था और आज भी है कि रिटेल व्यवसाय में कई व्यवसायी एक साथ काम कर सकते हैं। लेकिन मैं समझ सकता हूँ कि कितने उत्साह से वे अपने ब्रांड तैयार कर रहे थे। रिटेल उद्योग में वह एकमात्र व्यक्ति थे, जो वर्तमान पर नहीं बल्कि भविष्य पर दाँव लगा रहे थे। वह मुनाफा कमाने या दक्षता हासिल करने से ज्यादा व्यवसाय को उच्च स्तर पर ले जाने की ओर ज्यादा ध्यान दे रहे थे। जहाँ तक मेरा मानना है, उस समय इस व्यवसाय के प्रति उनकी सोच बिलकुल ठीक थी।

उस समय प्रत्यक्ष विदेशी निवेश की अनुमति थी और कुछ विदेशी रिटेलर पहले से ही यहाँ काम कर रहे थे। पिछले दशक में अधिकतर भारतीय रिटेलर तेजी से आगे बढ़े और उन्होंने ग्राहकों का विश्वास जीतने में भी कामयाबी हासिल की। दूसरी ओर, यदि विदेशी रिटेलरों की उपलब्धियों पर गौर किया जाए, जो सन् 1998 से पूर्व इस क्षेत्र में उतरे थे, तो यह बात स्पष्ट जो जाती है कि वे न तो रिटेल क्षेत्र में और न ही अर्थव्यवस्था में कोई खास योगदान दे पाए। उदाहरण के लिए, आर.पी.जी. ग्रुप ने हांगकांग की रिटेल कंपनी डेयरी फार्म इंटरनेशनल के साथ मिलकर मई 1996 में एक संयुक्त उपक्रम शुरू किया और सुपर बाजारों की फूडवर्ल्ड श्रृंखला की शुरुआत की। 'ब्यूटी ऐंड ग्लो' नाम से उसकी एक सौंदर्य-श्रृंखला भी थी। इसके चेन्नई में छह आउटलेट थे। परंतु वर्ष 2005 में इसके साझेदार अलग हो गए और आर.पी.जी.

कंपनी अकेली हो गई।

उन दिनों की पहली रिटेलर कंपनियों में एक थी—नैंज सुपर मार्केट्स। इसके एक नहीं बल्कि दो-दो विदेशी साझेदार थे। अमेरिका की मार्श सुपर मार्केट्स और जर्मनी की ए.जी. नैंज ने अपने भारतीय साझेदारों, एस्कॉर्ट्स ग्रुप के साथ मिलकर सन् 1993 में अपनी सुपर मार्केट श्रृंखला शुरू की। इसमें प्रत्येक साझेदार का समान अंश था। सन् 2000 तक इसके लगभग सोलह स्टोर हो गए थे, जिनमें से कुछ कंपनी के स्वामित्व के थे और शेष दिल्ली एवं उसके आस-पास स्थित बिक्री केंद्र थे। इस दौरान कंपनी में छह मुख्य कार्यकारी अधिकारी आए। अंत में उसी वर्ष कंपनी बंद हो गई। सन् 2002 में एक नए विदेशी निवेशक के साथ मिलकर एक बार फिर उसे शुरू करने की कोशिश की गई; लेकिन यह कोशिश भी जल्दी ही नाकामयाब हो गई।

इस प्रकार, यह स्पष्ट हो जाता है कि इस दौरान विदेशी रिटेलर अपनी वित्तीय शक्ति और वर्षों के अनुभव के बावजूद भारत में कोई ज्यादा बढ़त हासिल नहीं कर पाए। खुदरा व्यवसाय बिलकुल स्थानीय स्तर का व्यवसाय है, किसी विदेशी रिटेलर के लिए दूसरे देश में जाकर सफलता प्राप्त कर पाना बहुत मुश्किल काम है, क्योंकि इसमें स्थानीय पसंद और रुचि की अच्छी समझ रखने की जरूरत होती है। देशी रिटेलर के रूप में हमें इस मामले में काफी लाभ मिला। दो वर्ष के भीतर ही हमने पैंटलून्स को लगभग पूरे भारत तक पहुँचाने में सफलता प्राप्त कर ली थी। सन् 1999 के अंत तक कुल सोलह पैंटलून्स आउटलेट हो गए थे, जिनमें से चार हैदराबाद में, दो चेन्नई में और एक-एक कोलकाता, विजयवाड़ा, नागपुर, भुवनेश्वर, थाणे और पुणे में थे।

IV

जिस दिन कोलकाता में हमने अपना पहला पैंटलून्स स्टोर खोला था, उस दिन हमारा शेयर मूल्य 6.20 रुपए था। मान लीजिए, उस दिन कोई व्यक्ति हमारा स्टॉक खरीदने के लिए 1,000 रुपए निवेश करता और शेयरों को रोककर रख लेता तो ठीक नौ वर्ष बाद सन् 2006 में वह 2,62,000 रुपए की कीमत का हो जाता। अब तो निवेशक भी हमारी कंपनी की क्षमताओं को समझने लगे हैं, लेकिन सन् 1997 में एक भी निवेशक इसे संभव नहीं मानता था।

'90 के दशक के उत्तरार्ध में आधुनिक रिटेल अपना आधार तो मजबूत कर रहा था, लेकिन भारतीय निवेशकों के लिए उस समय तक यह अवधारणा बिलकुल नई थी। हम शेयर बाजार से पूँजी इकट्ठा करना चाहते थे, लेकिन स्टॉक मार्केट में कम ही लोग इस क्षेत्र में दाँव लगाने के लिए तैयार होते थे। शुरू के कुछ वर्षों के दौरान हमने निवेशकों को आधुनिक रिटेल की शिक्षा दी और उन्हें यह समझाया कि किस प्रकार

यह विश्व भर में फैल चुका है। अभी कुछ समय पहले तक भारतीय स्टॉक एक्सचेंज में केवल दो कंपनियों का नाम सूचीबद्ध (Listed) था, जिनमें एक हमारा था। यह बात स्वीकार करने में मुझे कोई हिचकिचाहट नहीं है कि हमें पहले विदेशी निवेशकों ने ही 'पहचाना', भारतीय निवेशकों का ध्यान हमारी ओर बहुत देर से गया। अपने देश के रिटेल क्षेत्र में निवेश करनेवाले विदेशी निवेशकों ने भारत में रिटेल की संभावनाओं को समझ लिया था।

हमारे स्टॉक में निवेश करनेवाली पहली निवेश संस्था आई.सी.आई.सी.आई. वेंचर्स (ICICI Ventures) थी। हमारी कंपनी में निवेश करने से पहले आई.सी.आई.सी.आई. ने हमारे व्यवसाय को समझा था। हालाँकि वर्तमान में उसके पास पैंटलून रिटेल (ई) लि. का कोई शेयर नहीं है, लेकिन उसके साथ हमारे संबंध आज भी मजबूत बने हुए हैं।

नितिन देशमुख*

सन् 1999 के उत्तरार्ध में जब मैं पहली बार किशोर बियानी से मिला था, उस समय वह इस क्षेत्र में कोई ज्यादा प्रभावशाली नहीं थे। वस्तुत: उन्हें ऐसे वस्त्र व्यापारी के रूप में जाना जाता था, जो रेडीमेड कपड़ों के व्यवसाय में आकर अब मिड-मार्केट पुरुष परिधान ब्रांड बनाने में जुटे थे। जब हमने अपनी टीम में पैंटलून पर एक प्राइवेट इक्विटी इन्वेस्टमेंट के रूप में चर्चा की तो कई चिंताएँ सामने आईं। उद्योग की ओर से मिले अधिकांश संकेत संदेह पैदा करनेवाले थे। इसके अतिरिक्त, उस समय यानी सन् 1999 में रिटेल क्षेत्र कोई बड़ी संभावनावाला व्यवसाय भी नहीं लग रहा था और न ही उसकी संभावनाओं के बारे में कोई ठोस अनुमान ही था। इसके बावजूद हमने बात आगे बढ़ाई। इसके दो कारण थे—

पहला कारण यह था कि अमेरिका और यूरोप में हमने जो कुछ देखा था, उसमें मुझे अच्छे अवसर दिखाई दे रहे थे। मुझे लगा कि समय के साथ-साथ भारत में भी ऐसा हो सकता है। उस संभावना का अनुमान कोई भी लगा सकता था। माहौल में इसका असर दिखाई देने लगा था। लोगों को अपना

* नितिन देशमुख सन् 1997-2001 के दौरान आई.सी.आई.सी.आई. के मुख्य निवेश अधिकारी थे। उन्होंने पैंटलून रिटेल के बोर्ड ऑफ डायरेक्टर्स के सदस्य के रूप में भी सेवा की। वर्तमान में वह कोटक महिंद्रा बैंक के प्राइवेट इक्विटी प्रमुख हैं।

पैसा कहीं और खर्च करना पड़ रहा था। उनकी जरूरतों को पूरा करने के लिए ही आधुनिक रिटेलिंग अस्तित्व में आई। हम इसी विश्वास पर चल रहे थे, इसलिए हमने न केवल पैंटलून रिटेल में बल्कि कई अन्य रिटेलरों में भी निवेश किया।

वित्तीय निवेशक होने के नाते हमें देश के सभी रिटेलरों के बारे में थोड़ी जानकारी थी। हम यह बात समझ चुके थे कि किशोर को भारतीय उपभोक्ताओं की अच्छी समझ है। सचमुच, वह मुझे अन्य सभी रिटेलरों से काफी अलग दिखे, इसीलिए उनके साथ मेरी दिलचस्पी बढ़ने लगी थी। उनके साथ बात करने के लिए मुझे समय तो लगा, लेकिन जब बोले तो उनकी बातों में मुझे गजब का आत्मविश्वास देखने को मिला। उनकी बातों में सच्चाई और दृढ़ता थी। मैंने फैशन रिटेलिंग, रेडीमेड कपड़ों और हाइपर मार्केट आदि विषयों पर उनके विचार जाने, जो बहुत ही अलग और दिलचस्प लगे। सीधे-सीधे बात करने का उनका तरीका मुझे बहुत पसंद आया। इससे पहले मैंने जो कुछ उनके बारे में सुना था, सबकुछ उसके विपरीत लगा।

लेकिन कंपनी से जुड़ी कुछ नकारात्मक बातें थीं, जिनसे निपटना जरूरी था। जब हम बातचीत के मंच पर बैठे तो गहन विचार-विमर्श हुआ और हमने विभिन्न मामलों को सूचीबद्ध किया। किशोर परेशान थे, लेकिन बदलाव के लिए वह तैयार दिखाई दे रहे थे। मुझे मानना पड़ेगा कि उस समय मैं रिटेल की संभावनाओं पर कम, किशोर पर ज्यादा दाँव लगा रहा था।

जब हम अलग-अलग शहरों में अपने पैंटलून्स स्टोर खोलने लगे और अपने प्रतिस्पर्धियों से तेजी के साथ आगे निकलने लगे तो कई लोग यह कह रहे थे कि यह बस कुछ ही समय के लिए उठनेवाला गुबार है, जो जल्दी ही समाप्त जाएगा। कुछ लोग यह भी कह रहे थे कि यह सब हमारे अच्छे भाग्य के कारण है। कई लोग भविष्यवाणियाँ करने लगे थे कि एक या दो वर्ष में ही हमें अपनी दुकान बंद कर देनी पड़ेगी। मेरा मानना है कि शुरुआती चरण में तेजी से आगे बढ़नेवाली हर कंपनी के सामने ऐसी बातें आती हैं। यह मानव स्वभाव है कि जब अपना कोई कुछ खास करता है तो हम ही अंत में मान्यता देते हैं—घर की मुरगी दाल बराबर।

संभावित निवेशकों के पास शिकायतों की लंबी सूची थी। इसका कारण या तो यह था कि हम प्रायः प्राइवेट लेबलवाले उत्पाद बेच रहे थे या हमारी विस्तार योजना अत्यधिक जोखिमपूर्ण थी अथवा फिर एक कारण यह भी हो सकता था कि हमारा नकदी

प्रवाह (cash flow) नकारात्मक स्थिति में था। हम अपने व्यावसायिक विस्तार के लिए कृत-संकल्प थे और ये सब बातें हमें रोक नहीं सकती थीं। नए खुलनेवाले स्टोर नकदी हाथ में आने से पहले ही उसे पचा ले रहे थे। इससे भी ज्यादा मुश्किल बात थी कि हमने स्वयं को पूरी तरह कर्ज में डुबो लिया था।

प्राइवेट इक्विटी निवेशक इस चरण में रिटेल की ओर आकर्षित हुए और अनेक रिटेलरों के साथ निवेश भी किया, जिनमें हम भी शामिल थे; लेकिन इस मामले में हम सौभाग्यशाली थे कि हमारे पास व्यक्तिगत निवेशक भी थे, जो हम पर विश्वास करने लगे थे। वे हमारे स्टोरों पर आए और बैलेंस शीट के आँकड़ों के बजाय ग्राहक संख्या के महत्त्व को मानने के लिए तैयार हो गए थे। थोड़ा-थोड़ा चारों ओर निवेश करने की बजाय उन्होंने केवल हमारी कंपनी में निवेश किया।

ऐसे पहले निवेशकों में कोलकाता के एक बंगाली महाशय थे, जो हमारे गरियाहाट स्थित पैंटलून्स आउटलेट में आए थे। उन्होंने हमारे स्टोर पर ग्राहकों की भीड़ देखी और हमारे द्वारा ग्राहकों को बेचे जानेवाले उत्पादों को देखा तथा निवेश शुरू कर दिया। शुरू में तो उन्हें बहुत अच्छा प्रतिफल नहीं मिला, लेकिन उनका हमारे ऊपर विश्वास इतना मजबूत हो गया था कि वह स्वयं तो हमारा शेयर खरीदते ही रहे, अपने साथी निवेशकों को भी इसके लिए प्रोत्साहित किया। हमारे अधिकतर निवेशक हमारे साथ इसी तरह जुड़े थे—एक-दूसरे से हमारे बारे में सुनकर।

राकेश झुनझुनवाला*

बाजार की चिंता का कारण यही था कि लोग रिटेलिंग को एक व्यवसाय के रूप में और किशोर बियानी को एक व्यक्ति के रूप में अच्छी तरह समझ नहीं पा रहे थे। किशोर को अति-महत्त्वाकांक्षी माना जा रहा था, लेकिन सबने बड़ा परिदृश्य नहीं पहचाना और सुनहरा अवसर गँवा दिया।

किशोर ऐसे क्षेत्र में आगे बढ़ रहे थे, जिसके विकास की भारत में खूब संभावनाएँ थीं। स्टॉक मार्केट की चिंता कर्ज और इक्विटी के बीच के अंतर को लेकर थी। लेकिन मैंने देखा कि कर्ज ज्यादा नहीं था, इक्विटी कम थी, इसलिए हमने उन्हें प्राइवेट प्लेसमेंट से धन जुटाने में मदद की।

मैंने किशोर का साथ इसलिए दिया कि वह अन्य अधिकतर उद्यमियों से बहुत अलग थे। पहली बात तो वह आक्रामक प्रवृत्ति के थे और दूसरी बात, उनका

---

* राकेश झुनझुनवाला पैंटलून रिटेल के एक व्यक्तिगत निवेशक हैं।

झुकाव पैसे की ओर नहीं था। कुछ नया करना उनके लिए उपलब्धि का मानदंड था। वह ग्राहकों के बारे में अच्छी समझ रखते थे और उनकी सोच में स्पष्टता थी। वह मात्रा नहीं, बल्कि गुणवत्ता में विश्वास करते थे। उनकी यही विशेषता उन्हें दूसरों से अलग करती थी।

वे कुल आय (Revenue) से ज्यादा ग्राहक के बटुए के अधिकतम हिस्से को आकर्षित करने पर ध्यान देते थे और लाभ से ज्यादा दुकान में आनेवालों की संख्या पर (Foot falls)। उनकी दृष्टि हमेशा एक विस्तृत परिदृश्य पर थी और वे लंबी रेस के धावक थे।

वर्ष 2000 के आरंभ तक हमने बिग बाजार पर सक्रिय रूप से कार्य करना शुरू कर दिया था। इसमें पूँजी के ऊँचे प्रतिफल की उम्मीद जरूर थी, लेकिन अभी इसके विस्तार के लिए और धन की आवश्यकता थी। ऐसी स्थिति में अपनी अवधारणा की मार्केटिंग करते हुए एक निवेशक सम्मेलन से दूसरे निवेशक सम्मेलन में और दूसरे से तीसरे में जाना, अपनी योजना बताना और फंड एकत्रित करना सबसे अच्छा विकल्प लगता है। पर मुझे नहीं लगता कि सिंगापुर, हांगकांग या गोवा में शानदार योजनाएँ प्रस्तुत करने या बड़ी संख्या में पब्लिक रिलेशन विशेषज्ञों की सेवाएँ लेने में एवं शेयर मूल्यों में कोई दीर्घकालीन संबंध है।

हम दलाल स्ट्रीट तक प्रत्येक गतिविधि की खबर पहुँचाते रहे और मासिक राजस्व रिपोर्टें प्रस्तुत कीं। इस तथ्य के बारे में भी हमारी स्पष्ट राय थी कि हम रोज हिसाब लगानेवालों की माँगों पर नहीं चलेंगे और अंशधारकों को तात्कालिक प्रतिफल नहीं दे पाएँगे। हमारी योजना एक स्वदेशी रिटेलिंग मॉडल तैयार करने की थी। इसमें सफल होने पर निवेशकों को स्वाभाविक रूप से सबसे ज्यादा लाभ होगा।

बाला देशपांडे*

सफलता से जुड़ी किसी भी कहानी में एक समय ऐसा आता है, जब भविष्य का विश्वास वर्तमान की जोखिम पर भारी पड़ने लगता है; परंतु ऐसी स्थिति में मुख्य कार्यकारी अधिकारियों को अधिक स्पष्ट रूप से अपनी बात मार्केट तक पहुँचाने की आवश्यकता होती है। किशोर भाई कम बोलनेवाले व्यक्ति

* बाला देशपांडे आई.सी.आई.सी.आई. के निवेश विभाग की निदेशिका हैं। साथ ही, पैंटलून रिटेल के बोर्ड ऑफ डायरेक्टर्स की सदस्या भी हैं।

हैं। वह बहुत ज्यादा बोलने या दिखावा करने में विश्वास नहीं करते हैं और फिर, यह अवधारणा भी उस समय नई-नई थी, इसलिए वह अपनी योजना के बारे में पूँजी बाजार को भलीभाँति समझा नहीं सके थे।

बिग बाजार के शुरू होने के आस-पास कंपनी के कर्ज और इक्विटी के बीच का अंतर 1.8 गुना बढ़ गया। इससे निवेशकों में खलबली मच गई। लेकिन बिग बाजार की संभावनाओं को दृष्टि में रखकर देखा जाता तो किशोर बियानी ने कोई बड़ा जोखिम नहीं लिया था। बिग बाजार के बल पर ही वह कंपनी को नई ऊँचाइयों पर पहुँचाने में सफल हुए। यह एक सुनहरा अवसर था और उन्होंने इसका भरपूर लाभ उठाया।

जहाँ तक मेरा खयाल है, कंपनी के सामने उस समय आनेवाली चुनौतियों का एक कारण यह भी था कि यह शेयर बाजार में सूचीबद्ध कंपनी थी और एक खुली किताब की तरह थी। इसका सारा विवरण विस्तार से दर्ज था। तकनीकी दृष्टि से देखा जाए तो तेजी से बढ़ती कंपनियों को सूचीबद्ध नहीं होना चाहिए, लेकिन परिस्थितियाँ कुछ ऐसी थीं कि भारत में धन जुटाने का सबसे अच्छा माध्यम प्राथमिक बाजार (Primary Market) ही बने हुए थे। परंतु इस ओर ज्यादातर लोगों ने ध्यान नहीं दिया कि कंपनी ने अब तक कोई भी कर्ज अदा करने से मुख नहीं मोड़ा था। हर बैंकर उन्हें कर्ज देने के लिए तैयार था। इसी तथ्य से सारी बात स्पष्ट हो जाती है। व्यक्ति की विश्वसनीयता देखी जाती है। किशोर भाई के लिए विकास ज्यादा महत्त्वपूर्ण था। यदि वह नकद प्रवाह के अनुकूल होने का इंतजार करते रहते तो यह अवसर खो बैठते। मेरा मानना है कि उनकी ईमानदारी ने भी निवेशकों का विश्वास जीतने में उनकी मदद की। जब वह अपनी भावी योजनाओं की बात करते थे तो अपनी सीमाओं व समस्याओं को भी स्पष्ट शब्दों में सामने रख देते थे।

हमारा अनुभव कहता है कि कोई निवेशक हमारी कंपनी और हमारे विश्वासों के बारे में जान लेने के बाद हमारे शेयर खरीदने में कभी भी नहीं हिचकेगा। पैंटलून के स्टॉक में उन्हीं निवेशकों को अच्छा मुनाफा हुआ है, जिन्होंने हमारी कंपनी को समझा, हमारी शक्ति और संभाव्यता को पहचाना, हमारी मान्यताओं में विश्वास किया और फिर हमारे साथ लंबे समय तक निवेश करने का फैसला किया। लेकिन ऐसे संबंध बनाने में बहुत समय और कोशिश लगती है।

जब भी कोई हमारी कंपनी में दिलचस्पी लेता था, हम उसे अपने स्टोरों पर ले जाते थे। हमारा एक प्रबंधक उसके साथ रहता था और यदि वह मुंबई में होता था तो प्राय: बाद में मैं भी उससे मिलता था। हमने बहुत से विदेशी निवेशकों को शहर के शॉपिंग मॉलों के साथ-साथ शहर की झुग्गी-बस्तियों और चालों तथा अन्य स्थानों को दिखाया है। उन्हें बाजार की वास्तविक स्थितियों से रू-बरू कराने का यह विचार सचमुच बहुत अच्छा रहा। मुंबई के विलासितापूर्ण होटलों में रहनेवाले लोगों को जब बाहर की वास्तविक स्थिति से परिचित कराया गया तो वे सबकुछ अच्छी तरह समझ गए।

स्टॉक एक्सचेंजों में सूचीबद्ध होने के बाद से कंपनी को अनेक बाधाओं का सामना करना पड़ा। ऐसे में निराशा स्वाभाविक थी। एक बार को तो मैंने कंपनी का नाम स्टॉक एक्सचेंजों की सूची से हटाने पर विचार कर लिया था। लेकिन, अब मैं पीछे मुड़कर देखता हूँ तो मुझे लगता है कि यदि इतनी सारी बाधाएँ हमारे रास्ते में नहीं आतीं तो हमारी यात्रा इतनी दिलचस्प और प्रेरक हो ही नहीं सकती थी। मुश्किलों और बाधाओं को पार करते-करते हमारा आत्मविश्वास भी बढ़ता रहा। इससे हमें वास्तविक आनंद की अनुभूति होती थी। हमारी कंपनी से जुड़े अधिकतर विश्लेषकों का आज भी हमें सहयोग प्राप्त है। हालाँकि प्रत्येक रिपोर्ट में कुछ 'चिंताएँ' और 'जोखिम क्षेत्र' उभरकर सामने आए हैं।

फर्स्ट ग्लोबल फाइनेंशियल सर्विसेज की रिपोर्ट, अक्तूबर 2005

> बिग बाजार के स्टोरों पर किसी भी दिन और किसी भी समय ग्राहकों की लंबी कतारें और धक्का-मुक्की देखी जा सकती हैं। लेकिन इस धक्का-मुक्की के बाद जब ग्राहक रेंगती कतारों में आगे बढ़ता हुआ बिलिंग काउंटर पर पहुँचता है तो उसके चेहरे पर संतोष का भाव साफ झलकता दिखाई देता है। हम ऐसे बहुत से लोगों को जानते हैं जिन्हें बिग बाजार से लगाव है...ढेर सारे लोगों को। सच, पैंटलून कुछ अच्छा कर रहा है।
>
> पैंटलून, जिसका नाम एक दशक पहले तक बहुत ही कम लोग जानते थे, आज भारतीय रिटेल उद्योग के सबसे बड़े नामों में गिना जाने लगा है। इसका श्रेय इसके कुशल प्रबंधन, तत्काल निर्णय-कार्यान्वयन की क्षमता, इसके व्यावसायिक मॉडल की प्रभावशीलता को जाता है, पर सबसे ज्यादा श्रेय सही समय पर सही काम को जाता है।
>
> लेकिन क्या गाड़ी इसी तरह आगे बढ़ती रहेगी? फिर भी, इसमें परंपरागत जोखिमें मौजूद हैं।

अन्य कंपनियों की तरह हम भी अपना स्टॉक मूल्य ऊँचा रखकर नए-नए निवेशकों को आकर्षित करना चाहते थे। हमने दीर्घकाल और अल्पकाल में संतुलन बनाकर चलते हुए निवेशकों को उनके निवेश पर लाभ उपलब्ध कराने के लिए अनुकूल वातावरण तैयार करने की कोशिश की। जिस दौरान हम हर घंटे औसतन 200 वर्ग फीट क्षेत्रफल का रिटेल क्षेत्र तैयार कर रहे थे, उस दौरान हमें अनिवार्य रूप से कुछ अल्पकालिक योजनाएँ लेकर चलना पड़ रहा था। लेकिन विकास की उस गति को बनाए रखने के लिए हमें अल्पकाल और दीर्घकाल में संतुलन बनाना पड़ा। अत: हमने अपनी योजनाओं को तीन वर्षीय चक्र के आधार पर तैयार किया और आज हम अपने सभी निर्धारित लक्ष्यों को हासिल करने में सक्षम हैं।

मेरा विश्वास था कि यदि कोई हमसे मुनाफा कमाता है तो वह आवश्यकता पड़ने पर हमारी कंपनी में निवेश करेगा। यह सच भी निकला। इतने वर्षों में हमने राइट्स इश्यू (rights issue) और प्रीफरेंशियल एलॉटमेंट के जरिए पर्याप्त धन जुटाया है और इसी से हमारी अधिकतर विस्तार योजनाओं में निवेश हुआ है। निवेशक के सुझावों को हमने हमेशा गंभीरतापूर्वक लिया है। इसके साथ-ही-साथ मैं समझता हूँ कि हम निवेशकों को अपनी बात समझाने तथा उनकी बातें स्वयं समझने में सक्षम रहे हैं।

अपनी योजनाओं और क्षमताओं पर लोगों का विश्वास जमाने के लिए हमें बहुत मेहनत करनी पड़ी। इस मामले में हम भाग्यशाली रहे हैं कि हमारे पास प्रो. शिवानंद मानकेकर और उनके पुत्र प्रो. केदार मानकेकर जैसे मित्र हैं, जिन्होंने हमें बहुत करीब से देखा है। ये न केवल हमारे निवेशक रहे हैं, बल्कि हमारे वित्तीय निर्णयों में भी इनकी महत्त्वपूर्ण भूमिका रही है।

शिवानंद मानकेकर

पैंटलून के साथ हमारा जुड़ाव मई 2002 में शुरू हुआ था। बंगलौर की ताज रेजीडेंसी में हमारे एक मित्र, जो वित्तीय समुदाय से जुड़े थे, के साथ बैठक चल रही थी। कुछ टेक्नोलॉजी कंपनियों के बारे में चर्चा चल रही थी, तभी उन्होंने बिग बाजार का जिक्र किया, जो शहर में खुला था।

शाम को हम इस नए बिग बाजार को देखने के लिए निकल पड़े। जब हमने भूतल में प्रवेश किया तो सिर्फ तीन मिनट में यह समझ में आ गया कि यह रिटेलिंग मॉडल हमारा होना चाहिए। वहाँ का माहौल ही बिलकुल अलग था—चारों ओर भीड़-ही-भीड़ दिखाई दे रही थी। निवेश के लिए उपयुक्त

कंपनी की तलाश में हमने कई स्टोर देखे थे, लेकिन वे सभी लाइफ स्टाइल-रिटेलिंग को समर्पित थे। भारतीय रिटेल क्षेत्र में क्रांति लाने के लिए देश को उचित या आकर्षक मूल्य आधारित रिटेलिंग मॉडल की जरूरत थी। बिग बाजार बिलकुल वही मॉडल था। यहाँ हमने देखा, मर्सिडीज कार में आनेवाला ग्राहक भी पैदल आए आम ग्राहकों की तरह ही खरीदारी कर रहा था और साप्ताहिक कार्य-दिवस को भी वहाँ ग्राहकों का ताँता लगा था। बाद में हमारे दोस्तों ने बताया कि यहाँ शनिवार-रविवार को इतनी भीड़ हो जाती है कि कई बार भीड़ को नियंत्रित करने के लिए शटर गिराना पड़ जाता है। पहले तो हमें लगा कि यह मात्र संयोग हो सकता है, लेकिन इसके लिए हम बाद में भी दो बार वहाँ गए और दोनों बार वैसी ही स्थिति देखने को मिली।

तीसरी बार देखने के बाद हम अपने होटल के कमरे में आए, अपने दलाल (ब्रोकर) को बुलाया और अगले कुछ दिनों में पैंटलून की इक्विटी पूँजी का 4 प्रतिशत खरीदने के लिए कहा। वित्त विभाग का प्राध्यापक होते हुए भी हमने कंपनी का भुगतान संतुलन (Balance Sheet) या प्रबंधन आदि कुछ भी नहीं देखा। कारण यह था कि बिग बाजार ने स्वयं सबकुछ बोल दिया था। वहाँ का वातावरण बता रहा था कि कोई ऐसा व्यक्ति है, जो भारतीय रिटेलिंग की नस-नस पहचानता है।

मुंबई वापस लौटने पर जब हम किशोर बियानी से मिले तो पहली ही मुलाकात में हमने उनसे कह दिया कि हम कम-से-कम तीस वर्षों के लिए पैंटलून में निवेश करेंगे। मेरा विश्वास था कि इतने समय में कंपनी की बाजार पूँजी 1 लाख करोड़ रुपए तक पहुँच जाएगी। इसपर किशोर हँस पड़े थे, क्योंकि उस दिन पैंटलून की बाजार पूँजी मात्र 50 करोड़ रुपए थी। लेकिन अब, चार वर्ष बाद, किशोर स्वयं कहते हैं कि सबकुछ संभव है। हम हमेशा उनसे कहा करते थे कि हमें उनके ऊपर उनके स्वयं से भी ज्यादा विश्वास है।

लगभग एक वर्ष बाद, लोअर परेल में बिग बाजार के वार्षिक समारोह के अवसर पर, के.बी. (किशोर बियानी) ने हमें वहाँ जमा भीड़ को देखने के लिए बुलाया। हम तुरंत बिग बाजार की ओर चल पड़े। बारिश खूब हो रही थी; लेकिन वहाँ जाकर हमने देखा, लोग लंबी-लंबी कतारों में बाहर खड़े होकर अंदर आने की प्रतीक्षा कर रहे थे। हमने कतार का निरीक्षण किया और एक व्यक्ति के पास जाकर रुक गए, जो एक हाथ में छाता थामे अपनी पत्नी

के साथ खड़ा था। उसके दूसरे हाथ में सोता हुआ एक बच्चा था। हम उससे पूछे बिना नहीं रह सके, 'आप कतार में खड़े किसलिए प्रतीक्षा कर रहे हैं?' उसका उत्तर था, 'बिग बाजार का सौदा हमेशा अच्छा होता है। आज वार्षिक समारोह का अवसर है, इसलिए सौदा और भी अच्छा होगा। हम इस मौके को नहीं चूक सकते।' सच बताऊँ, ये शब्द सुनकर मेरी आँखें भर आईं। बिग बाजार ने अपने ग्राहकों के साथ भावनात्मक संबंध बना लिये थे और उस दिन हम समझ गए कि जिस कंपनी में हमने निवेश किया है, वह लोगों के जीवन के साथ कितनी गहराई से जुड़ी हुई है। अब ग्राहकों में भी वफादारी आ रही थी।

बिग बाजार से हमारे व्यवसाय में तेजी आई। इसी से पूँजी बाजार में हमारी एक अलग पहचान बनी। मेरे लिए सबसे बड़ी बात यह थी कि अब हम पहले से भी ज्यादा संख्या में ग्राहकों के पास पहुँचने में सक्षम हो गए थे। अब मैं आपको बिग बाजार की कहानी सुनाता हूँ।

□

आप, मैं और बिग बाजार

> 'कोई विचार अगर शुरू में बेतुका नहीं लगता तो उसकी सफलता की उम्मीद कम ही होती है।'
>
> —*अल्बर्ट आइंस्टाइन*

I

पश्चिमी महाराष्ट्र में, मुंबई के दक्षिण-पूर्व में, करीब 400 कि.मी. की दूरी पर स्थित एक सुंदर कस्बा है—सांगली। चारों ओर गन्ने के खेतों से घिरा यह कस्बा हलदी, तिलहन, अंगूर और गन्ने का व्यापार केंद्र है। मराठी शब्द 'सह गल्ली' (यानी छह गली) से ही इस कस्बे का नाम 'सांगली' पड़ा है। यहाँ अधिकांश लोग खेती करते हैं, जिनके पास आस-पास के गाँवों में बड़े भूखंड हैं।

सांगली से 40 कि.मी. दूर वालवा में मोहन जाधव रहते हैं, जो गन्ने की खेती करते हैं। पचपन वर्षीय जाधव 127 सदस्योंवाले अपने संयुक्त परिवार में रहते हैं। अब तक के वह हमारे सबसे बड़े ग्राहक रहे हैं। मार्च 2006 में एक मंगलवार के दिन सुबह वह अपनी बजाज ट्रैक्स (वैन) में अपनी पत्नी और भतीजों के साथ सांगली आए। छहों लोग हमारे बिग बाजार स्टोर पर भी आए और खरीदारी में लग गए—बरतन, किराने का सामान, धोती, कमीजें, साड़ियाँ, जूते, खिलौने और अन्य बहुत कुछ। कैश काउंटर पर उनका 14 फीट लंबा बिल तैयार हुआ। 1,37,367 रुपए की कुल खरीदारी की थी।

सांगली स्थित हमारा स्टोर आपको मुंबई के हाई स्ट्रीट फीनिक्स के स्टोरों से अलग दिखाई देगा। उदाहरण के लिए, यह वातानुकूलित नहीं है। स्टोर के भीतर केवल

कूलर लगे हुए हैं। इसके अलावा यहाँ आपको सप्ताह के हर दिन—चाहे वह कार्य-दिवस हो या सप्ताहांत—एक जैसी भीड़ दिखाई देगी। हमारे स्टोरों पर आपको स्थानीय रुचि और पसंद तथा संस्कृति के अनुरूप अलग-अलग व्यवस्था देखने को मिलेगी। नौ गज लंबाई की साड़ियाँ, धोतियाँ, स्थानीय उत्पाद आपको सांगली स्टोर पर ही मिलेंगे। यह हमारा एकमात्र स्टोर है, जहाँ हम खाद्य तेल भी खुला बेचते हैं, क्योंकि यहाँ के लोग खुला तेल ही पसंद करते हैं। सांगली में हमारा सबसे बड़ा प्रचार माध्यम स्थानीय आकाशवाणी केंद्र है। हम ऑटो रिक्शा पर भी लाउडस्पीकर द्वारा प्रचार करते हैं और चारों स्थानीय मराठी समाचार-पत्रों में विज्ञापन देते हैं।

सांगली में तीन स्क्रीनोंवाला एक मल्टीप्लेक्स भी है, जहाँ मराठी, कन्नड़ और हिंदी फिल्मों के साथ-साथ डब की हुई हॉलीवुड फिल्में भी दिखाई जाती हैं। लोग स्वयं-सेवा स्टोरों पर सामान खरीदने के अभ्यस्त हो गए हैं। यह क्षेत्र में फैले सहकारिता स्टोरों का चमत्कार है। स्टोरों के बाहर आप मर्सिडीज, टोयोटा, चेवी आदि कारें, मोपेड एवं पिकअप वैन के साथ पार्किंग में खड़ी देख सकते हैं। जाधव जैसे भी बहुत से लोग हैं, जो सांगली में रहते हैं और इसी तरह के ब्रांड एवं उत्पाद पसंद करते हैं, जो हाई स्ट्रीट फीनिक्स में उपलब्ध होते हैं। आय के मामले में भी वे मुंबई के हमारे कई ग्राहकों की बराबरी कर सकते हैं।

यह सांगली की ही बात नहीं है, बल्कि पश्चिम बंगाल के छोटे औद्योगिक शहर दुर्गापुर या हरियाणा के छावनी शहर अंबाला में भी हमारा ऐसा ही अनुभव रहा है। हमने देखा है कि देश के सात बड़े शहरों के अलावा भी अनेक ऐसे छोटे शहर या कस्बे हैं, जिनकी जनसंख्या काफी है और वहाँ के लोग महत्त्वाकांक्षी व शौकीन भी हैं और साथ ही, उनकी आय भी अच्छी है। उपभोग में वृद्धि और उपभोक्ता प्रवृत्ति में बदलाव का सिद्धांत आज पूरे देश में देखा जा सकता है। आवश्यकता बस इतनी है कि हम उनकी आवश्यकताओं को समझें और उसके अनुसार उन्हें उत्पाद उपलब्ध करा सकें।

अनंत रामन*

जब भी मैं भारत में होता हूँ, मुझे लगता है कि अधिकांश ग्राहक, जिनमें कई संपन्न परिवार भी आते हैं, आधुनिक रिटेल शृंखलाओं में नहीं जाते; क्योंकि वे इन्हें अधिक खर्चीला समझते हैं। मुझे याद है—पेरू की एक सुपर मार्केट

* अनंत रामन हार्वर्ड बिजनेस स्कूल के बिजनेस लॉजिस्टिक्स के यू.पी.एस. फाउंडेशन में प्राध्यापक हैं। वह बिग बाजार की एक केस स्टडी के सह-लेखक भी हैं।

शृंखला के प्रमुख ने बातचीत के दौरान बताया था कि जब उन्हें सेब खरीदने होते हैं तो वह आधुनिक रिटेल स्टोर पर जाने की बजाय स्थानीय फल बाजार में जाना ज्यादा पसंद करते हैं। उन्हें सेब चुनना और मोल-भाव करना अच्छा लगता है। जब उन्हें लगता है कि सौदा अच्छा है, तभी वह संतुष्ट होते हैं। यहाँ सारी बात उत्पाद की कीमत की ही नहीं होती, बल्कि कीमत और उत्पाद के प्रति मानसिकता की होती है। फिलाडेल्फिया में मेरे एक मित्र हैं। वह बता रहे थे कि उनके माता-पिता, जो इटली से आए हैं, आज भी किसान बाजार जाना ज्यादा पसंद करते हैं—यह जानते हुए भी कि शहर के सुपर बाजारों में भी कीमतें एक जैसी ही हैं।

अध्ययन के बतौर हम खरीदारी को एक नियमित अवस्था से दूसरी नियमित अवस्था में विकसित होती प्रवृत्ति के रूप में देखते हैं। लेकिन परिवर्तन का दौर सदैव अधिक दिलचस्प होने के साथ चुनौतियों से भी भरा होता है। भारतीय ग्राहक और उपभोक्ता बाजारों से आधुनिक रिटेल स्टोरों की ओर चलते हुए परिवर्तन के ऐसे ही दौर में है। ऐसे में रिटेलरों को मिशनरी की भूमिका अदा करनी होगी एवं ग्राहकों को थोड़ा सा उँगली पकड़कर चलाना होगा। यदि वे ऐसा नहीं कर पाते तो मुश्किल से भारतीय ग्राहक वर्ग के मात्र एक छोटे से हिस्से को ही आकर्षित कर पाएँगे, शेष हिस्सा उनसे दूर ही बना रहेगा। आम उपभोक्ताओं को आकर्षित करने के लिए रिटेलरों को अलग-अलग व्यवस्थाएँ विकसित करनी होती हैं। बिग बाजार इसका सबसे अच्छा उदाहरण है।

अन्य लोगों के लिए 'बिग' (यानी बड़ा) शब्द ज्यादा महत्त्वपूर्ण हो सकता है, लेकिन के.बी. (किशोर बियानी) के लिए 'बाजार' शब्द ही महत्त्वपूर्ण है। मुझे लगता है कि के.बी. का यह सोचना बिलकुल ठीक था कि क्लासिकल (उत्कृष्ट) सुपर मार्केट—जो पश्चिम में काफी लोकप्रिय रहा है—की अवधारणा ज्यादातर भारतीय ग्राहकों के लिए उपयुक्त नहीं बैठेगी। वे पूरे मनोयोग से भारतीय उपभोक्ताओं को पढ़ते हैं और रिटेल है भी क्या—ग्राहक के दिल पर एक दस्तक।

भारतीय बाजारों, मंडियों, मेलों आदि की बात करें तो ये व्यापारियों द्वारा खरीदारों को एक अलग अनुभव देने के लिए विकसित की गई अवधारणाएँ हैं। यहाँ सभी जाति, धर्म, संप्रदाय के स्त्री-पुरुष एक साथ, एक ही स्थान से सामूहिक रूप से

खरीदारी कर सकते हैं।

जब हमने बिग बाजार की अवधारणा पर काम करना शुरू किया था, उस समय हमने अपने आधुनिक स्टोरों को भारतीय बाजार का रूप देने पर विशेष बल दिया था, ताकि कोई भी उपभोक्ता स्टोर के आधुनिक स्वरूप और परिवेश से डरे नहीं। अभी कुछ समय पहले तक भी आम भारतीय की धारणा यही रही थी कि आधुनिक शॉपिंग आउटलेट या स्टोर अधिक महँगे हैं। विशाल शॉपिंग मॉल और उसका चमकता फर्श तथा चकाचौंध को देखकर कोई भी उपभोक्ता यह निष्कर्ष निकाल सकता है कि मॉल के भीतर बिक रही वस्तुएँ भी बहुत महँगी होंगी। कई रिटेलर भी कहते हैं कि अधिकांश लोग, जो शॉपिंग मॉल में आते हैं, किसी भी स्टोर के भीतर नहीं जाते, कुछ खरीदने की तो बात ही दूर है। इसमें कोई शक नहीं कि स्टोर के प्रवेश द्वार पर हट्टा-कट्टा गार्ड तैनात हो और शो-केस के अंदर महँगे उत्पाद लगे हों तो इससे ग्राहक भड़क जाएगा। यदि स्टोर बिलकुल ही अलग और खास दिखाई दे रहा है तो ग्राहक यही समझेगा कि यहाँ उसे अपने पैसे की पूरी उपयोगिता और संतुष्टि नहीं मिल पाएगी, इसलिए वह आगे बढ़ जाएगा।

आज यह बात विचित्र लग सकती है, लेकिन यह बिलकुल सच है कि जब मुंबई का पहला शॉपिंग मॉल 'क्रॉसरोड्स' खुला था तो उसमें केवल उन्हीं आगंतुकों को जाने दिया जाता था, जिनके पास क्रेडिट कार्ड या मोबाइल फोन होता था। ऐसा था भारत में आधुनिक रिटेल का शुरुआती दौर।

हंस उदेशी*

> बिग बाजार को भारतीय उपभोक्ता प्रवृत्ति के अनुकूल बनाने का विचार शुरू से ही था। यह एक रिटेलर के रूप में किशोरजी की शक्ति का परिणाम था और किशोरजी दो मामलों में बहुत स्पष्ट राय रखते थे। पहला, कभी भी विदेशी सलाहकार न रखना, क्योंकि उन्हें भारत के बारे में जानकारी नहीं होती और दूसरा, भारतीय ग्राहक को हमेशा ध्यान में रखना तथा अपनी पसंद या नापसंद उनपर कभी न थोपना। बिग बाजार कई मामलों में किशोरजी के व्यक्तित्व का ही विस्तार है। वह कहा करते थे—मुझे टाई लगानी नहीं आती;

---

* हंस उदेशी बिग बाजार की शुरुआती टीम के एक सदस्य थे। उन्होंने बिग बाजार के श्रेणी प्रबंधन के प्रमुख के रूप में सेवा की। वर्ष 2006 में उन्होंने कंपनी छोड़ दी और अब लैंडमार्क ग्रुप के हाइपर मार्केट विभाग का नेतृत्व कर रहे हैं।

दुनिया हँसती है तो हँसती रहे, लेकिन मैं जो हूँ, वही बने रहने में विश्वास करता हूँ। उन्हें अपने काम पर पूरा विश्वास होता था। कई बार तो वह परंपरागत तर्क से भी ऊपर उठकर काम करते थे। मुझे लगता है कि कंपनी पर उनके व्यक्तित्व का स्पष्ट प्रभाव है। वह यही संदेश देने की कोशिश कर रहे थे कि ग्राहक राजा होता है और यदि स्टोर में साज-सज्जा पर ज्यादा तथा उत्पाद की गुणवत्ता पर कम ध्यान दिया जाए तो ग्राहक यही समझेगा कि यहाँ उसके अपने पैसे का पर्याप्त उपयोग नहीं होगा। यह अवधारणा सामान्य जरूर लगती है, लेकिन इसमें एक बड़ी शक्ति है। उदाहरण के लिए, जब हम स्टाफ के लिए वरदी की डिजाइन तैयार कर रहे थे तो कई लोगों ने कहा कि उनकी वरदी ऐसी हो, जिसमें वे स्मार्ट दिखें—सफेद कमीज और टाई आदि। किशोरजी इसके बिलकुल खिलाफ थे। उन्होंने कहा कि सेल्समैन को कभी भी अपने ग्राहक से ज्यादा स्मार्ट नहीं होना चाहिए। यदि ग्राहक का ग्रेड पाँच है तो सेल्समैन का ग्रेड चार होना चाहिए, ताकि ग्राहक खुलकर अपनी बात उसे बता सके, उसे किसी तरह का संकोच न हो। कितना सुंदर विचार था! मुझे नहीं लगता कि किशोरजी ने स्वयं कभी टाई बाँधी होगी।

लोग अकसर शिकायत करते हैं कि बिग बाजार के आउटलेटों पर बहुत भीड़ दिखाई देती है। लेकिन यह बात कम ही लोग समझ पाते हैं कि उसकी डिजाइन ही कुछ इस तरह तैयार की गई है कि वह भीड़ भरा दिखाई दे। जो दुकान साफ और खाली-खाली दिखाई देती है, उसमें कोई नहीं जाना चाहता। अतः दुकान या स्टोर में तेजी और भीड़ जैसा माहौल दिखाई देना चाहिए। भारतीय होने के नाते हम खरीदारी करते समय भी खाना-पीना, बातें करना आदि सबकुछ एक साथ करना पसंद करते हैं। हमारे लिए खरीदारी भी मनोरंजन का एक माध्यम है। बिग बाजार की सफलता उसकी कुल बिक्री या स्टोरों की संख्या से नहीं है। हमारे लिए तो इसकी सफलता की पहचान यही है कि यहाँ हर वर्ग-श्रेणी के लोग एक साथ आते हैं और खरीदारी करते हैं। इसकी प्रेरणा हमें किसी विदेशी रिटेल मॉडल से नहीं, बल्कि चेन्नई के थेयागरया नगर में स्थित एक स्टोर से मिली थी।

II

पैंटलून्स के पहले कुछ वर्षों में डिस्काउंट सेल के दौरान ग्राहकों की ओर से आनेवाली प्रतिक्रिया हमें अकसर चौंका देती थी। जब भी कीमतें कम की जाती थीं, ग्राहकों का ताँता लग जाता था। कुल बिक्री बढ़ जाने से हमारा लाभ भी बढ़ जाता था।

हम सोचने लगे थे कि यदि हम वर्ष के 365 दिन बिक्री प्रोत्साहन कार्यक्रम चलाते रहें तो क्या होगा? इसके साथ-ही-साथ हम इसपर भी विचार कर रहे थे कि किस प्रकार हम ग्राहकों को अधिक-से-अधिक खर्च करने के लिए प्रोत्साहित कर सकते हैं। आधुनिक रिटेल के क्षेत्र में हम स्वयं को केवल मार्केट-शेयर के तुलादंड पर नहीं तौल रहे थे और न ही प्रतियोगिता के खिलाफ स्वयं को कसौटी पर कस रहे थे। उपभोग तेजी से बढ़ रहा था और हम ग्राहकों के कुल खर्च का अधिक-से-अधिक हिस्सा अपने स्टोरों की ओर आकर्षित करने की ओर ध्यान दे रहे थे।

पैंटलून्स में हम अधिकतर कपड़े ही बेचते थे और एक औसत ग्राहक के कुल वार्षिक उपभोग के लगभग 8 प्रतिशत भाग को अपनी ओर खींचने में सफल थे। अब हम इस प्रतिशत को बढ़ाकर 50 प्रतिशत पर ले जाने की संभावना और उपाय पर काम करने लगे थे। जब भी मैं किसी शहर में जाता था, वहाँ बड़े-बड़े बाजारों एवं दुकानों पर जाकर बारीकी से अध्ययन करता था और सोचता था कि किस तरह हम आधुनिक रिटेल को और आगे ले जा सकते हैं। अंत में सितंबर 2000 में चेन्नई की रंगनाथन स्ट्रीट में एक दुकान के बाहर खड़े होकर मैंने इसका उत्तर पा लिया।

पच्चीस वर्ष पुराना सरवना स्टोर्स चेन्नई के हृदय-स्थल पर स्थित एक परिवार द्वारा संचालित स्टोर है, जिसका व्यावसायिक दर्शन है—कम लाभ, ज्यादा टर्नओवर। पाँच मंजिलों और एक भूमिगत तल (बेसमेंट) वाले इस स्टोर में आपको गृहोपयोगी उपकरणों, कपड़ों, आभूषणों, खिलौनों, चश्मों और किराने के सामानों सहित सबकुछ मिल जाएगा। इसके टेक्सटाइल और गारमेंट अनुभाग में भी आपको कांचीपुरम सिल्क से लेकर चादरों तक सबकुछ मिलेगा; और एक बरतन अनुभाग भी है, जिसमें आपको स्टील के बरतनों का भंडार देखने को मिलेगा। फास्ट फूड अनुभाग में आप आइसक्रीम, शीतल पेय, इडली, पूड़ी, पराँठा आदि का आनंद ले सकते हैं। ये उतने ही लोकप्रिय हैं जितने स्पेशल लड्डू और मैसूर पाक। रेलवे स्टेशन के निकट स्थित होने से यहाँ वर्ष के किसी भी दिन और किसी भी समय लोगों को अपने-अपने शॉपिंग बैग के साथ अंदर या बाहर आते-जाते देखा जा सकता है। ग्राहकों की भीड़ को नियंत्रित करने के लिए यहाँ लगभग 120 लोगों का स्टाफ है; लेकिन स्टोर में आपको सर्वोत्तम ग्राहक अनुभव नहीं मिलेगा। कुछ लोगों के लिए सरवना स्टोर्स एक दुःस्वप्न की तरह है तो कुछ अन्य लोगों को यहाँ शॉपिंग करने में खूब मजा आता है और वे यहाँ बार-बार आना चाहते हैं। मेरा अनुमान था कि यह स्टोर प्रतिवर्ष 200 करोड़ से भी ज्यादा का व्यवसाय करता होगा।

सरवना स्टोर्स का दो दिन तक अध्ययन-अवलोकन करके मैं मुंबई वापस आ

गया। मैं खुश था और संतुष्ट भी, हमें अपनी योजना का एक आधार जो मिल गया था। मुझे लगा कि इसी तरह का मॉडल सफल हो सकता है। इससे बिग बाजार का एक आधारभूत ढाँचा हमें मिल गया था। अब मैंने एक छोटा सा कार्यदल बनाना शुरू कर दिया और हैदराबाद में एक निर्माणाधीन भवन भी बुक करवा लिया, जहाँ मैं पहला बिग बाजार स्थापित करना चाहता था।

अगले कुछ महीनों तक पहले मैंने अकेले और बाद में अपने कार्यदल के साथ सरवना स्टोर्स के एक-एक पहलू का विश्लेषण किया, ताकि उसके आधार पर हम अपना हाइपर मार्केट विकसित कर सकें। सरवना आधुनिक रिटेल के कई मानदंडों को झूठा सिद्ध कर रहा था। उसने यह सिद्ध कर दिया था कि रिटेल स्टोर बहुमंजिले भवन में भी चल सकता है, जो विदेशी रिटेल मानदंडों के विपरीत था। इसके अतिरिक्त सरवना स्टोर्स की सफलता से मेरे इस विश्वास को भी बल मिला था कि हाइपर मार्केट भारत में शहर के भीतर नहीं बल्कि उपनगरीय क्षेत्रों में बेहतर ढंग से चलाया जा सकता है, जहाँ यातायात की सुविधा हो; क्योंकि अधिकतर भारतीयों के पास अपनी कार नहीं है।

दूसरी बात, (ग्राहकों के) थैलों की जाँच करने के बाद उसे बंद कर दिया जाना चाहिए, ताकि लोग इच्छानुसार अंदर-बाहर आ-जा सकें। इतना ही नहीं, सरवना स्टोर्स ने यह बात भी सिद्ध कर दी थी कि बरतन, आभूषण और फैंसी कपड़े आदि सबकुछ एक ही छत के नीचे, एक साथ बेचे जा सकते हैं। सरवना स्टोर्स में मैंने देखा कि लोग अपने पूरे परिवार के लिए खरीदारी करना ज्यादा पसंद करते हैं। इसलिए स्टोर ऐसा होना चाहिए, जहाँ युवा लोगों के साथ-साथ बच्चों और वरिष्ठ नागरिकों के लिए भी जरूरत की वस्तुएँ उपलब्ध हों। वहाँ मैंने यह भी देखा कि भारतीय लोग खरीदारी करने के लिए भी शानदार पहनावे में आते हैं, जैसे किसी सामाजिक समारोह में जा रहे हों।

राजन मल्होत्रा*

पैंटलून रिटेल में मैंने निर्यात प्रबंधक के रूप में सेवा शुरू की थी, लेकिन जल्दी ही मुझे दूसरी परियोजना पर कार्य सौंप दिया गया। मुझे याद है, के.बी. (किशोर बियानी) ने कहा था, 'आज से तुम्हारा कोई पद नहीं होगा, तुम बस मेरे प्रति जवाबदेह हो। हम एक नए फॉर्मेट बिग बाजार पर काम करेंगे।' बिग बाजार के लिए तैयार किए आरंभिक कार्यदल में पाँच लोग थे—के.बी.,

* राजन मल्होत्रा बिग बाजार के प्रमुख हैं। वह वर्ष 2000 में कंपनी में आए थे।

हंस उदेशी, विष्णु प्रसाद (जो उस समय दक्षिण भारत में कार्यकारी प्रमुख थे), जैकब मैथ्यू (इडियम कंपनी के) और मैं स्वयं। हर सप्ताह पहले हम हैदराबाद जाते थे और वहाँ से चेन्नई होते हुए वापस हैदराबाद आ जाते थे। चेन्नई में मैं और के.बी. दोनों गेस्टहाउस के एक ही कमरे में रुकते थे। सुबह नाश्ते पर बैठक होती थी और फिर सब लोग सरवना स्टोर्स तथा निकट के अन्य स्टोरों की ओर चले जाते थे।

सरवना स्टोर्स में भारतीय रिटेल का वास्तविक स्वरूप और भाव झलकता था। वहाँ लोग खरीदारी करने के लिए बेताब दिखाई देते थे, ग्राहकों का ताँता लगा रहता था और खरीदारी करके जाते समय लोगों का चेहरा उत्साह से भरा दिखाई देता था। यह भारतीय जनता का वास्तविक स्वरूप था, जिसने भारतीय उपभोक्ता की शक्ति और सामर्थ्य को सिद्ध कर दिया था।

सरवना में हम एक-एक पहलू का अध्ययन करते थे। एक पेंसिल और नोटबुक लेकर हम स्टोर के भीतर घूमते रहते थे। हम वहाँ के उत्पाद, मूल्य और सीमांत लाभ आदि हर पहलू पर अध्ययन करते थे; क्योंकि बिग बाजार उसी की प्रतिकृति बनने जा रहा था। लेकिन कुछ बातें हम उससे भिन्न रखना चाहते थे। हम ऐसा मॉडल तैयार करना चाहते थे, जिसे तेजी से आगे बढ़ाया जा सके। सरवना स्टोर्स का सीमांत लाभ-स्तर और उसका संगठनात्मक ढाँचा राष्ट्रीय स्तर के नए स्टोर खोलने में सहायक नहीं था। यह मुख्य रूप से एक परिवार द्वारा संचालित व्यवसाय था, जिसे स्थानीय दुकान की तरह ज्यादा चलाया जा रहा था। हम चाहते थे कि हमारे ग्राहकों को बिग बाजार में खरीदारी का एक अलग अनुभव मिले।

लोगों को लगता होगा कि हमें बिग बाजार की प्रेरणा वॉल-माट्र्स से मिली है, लेकिन सच यह है कि बिग बाजार का प्रेरणा-स्रोत सरवना स्टोर्स ही है। उन दिनों जो कंपनी में नया-नया आता था, उसे चेन्नई जाकर पहले सरवना स्टोर्स को सिर झुकाना पड़ता था, उसके बाद ही वह काम शुरू करता था।

बिग बाजार के लिए आधारभूत विचार व अवधारणा मिल जाने के बाद हमने उसपर युद्ध स्तर पर काम शुरू कर दिया। इस बीच हमने कोलकाता के वी.आई.पी. रोड पर स्थित एक और बड़ा स्थान भी बुक करवा लिया था। हम बिग बाजार को सच्चे अर्थों में भारतीय हाइपर मार्केट बनाना चाहते थे, जहाँ एक ही स्थान पर ग्राहकों को हर तरह की खरीदारी की सुविधा मिल सके। हम कीमतों को ध्यान में रखकर खरीदारी

करनेवाले ग्राहकों के बड़े वर्ग को लक्ष्य बना रहे थे। इससे हमें पूर्णत: भारतीय खरीदारी केंद्र की डिजाइन तैयार करने में मदद मिली।

विदेशों में हाइपर मार्केट का प्रारूप प्राय: बड़े आकार का होता है—एक ही मंजिल या तल पर विस्तृत क्षेत्र में फैला हुआ, जहाँ सामान प्राय: ऊँची-ऊँची अलमारियों में सजाकर रखे जाते हैं। पश्चिमी देशों में खरीदारी कोई ज्यादा खास बात नहीं मानी जाती और लोग प्राय: अकेले ही खरीदारी करने जाते हैं। हाइपर मार्केटों में लंबे और सँकरे गलियारे होते हैं, जो अकेले खरीदारी करने के लिए ही उपयुक्त होते हैं। हमें लगा कि इनमें से कई बातें भारत के लिए उपयुक्त नहीं रहेंगी। भारतीयों के लिए खरीदारी एक प्रकार का मनोरंजन है। वे पूरे परिवार के साथ आते हैं और समूहों में खरीदारी करते हैं। ऐसे में लंबे और सँकरे गलियारे उपयुक्त नहीं हो सकते। बिग बाजार में हमने हर स्टोर के भीतर कई मिनी बाजार बनाए थे, जहाँ अलग-अलग प्रकार और श्रेणी के सामान बिकते थे। यू (U) आकार के अलग-अलग खंड और गलियारे भारतीय संदर्भ में ज्यादा उपयुक्त थे। अपने स्टोर की डिजाइन तैयार करते समय हमने इन कारकों को पहले ही शामिल कर लिया था।

बिग बाजार का हमारा पहला आउटलेट सितंबर 2001 में हैदराबाद के आबिद्स में शुरू होने वाला था, लेकिन समय ने साथ नहीं दिया; कुछ सप्ताह पहले ही ठेकेदार ने हमें बताया कि मॉल का निर्माण-कार्य पूरा होने में अभी कुछ और समय लग जाएगा। इस कारण योजना टालनी पड़ी। तब हमने अपना सारा ध्यान कोलकाता की ओर लगाया, जहाँ दूसरा स्टोर खोलने की योजना चल रही थी।

दिनेश शर्मा*

जब हमें पता चला कि स्टोर दुर्गा पूजा महोत्सव से पहले खोला जाना है तो हम सभी चौंक उठे थे। मैंने थोड़े ही दिन पहले प्रशिक्षु (Trainee) के रूप में सेवा शुरू की थी, जबकि पैंटलून्स के अन्य सभी लोग इस परियोजना में पहले से लगे हुए थे। स्टोर का सबकुछ बिलकुल अस्त-व्यस्त स्थिति में था। कुछ दिन पहले तक फिटिंग और फर्नीचर आदि का काम भी पूरा नहीं हो सका था। सारा सामान फर्श पर बिखरा पड़ा था। स्टोर एक निर्माणाधीन आवासीय परिसर के भूतल पर था और भवन के सामने सीवेज का चौड़ा पाइप था, जो अभी तक खुला पड़ा था। स्टोर खुलने के अड़तालीस घंटे पहले

* दिनेश शर्मा कोलकाता के वी.आई.पी. रोड स्थित बिग बाजार के स्टोर प्रबंधक हैं।

ही उसके ऊपर पुल तैयार हो सका।

किशोरजी, हंस उदेशी, राजन मल्होत्रा और कंपनी के अन्य लोग वहीं जमे थे। तीन दिनों तक हमें स्टोर के भीतर ही खा-पीकर सोना पड़ा था। बाहर से देखकर कोई भी यह नहीं कह सकता था कि स्टोर इतनी जल्दी खुल जाएगा; लेकिन दुर्गा पूजा शुरू होने से दस दिन पहले हमने स्टोर को ग्राहकों के लिए खोल दिया। ग्राहकों की ओर से भी जोरदार प्रतिक्रिया देखने को मिली। पहले दिन कुछ कैश काउंटर जवाब दे गए तो अगले दिन प्रवेश द्वार की मरम्मत करानी पड़ी। अब मैं सोचता हूँ कि उस समय हम स्टोर खुलने को लेकर शर्त लगा सकते थे और खूब पैसा कमा सकते थे।

कोलकाता में हमारा स्टोर खुलने के कुछ ही दिनों बाद एक विदेशी संस्थागत निवेशक वहाँ आया और उसने वहाँ जो कुछ देखा, उससे बहुत प्रभावित हुआ। बिग बाजार हमारी कड़ी मेहनत का परिणाम था, जो सबके आकर्षण का केंद्र बन गया था। बाईस दिनों के भीतर ही पहले तीन बिग बाजार स्टोर खुल गए थे। यह हमारी कल्पनाशीलता और कार्य की गति की एक बानगी थी।

III

बिग बाजार के पहले तीन स्टोर क्रमश: कोलकाता के वी.आई.पी. रोड पर, हैदराबाद के आबिद्स में तथा बंगलौर के कोरामंगला में खोले गए थे। तीनों की स्थिति एक-दूसरे से बिलकुल अलग थी। वी.आई.पी. रोड शहर को हवाई अड्डे से जोड़ता है और यहाँ शहर से कुछ दूरी पर क्लासिकल हाइपर मार्केट भी है। आबिद्स हैदराबाद में रेलवे स्टेशन के निकट शहर के पुराने हिस्से में स्थित है। कोरामंगला उस समय बंगलौर का एक मुहल्ला हुआ करता था, पर अब इसका स्वरूप बिलकुल बदल गया है। यहाँ बड़े-बड़े शॉपिंग मॉल और कॉम्प्लेक्स बन गए हैं। इसे 'शॉपिंग का मक्का' कहा जाता है।

बिग बाजार के स्टोरों के लिए जिस तरह के स्थानों का चुनाव किया गया था, उससे हमारे काम के तरीके की झलक मिलती थी—यानी प्रयोग के माध्यम से सीखना। बिग बाजार में हम जो कुछ कर रहे थे, वह भारत में पहले कभी नहीं हुआ था। कोई नहीं जानता था कि क्या सफल होगा और क्या नहीं या क्या सही है, क्या गलत ? अपने कई प्रतिस्पर्धियों की तरह हम भी कुछ वर्ष तक और इंतजार कर सकते थे; लेकिन इंतजार करने की बजाय हम इसमें कूद पड़े—यह सोचकर कि काम करते हुए हम स्वयं सीखेंगे और आगे बढ़ेंगे। इसका हमें लाभ भी मिला, हालाँकि कुछ गलतियाँ भी हुईं।

एक गलती तो हमने सफेद कमीजों के सौदे में ही की। हमारा मानना था कि सफेद रंग की कमीज लगभग हर व्यक्ति के पास होती है। इसी विश्वास पर हमने यह निष्कर्ष निकाला कि सफेद रंग की कमीजें सबसे ज्यादा बिकनी चाहिए। हमने एक लाख कमीजों का ऑर्डर दे दिया और उनकी कीमत रखी 149 रुपए प्रति कमीज। हमारा विचार था—सस्ती दर पर ज्यादा मात्रा खरीदो और उसे सस्ता बेचो, यही हाइपर मार्केट का सिद्धांत भी है। लेकिन ग्राहकों ने हमारी आशा के अनुरूप दिलचस्पी नहीं दिखाई, इस कारण सफेद कमीजों का स्टॉक खत्म करने में हमें बहुत समय लग गया।

राजन मल्होत्रा

उन दिनों हमारा बिलकुल सीधा सा मंत्र था—यदि आप कुछ करना चाहते हैं तो आगे बढ़िए और उसे कर डालिए। जोखिम लेने की शक्ति हमें स्वयं के.बी. से ही मिली थी। जब उद्यमी (यानी कंपनी का मालिक) स्वयं ही आपको जोखिम लेने के लिए कहे तो आपका उत्साह दोगुना बढ़ जाएगा और आपको वह जोखिम लेना ही पड़ेगा।

उन्होंने हमें सचेत किया था कि कभी ऐसी स्थिति में मत फँसो, जिसमें माँग ज्यादा हो और आपूर्ति कम हो जाए।

सफेद कमीजें बेचने का विचार हमें बहुत सुंदर लगा और हमने बड़ी संख्या में उनका ऑर्डर दे दिया; लेकिन हमने देखा कि वे बिलकुल ही नहीं बिक रही थीं। इसका कारण भी धीरे-धीरे साफ हो गया। बिग बाजार आनेवाले अधिकतर ग्राहक प्रायः बसों या रेलगाड़ियों से आते-जाते हैं, इसलिए सस्ती होने के बावजूद उसका रख-रखाव महँगा पड़ता है। अतः ग्राहक इसमें दिलचस्पी नहीं लेता। सफेद कमीजें पहननेवाले लोग 499 रुपए तक में उन्हें खरीद लेते हैं, लेकिन वे हाइपर मार्केट से नहीं खरीदते। इस प्रकार हमने देखा कि बिग बाजार के ग्राहक और हमारे ऑफर (यानी सफेद कमीज) के बीच कोई मेल ही नहीं था।

जिस समय पहली समीक्षा रिपोर्ट आई, उस समय मैं समझ ही नहीं पा रहा था कि उसके बारे में कैसे बताऊँ? मैंने विज्ञापन, बिक्री प्रोत्साहन, छूट आदि सभी विकल्पों का सहारा लिया था; लेकिन फिर भी बिक्री नहीं हो रही थी। समीक्षा के दौरान के.बी. ने मुझसे पूछा कि तुमने कैसे काम किया? मैंने बताया कि मैंने 105 रुपए प्रति कमीज की दर से कमीजें खरीदीं और अब उन्हें 129 रुपए की दर से बेच रहे हैं। मैंने उन्हें अपने सभी प्रयासों के बारे

में बताया, जो हमने बिक्री बढ़ाने के लिए किए थे और यह भी बताया कि इन प्रयासों का कोई बहुत अच्छा नतीजा नहीं निकला। मेरी बातें सुनकर वह बोले, 'तुम पूरी मेहनत नहीं कर रहे हो।' उनकी इस टिप्पणी से मैं भौचक्का रह गया था। तभी उन्होंने आगे कहा, 'तुमने इसे 49 रुपए में बेचकर देखा? मुझे पता है कि इससे हमें आर्थिक हानि होगी; लेकिन हमने गलती की है, इसलिए अपनी गलती स्वीकार करो और आगे बढ़ो।'

इस घटना से मुझे बहुत कुछ सीखने को मिला—गलती करने से कभी मत डरो, लेकिन अगर गलती हो गई तो जल्दी से उससे बाहर निकलो और अच्छे धन के पीछे बुरा धन कभी मत लगाओ। सफेद कमीज हमारे लिए एक आदर्श और प्रेरणा बन गई, हमारे संगठन का प्रतीक बन गई। उस दिन हम सभी उद्यमी बन गए। एक प्रबंधक गलती करने से हमेशा डरता है और यही उद्यमी व प्रबंधक के बीच का अंतर है।

सफेद कमीजों से हमें जो अनुभव मिला, वह न तो कोई पुस्तक दे पाएगी और न ही कोई सलाहकार या स्कूल। यह एक ऐसा अनुभव है, जो गलती करने या जोखिम लेने से ही मिलता है। सच पूछा जाए तो गलतियाँ हमारी विकास प्रक्रिया का अभिन्न हिस्सा रही हैं। इनसे ही हमने सफलता प्राप्त करना सीखा और प्रतिस्पर्धा की शक्ति भी प्राप्त की। हमारे संगठन में हर कदम पर अनुमति लेने की बजाय गलती होने पर उसे स्वीकार कर लेना बेहतर माना जाता रहा है। चेतना व ज्ञानवर्धक गलतियों को हमेशा बढ़ावा दिया जाता रहा है, जिनसे ग्राहकों के बारे में कुछ नया सीखने को मिले।

कुश मेधोरा*

संगठन या इसके स्टोरों के विकास-विस्तार की इतनी तीव्र गति के पीछे रहस्य यही है कि यहाँ निर्णय-निर्धारण की प्रक्रिया तीव्र है। हर निर्णय पूरे आत्मविश्वास के साथ और तत्काल निर्धारित किया जाता है। किशोर ने सभी को स्वयं निर्णय लेने की छूट दे रखी है। यहाँ के कर्मचारियों में भी आपको उद्यम वृत्ति स्पष्ट देखने को मिलेगी। कंपनी में अपने कार्यकाल के दौरान का

* कुश मेधोरा कंपनी की प्रोजेक्ट टीम के प्रमुख हैं। वर्ष 2004 में कंपनी में आने से पहले वह ट्रेंट लिमिटेड में काम करते थे।

मेरा सबसे सशक्त अनुभव यह रहा है कि मुझे गलतियाँ करने और उनसे सीख लेते हुए आगे बढ़ते रहने की छूट मिली थी, इसलिए मैं दोगुने उत्साह और परिश्रम से काम करता था। किशोरजी स्वयं असफलता को सफलता की सीढ़ी के रूप में देखते थे। उनकी यही विशेषता कंपनी को उस स्थान पर पहुँचा सकी है, जहाँ वह आज है।

किशोरजी के पास किसी व्यक्ति को अपनी प्रेरणा व प्रभाव में लेकर और उसमें स्वामित्व की भावना भरकर काम कराने की एक विलक्षण शक्ति है। शुरू में वह व्यक्तिगत रूप से एक-एक कार्यकर्ता से मिलते थे और उसके साथ विचारों का आदान-प्रदान करते थे। बाद में उन्होंने सारी-की-सारी जिम्मेदारी मुझे दे दी। इसका व्यापक प्रभाव पड़ा और आज मैं अधिकतम संभव निर्णय के अधिकार अपने निचले स्तर के अधिकारियों को सौंपता हूँ।

भारत के विविधतापूर्ण बाजार क्षेत्र में रिटेलिंग के लिए अलग-अलग स्टोरों की अलग-अलग डिजाइन जरूरी है। एक ही डिजाइन या मॉडल सब जगह नहीं चल सकता। स्थानीय ग्राहक वर्ग अथवा समुदाय को ध्यान में रखकर ही किसी स्थान विशेष के लिए स्टोर और उत्पाद आदि का निर्धारण करना होता है। यह तभी संभव है, जब क्षेत्रीय प्रमुख या स्थानीय परियोजना प्रबंधक निर्णय लेने को अधिकृत हो।

जैसे-जैसे हमने नए-नए शहरों में अपने व्यवसाय का विस्तार करके नए-नए उपभोक्ता समुदायों को सेवाएँ प्रस्तुत कीं, वैसे-वैसे यह बात स्पष्ट होती गई कि हम हर स्टोर के लिए एक जैसे नियम नहीं लागू कर सकते। वस्तुतः खरीदारी स्थानीय अनुभव व स्वभाव है। गली की दुकान से आगे बढ़कर बड़ा स्टोर, स्वयं सेवा स्टोर या आधुनिक रिटेल आउटलेट चलाने के लिए उन आदतों को बदलना पड़ता है, जिनके बीच लोग बड़े हुए हैं। अत: यह आवश्यक हो गया था कि पहले स्थानीय लोगों को समझा जाए और फिर अपने अनुभव के आधार पर एवं स्टोर स्तर पर निर्णय लिया जाए।

उदाहरण के लिए, गुजरात में अपनी दुकान खोलने से पहले भी हमें रिटेलर समुदाय में एक आम मजाक सुनने को मिला था। रिटेलरों ने कहा कि गुजरात का आम ग्राहक अकसर पूछता है, 'एक रुपए का पाँचवाँ आना कहाँ है?' यह कोई आश्चर्य की बात नहीं कि कई रिटेलर गुजरात को भारतीय रिटेल का वाटरलू कहते हैं। कहते हैं कि जो रिटेलर गुजरात में कामयाब हो गया, वह हर जगह कामयाब हो सकता है।

गुजरात में अपना स्टोर शुरू करने पर हमें यही पता चला कि गुजराती ग्राहक न केवल मूल्य के प्रति जागरूक है, बल्कि उसमें कुछ ऐसी विशेषताएँ भी हैं, जो अन्यत्र कहीं नहीं देखी जातीं। आवश्यक खाद्य सामग्री की बात करें तो गुजराती ग्राहक पूरे साल के लिए आवश्यक रसद एक ही बार में खरीदकर रखना पसंद करता है। गुजरात में प्राय: हर घर में रसद का भंडार रखा जाता है। चूँकि ग्राहक सामग्री की बड़ी मात्रा एक ही बार में खरीदता है, इसलिए वह उसपर छूट भी ज्यादा चाहता है। इतना ही नहीं, वह चाहता है कि सारा सामान उसके घर तक पहुँचा दिया जाए और फिर भुगतान क्रेडिट (साख) पर हो। बाद में अगले वर्ष जब वह पुन: रसद खरीदने के लिए आता है तो उसकी अपेक्षा होती है कि उसे सबकुछ वैसा ही मिले जैसा पिछले वर्ष मिला था। आधुनिक रिटेल के लिए यह सबकुछ बड़ी चुनौती था। इन माँगों को पूरा करने के लिए सदैव रचनात्मक समाधान खोजने पड़ते हैं और जब हम ये सब संतोषप्रद रूप से कर सके तो हमारे सामने एक बिलकुल नया और विशाल उपभोक्ता वर्ग तैयार था।

ऐसा नहीं है कि गुजरात में ही ये अलग तरह की विशेषताएँ मौजूद हैं। सच यह है कि हर राज्य में आपको अलग-अलग तरह की उपभोक्ता आदतें अथवा अन्य विशेषताएँ देखने को मिलेंगी। बंगाल के ग्राहक अपने ब्रांड के साथ भावनात्मक संबंध जोड़कर चलते हैं और वे अपने ब्रांड के प्रति वफादार भी होते हैं। ऐसे में नया ब्रांड विकसित और स्थापित करना बहुत मुश्किल काम हो जाता है। उधर, पंजाब के ग्राहकों का आय-स्तर ऊँचा है। यह देश के उन गिने-चुने राज्यों में है, जहाँ ज्यादा उपभोग को किसी प्रकार से गलत नहीं माना जाता; लेकिन यहाँ के ग्राहक किसी ब्रांड, स्टोर या उत्पाद विशेष से कोई भावनात्मक लगाव नहीं रखते, बल्कि अपनी पसंद के अनुसार उसे बार-बार बदलते रहते हैं। इस प्रकार दोनों ही उपभोक्ता समुदाय चुनौतियों के साथ-साथ व्यापक अवसर भी उपलब्ध कराते हैं। भारतीय उपभोक्ताओं की विभिन्नताओं को समझने और उनसे लाभ उठाने के लिए एक 'विशेषता पहचानो प्रकोष्ठ' (Diversity Tracking Cell) का गठन किया, जो स्थानीय रीति-रिवाज, त्योहारों, आदतों एवं उपभोग-वृत्तियों को ढूँढ़ते हैं। क्षेत्र विशेष के ग्राहकों की प्रवृत्ति और पसंद व रुचि को ध्यान में रखकर विभिन्न निर्णय लेने का काम मैंने संबंधित स्टोर प्रबंधक को सौंप दिया था।

हमारे हाइपर मार्केट की भारी सफलता का राज यही है कि हमने स्टोर संचालन की अपेक्षा वस्तु या उत्पाद पर हमेशा ज्यादा ध्यान व महत्त्व दिया। इसकी प्रेरणा हमें सैम वाल्टन की पुस्तक 'मेड इन अमेरिका' से मिली थी। पुस्तक में लिखा है—'रिटेल में आप या तो संचालन-केंद्रित हो सकते हैं—जिसमें खर्च को कम करके कार्य-

मेरे जीवन का एक ही
सिद्धांत रहा है—
'नियमों को बदलो,
मूल्यों को बनाए रखो,'
अपने सपनों के पीछे
भागो, किंतु
अपने आप पर
विश्वास कायम रखो.

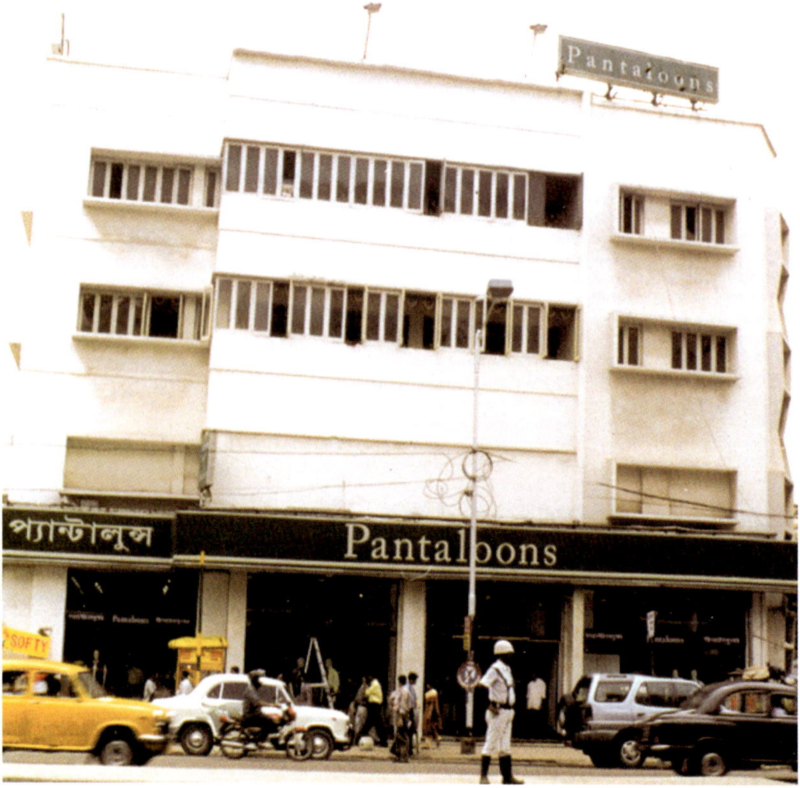

अगस्त 1997 में प्रथम पेंटलून्स स्टोर कोलकाता के गरियाहाट में स्थापित हुआ

मुंबई में पहले बिग बाजार की स्थापना वर्ष 2002 में हाई स्ट्रीट फीनिक्स में हुई। पहले यहाँ पर एक कपड़ा मिल हुआ करती थी

पेंटलून्स का लाइफ स्टाइल फॉर्मेट 'हैदराबाद सेंट्रल'

बिग बाजार के शुरुआती विज्ञापनों में से एक

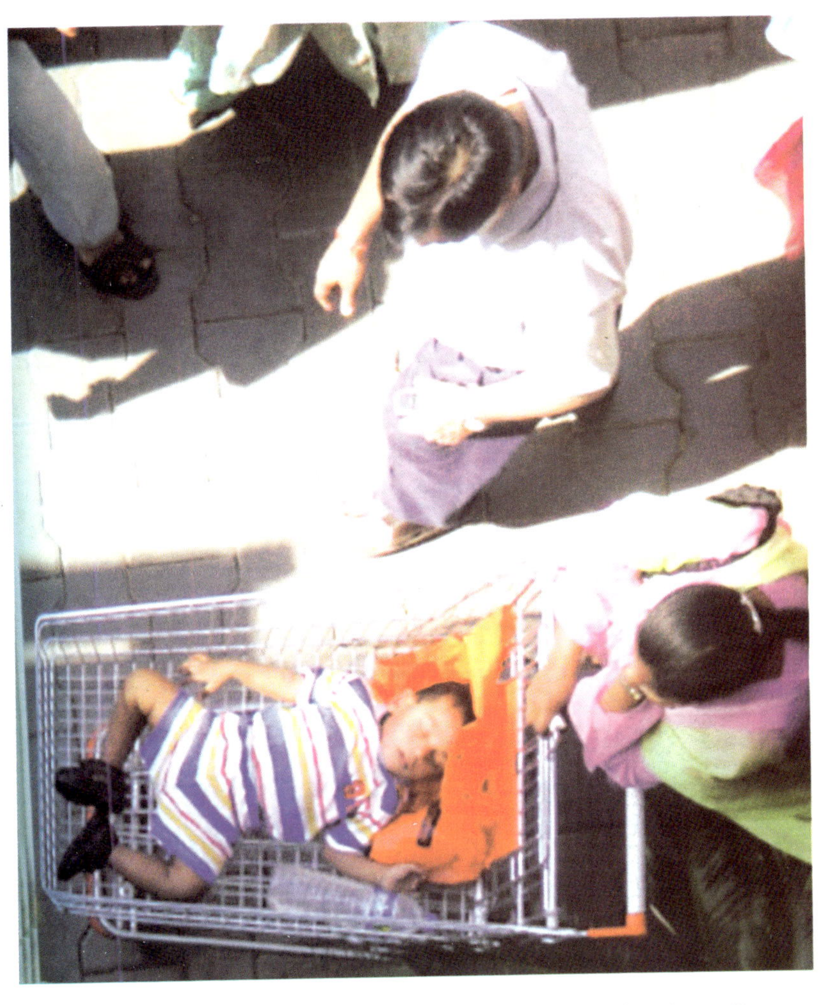

ग्राहक शॉपिंग सेंटर में जीवन के सब अनुभव चाहता है और हमेशा हमें आश्चर्यचकित करता है

वर्ष 2007 में पैंटालून रिटेल को 'अंतरराष्ट्रीय रिटेलर ऑफ द ईयर' के सम्मान से विभूषित किया गया. पुरस्कार ग्रहण करते हुए किशोर बियानी ने कहा कि ये उनकी कंपनी ही नहीं बल्कि पूरे देश के लिए गौरव का क्षण है.

कुशलता में सुधार किया जाता है—या फिर आप बिक्री की वस्तु अथवा उत्पाद-केंद्रित हो सकते हैं। जो वास्तव में वस्तु अथवा उत्पाद-प्रेरित होते हैं, वे अपने संचालन में सुधार का काम कर सकते हैं; लेकिन जो लोग संचालन-केंद्रित हैं, वे धीरे-धीरे नीचे की ओर जाते हैं।' मेरे लिए यह सैम वाल्टन द्वारा पुस्तक में लिखा गया सबसे महत्त्वपूर्ण गुरु मंत्र था।

IV

'इससे सस्ता और अच्छा कहीं नहीं'—बिग बाजार की इससे ज्यादा उपयुक्त परिभाषा और कोई नहीं हो सकती। सचमुच, बिग बाजार की इसी परिभाषा ने उसे भारतीय ग्राहकों के दिलों में स्थापित कर दिया। इससे प्रकट होता है कि बिग बाजार की स्थापना उद्यमिता और सरलता अथवा सादगी की नींव पर की गई थी।

बिग बाजार का शुरुआती मॉडल पूरी तरह से समर्पित व्यापारियों पर आश्रित था। इन व्यापारियों के पास कोई औपचारिक शिक्षा नहीं थी और न ही किसी ब्लू-चिप कंपनी में काम करने का अनुभव था; लेकिन इनके पास बाजार की तथाकथित पेशेवरों से ज्यादा अच्छी समझ थी। कपड़ों के अलावा हमें शायद ही अन्य किसी क्षेत्र के बारे में कोई ठोस ज्ञान रहा होगा। इसलिए हमने प्लास्टिक, बरतन, फर्नीचर, जनरल स्टोर के सामान आदि के लिए अलग-अलग आठ व्यापारियों को नियुक्त किया था। हमने उन्हें अपनी जरूरत के उत्पादों की विस्तृत सूची और उनकी अपेक्षित कीमत आदि का पूरा विवरण दे दिया था। वे हमारे लिए माल खरीदकर लाते थे और बदले में उन्हें इसपर कमीशन मिलता था।

इन व्यापारियों को अपने-अपने कार्यक्षेत्र की बारीकियों की अच्छी जानकारी थी और उनकी पारिवारिक पृष्ठभूमि भी व्यावसायिक-औद्योगिक थी। उदाहरण के लिए, कपड़ों के लिए हमने एक सज्जन संदीप पोद्दार को नियुक्त किया था, जो स्वयं मुंबई के मिल मालिक रहे थे और बाद में व्यापारी बन गए थे। उनकी कंपनी आधुनिक सिंथेटिक्स आधुनिक ब्रांड के कपड़े तैयार करती थी और उसका विपणन करती थी। इसी तरह प्लास्टिक, बरतन और अन्य वस्तुओं के लिए नियुक्त किए गए व्यापारियों के पास भी अपने-अपने काम की अच्छी जानकारी थी और उनकी पृष्ठभूमि भी वैसी ही रही थी। उस समय चूँकि हमें कंपनी स्तर का ज्ञान व अनुभव नहीं था, इसलिए यह सब सीखने के लिए हमें कीमत तो देनी ही थी। ऐसे में हमें अलग-अलग कार्यक्षेत्र में निपुण लोगों की ही जरूरत थी, जो इन व्यापारियों ने पूरी कर दी।

ये व्यापारी न केवल हमारे लिए माल जुटाते थे, बल्कि उसे इकट्ठा करके बिग बाजार के स्टोरों तक भी पहुँचाते थे। वे पूरे समर्पण भाव से इस काम में लग गए थे।

ग्राहकों की माँग समय पर पूरी हो, इसके लिए वे कई बार आधी-आधी रात तक काम करते थे और अपने स्वयं के वाहन से माल स्टोर तक पहुँचाते थे। आवश्यकता पड़ने पर वे रविवार को भी काम करते थे। इससे हमें अपने ग्राहकों पर ज्यादा-से-ज्यादा ध्यान देने और उन्हें संतुष्टि प्रदान करने के लिए अच्छा अवसर मिल रहा था।

बड़ी-बड़ी वस्तुओं का काम इन व्यापारियों को सौंप दिया गया था; लेकिन कुछ अन्य श्रेणी की छोटी-छोटी वस्तुएँ थीं, जिनके बारे में हमें ज्यादा जानकारी नहीं थी। उस समय हमें चश्मों (या लेंसों), पुस्तकों, फार्मेसी, पटाखों और सिलाई आदि के व्यवसाय के बारे में जानकारी नहीं थी। लेकिन अन्य वस्तुओं/उत्पादों के साथ मेल लगाने के लिए हाइपर मार्केट में इन्हें भी रखना पड़ता है। इसके लिए हमने कुछ प्रभावशाली स्थानीय रिटेलरों से अनुबंध किया और उन्हें अपने स्टोरों में काम करने के लिए स्थान उपलब्ध कराया। वे कमीशन पर काम करते थे।

कुछ महीनों के बाद जब हमने लोअर परेल स्थित अपने बिग बाजार में एक फूड बाजार शुरू किया तो हमने इसी रणनीति को और आगे बढ़ाया। रसद, सब्जियाँ और फल किसी भी रिटेल के लिए महत्त्वपूर्ण श्रेणी में आते हैं; लेकिन इनका प्रबंधन व रख-रखाव भी उतना ही मुश्किल होता है। रिटेलरों को ये वस्तुएँ मंडी से और कृषि उत्पाद विपणन समिति से मँगवानी पड़ती हैं, जहाँ केवल बड़े-बड़े स्थापित व्यापारी ही व्यापार कर पाते हैं। इससे भी बड़ी बात यह है कि खाद्य वस्तुएँ पूरी तरह से स्थानीय प्रवृत्तियों-रुचियों पर निर्भर होती हैं, इसलिए इनका विपणन एक मुश्किल काम है।

अतः मुंबई में हमने सब्जियों के लिए वाशी कृषि उत्पाद विपणन समिति के सबसे बड़े थोक व्यापारी से तथा फलों के लिए क्राफोर्ड मार्केट के सबसे बड़े थोक व्यापारी के साथ एक व्यावसायिक समझौता कर लिया। वे हमारे स्टोरों के भीतर अपने-अपने माल का सारा प्रबंधन सँभालते थे। इससे हमारा काम बहुत आसान हो गया था। इस प्रकार, फूड बाजार और बिग बाजार दोनों का विकास-विस्तार बिना हमारे इसकी बारीकियों में उलझे होता रहा और कंपनी का पूरा ध्यान ग्राहकों को रिझाने में लगा रहा।

दामोदर मल*

यह बात महत्त्वपूर्ण है कि खाद्य वस्तुओं के व्यवसाय में लाभ भले ही कम

---

* दामोदर मल फूड बिजनेस डिवीजन के अध्यक्ष एवं मुख्य कार्यकारी अधिकारी हैं। उन्होंने फरवरी 2005 में कंपनी में सेवा शुरू की थी।

होता है, लेकिन कुल बिक्री का स्तर ऊँचा होता है। फूड बाजार बस ग्राहकों का ध्यान अपनी ओर आकर्षित करने का काम करता था। इससे बिक्री का स्तर ऊँचा होता गया। विकास-विस्तार के इस चरण के दौरान अधिकतर फूड रिटेलिंग स्टोर शृंखलाओं ने एक नई अवधारणा के साथ काम शुरू किया कि खाद्य वस्तुओं का व्यवसाय एक आपूर्ति शृंखला का खेल है। इन रिटेलरों ने बड़े-बड़े गोदाम एवं वितरण केंद्र स्थापित किए और अन्य अनेक व्यवस्थाएँ कीं।

दूसरी ओर, फूड बाजार ने ग्राहकों को लुभाने के लिए अलग ही तरीका अपनाया। उसने स्वयं को गृहिणियों से जोड़ने की ओर अपना ध्यान केंद्रित किया और इसके लिए उसने नई-नई अवधारणाएँ विकसित कीं। इससे ग्राहक और फूड बाजार के बीच अच्छा संबंध स्थापित हुआ। सच पूछा जाए तो खाद्य वस्तुओं के व्यवसाय में ग्राहकों को भावनात्मक सूत्र में बाँधना बहुत ही महत्त्वपूर्ण होता है, क्योंकि जो वस्तु कोई ग्राहक किसी स्टोर विशेष से खरीदता है, वह उसे कहीं भी मिल सकती है। ग्राहक से यह कहना कि हमने आपके लिए कम समय में शैंपू ला दिया या हम जानते हैं कि स्टॉक में क्या और कितना होना चाहिए—इन सबसे ग्राहक पर कोई प्रभाव नहीं पड़ता। जरूरत होती है ग्राहक को भावनात्मक रूप से अपनी ओर आकर्षित करने की। और मैं समझता हूँ, फूड बाजार ने यह काम सफलतापूर्वक किया।

फूड बाजार में वस्तुओं की आपूर्ति की व्यवस्था बहुत ही आसान थी। इससे प्रबंधन को अपने व्यवसाय पर ध्यान देने का पूरा समय मिलता था; क्योंकि वस्तुओं का प्रबंध करने, उनका भंडारण करने और स्टोरों तक पहुँचाने का काम बाहरी व्यापारी करते थे। इससे फूड बाजार के विस्तार के लिए एक आधार मिला और के.बी. (किशोर बियानी) इन व्यापारियों को अच्छा मूल्य भी देते थे। वस्तुत: के.बी. तात्कालिक अवसर का लाभ उठाने के साथ-साथ भविष्य को भी ध्यान में रखते थे। वह व्यापारियों को विश्वास दिलाते थे कि यदि वे सभी मिलकर रिटेल में उपलब्ध अवसर का लाभ उठाते हैं तो इसमें ग्राहक, विक्रेता और कंपनी—तीनों का अच्छा लाभ होगा।

इस बीच विशेष टीमें (Category Teams) तैयार की जाने लगी थीं और उन्होंने विभिन्न प्रकार की जानकारियाँ एकत्रित करनी शुरू कर दी थीं। अंत में बिग बाजार और फूड बाजार ब्रांड के कारण ग्राहक भी आने लगा था। ग्राहक की पसंद के अनुसार बिक्री के लिए वस्तुएँ रखने से परिणाम अच्छा ही आना था। कंपनी में मेरे आने के बाद फूड बाजार में कुछ नई विशेषताएँ

जोड़ी गईं, जैसे—लाइव किचन, एक अचार बार आदि।

अगर के.बी. की चलती तो वह तो स्टोर में एक गाय भी रख लेते; लेकिन हमने उन्हें इस हद तक जाने ही नहीं दिया। वैसे, कुछ स्थानों पर हम दूध को पाश्च्युरीकृत करते थे। फूड बाजार आज बिग बाजार से अलग स्वतंत्र रूप से चल रहा है। इस मॉडल को अब और आगे बढ़ाया जा सकता है।

हमारे साथ काम करने का निर्णय लेने के लिए दामोदर ने करीब एक वर्ष का समय लिया था। वह हिंदुस्तान लीवर की रिटेल योजना 'संगम' का नेतृत्व कर रहे थे। लेकिन उससे पहले उन्होंने अपना स्वयं का उद्यम आरंभ किया था। मुंबई में 'अपना घर' नाम से उन्होंने अपनी एक रिटेल श्रृंखला शुरू की थी, जिसे बाद में एक अन्य रिटेल श्रृंखला को बेच दिया। उनके पास भारतीय गृहिणियों की प्रवृत्ति की अच्छी समझ थी। कुछेक अवसरों को छोड़कर अकसर हमारे विचार एक-दूसरे से मिलते थे।

रिटेलर का काम है माँग उत्पन्न करना। एक बड़ी और व्यापक आपूर्ति श्रृंखला तैयार करना महत्त्वपूर्ण तो है, लेकिन यह रिटेलर यानी खुदरा विक्रेता का प्राथमिक कार्य नहीं है। आलू या किसी अन्य वस्तु का पर्याप्त स्टॉक रख लेना ही काफी नहीं है। इसके साथ जरूरी यह है कि ग्राहक उसे खरीदे। पूरी तरह से ग्राहक पर ध्यान केंद्रित करके हमने अपने व्यवसाय को सरल और लोचपूर्ण स्वरूप दिया। भले ही लोग हमारी व्यवस्था की आलोचना कर रहे थे, लेकिन स्थानीय स्तर पर वस्तुओं की आपूर्ति सुनिश्चित करने से हमें अपने ग्राहकों की माँग और पसंद के अनुरूप कार्य करने में बहुत मदद मिली। भारत जैसे विशाल और विविधतापूर्ण देश में कोई एक पूर्व निश्चित प्रक्रिया या व्यवस्था सफल नहीं हो सकती। एक ही मुख्य कार्यालय या क्षेत्रीय कार्यालय में बैठकर प्रत्येक स्टोर पर किसी उत्पाद की माँग का अनुमान नहीं लगाया जा सकता। विभिन्न स्टोरों पर उत्पाद का चुनाव करने की पूरी स्वतंत्रता संबंधित स्टोर प्रबंधक के पास होती है। हमारा हाइपर मार्केट मॉडल इसी सिद्धांत पर कार्य करता है—उपभोक्ता और स्टोर के बीच सीधे संबंध की व्यवस्था को मजबूत बनाते हुए माँग का वातावरण तैयार करना और उसके अनुरूप आपूर्ति का प्रबंध करना।

अनंत रामन

रिटेल के व्यवसाय में उपभोक्ता की आवश्यकता व मनोवृत्ति को समझना सबसे ज्यादा जरूरी है। इसमें कोई संदेह नहीं कि इसमें एक अच्छी आपूर्ति श्रृंखला भी जरूरी है; लेकिन इसके लिए उपभोक्ता को समझने की प्राथमिक

आवश्यकता को पीछे नहीं छोड़ा जा सकता। यदि मैं बिग बाजार जैसी रिटेल शृंखला का मुख्य कार्यकारी अधिकारी होता तो सबसे ज्यादा ध्यान मौजूदा और संभावित उपभोक्ता प्रवृत्ति पर केंद्रित करता। उसके बाद आपूर्ति शृंखला पर ध्यान केंद्रित किया जा सकता है; लेकिन उस समय भी उपभोक्ता आवश्यकता व प्रवृत्ति को समझने की प्रक्रिया जारी रहनी चाहिए।

रिटेल में मस्तिष्क के दाएँ व बाएँ दोनों पहलुओं का इस्तेमाल करना पड़ता है। एक बार मैंने जापान के एक अग्रणी रिटेल स्टोर के वरिष्ठ कार्यकारी से पूछा था कि स्टोर में आपकी चिंता क्या है? उनका उत्तर था—हमारा संगठन अति-अनुशासित है। वह बिक्री-केंद्रित संगठन है, लेकिन फिर भी बिक्री बढ़ नहीं पा रही है। आपूर्ति शृंखला को सबसे महत्त्वपूर्ण मानने का विचार सिर्फ भारतीय रिटेल में है। सच तो यह है कि मैं किसी ऐसे रिटेलर (खुदरा विक्रेता) की सफलता की बात ही नहीं सोच सकता, जिसके लिए आपूर्ति शृंखला ही सबसे ज्यादा महत्त्वपूर्ण रही हो। मैं इस संबंध में निश्चित रूप से नहीं कह सकता कि बिग बाजार की मौजूदा आपूर्ति शृंखला ही भविष्य में भी बनी रहेगी या नहीं। बिग बाजार ऐसे अधिकृत वितरकों को लेकर नहीं चल सकता, जो व्यक्तिगत स्तर पर स्टोरों पर आपूर्ति करते रहें। आपूर्ति शृंखला में यह सुनिश्चित किया जाना चाहिए कि वस्तुएँ पहले एक केंद्रीय गोदाम पर पहुँचाई जाएँ, उसके बाद उन्हें अलग-अलग वितरित किया जाए। परंतु इस संबंध में परंपरागत भारतीय आपूर्ति शृंखला में न उलझना अच्छा है। इससे बेहतर यह है कि पहले ग्राहक की आवश्यकताओं-प्रवृत्तियों को स्वयं समझा जाए, उसके बाद उसके अनुसार आपूर्ति शृंखला तैयार की जाए। आपूर्ति शृंखला प्रबंधन का प्राध्यापक होने के बावजूद मैं यही कहूँगा कि आपूर्ति शृंखला को पहली प्राथमिकता नहीं दी जानी चाहिए।

अब हम अपना पचासवाँ बिग बाजार खोलने वाले हैं। अभी तक हमारे सब स्टोर्स पुराने से नए पर विकास के साथ हैं। ग्राहकों के बारे में हमारी सोच में विकास के साथ ही ग्राहकों को क्या स्वीकार है और क्या नहीं—ये समझ भी विकसित हुई है। परंतु बिग बाजार और फूड बाजार का ग्राहकों से जुड़ा हिस्सा मुख-केंद्रित मॉडल (Front end) काफी परिपक्व हो गया है, इसलिए अब हमें आपूर्ति एवं अन्य परदे के पीछे की बातों (Back end) को भी मजबूत बनाना है। हमारी श्रेणी टीमें शुरू से ही बाजार रुझानों व दशाओं की जानकारी प्राप्त करने में लगी हैं। अब वे स्वतंत्र रूप से

कार्य कर सकती हैं। अब हम सशक्त लॉजिस्टिक क्षमताएँ विकसित कर रहे हैं, जिनसे हमारी अपनी आवश्यकताओं की पूर्ति तो होगी ही, साथ ही हमारे आपूर्ति सहयोगियों को भी लाभ होगा। हम विश्वस्तरीय विशेषज्ञता भी लाने की कोशिश कर रहे हैं। इससे हमें इस मॉडल को और उन्नत बनाने में मदद मिलेगी।

हमारे सामने एक चुनौती यह होती है कि जैसे-जैसे हम आकार और स्तर में आगे बढ़ते हैं वैसे-वैसे हमें अपने आपूर्ति सहयोगियों को भी तेजी से आगे बढ़ाना होता है, ताकि वे हमारी बढ़ी हुई माँगों की आपूर्ति सुनिश्चित कर सकें। इसके लिए हम उनके साथ मिलकर काम कर रहे हैं। उनको वित्त उपलब्ध करा रहे हैं और साथ ही, उन्हें आवश्यक जानकारियाँ व कुशलता उपलब्ध करा रहे हैं। उदाहरण के लिए, किराना के लिए हमने अपने सहयोगियों/साझीदारों को मिलाकर एक कंपनी बनाई है, जो हमारे स्टोरों को श्रेष्ठ उत्पाद की आपूर्ति करेगी। वरिष्ठ पेशेवर कार्यकर्ता नियुक्त करने में भी हम कंपनी की मदद कर रहे हैं, ताकि वह हमारी विकास गति के साथ-साथ ही आगे बढ़े और हमारी आवश्यकताओं की पूर्ति कर सके। ऑटोमेशन और प्रौद्योगिकी में भी हम कंपनी के लिए निवेश कर रहे हैं। इसके अतिरिक्त, हमने एक प्राइवेट इक्विटी फंड इंडीविजन भी बनाया है, जो छोटी और मध्यम स्तर की कंपनियों में निवेश कर सकता है। इन कंपनियों के पास आपूर्ति सहयोगी/साझेदार बनाने का विकल्प खुला है, साथ ही ये हमारे चैनल को काम में लेकर स्वयं के ब्रांड बना सकती हैं।

परंतु बिग बाजार की ज्यादा निर्भरता छोटे और मध्यम स्तर के आपूर्तिकर्ताओं पर ही बनी रहेगी। अपने स्टोरों पर हम जो वस्तु या उत्पाद बेचते हैं, उनका बड़ा हिस्सा प्राय: स्थानीय उपभोक्ता रुचि व प्रवृत्ति के अनुरूप ही होता है और उनकी आपूर्ति भी स्थानीय स्तर पर ही सुनिश्चित करानी पड़ती है। भारत का उद्यम ढाँचा विश्व के सर्वोत्तम उद्यम ढाँचों में से एक है और कुशलता प्राप्त करने तथा लागत मूल्य में कमी लाने की इसकी शक्ति भी बेजोड़ है।

मुंबई के धारावी में हमने देखा कि सिली-सिलाई कमीजें 99 रुपए प्रति कमीज की दर से रिटेलर के पास तक पहुँचाई जा रही थीं। दिलचस्प बात यह है कि ऐसे मामलों में पैमाने का लाभ नहीं मिल पा रहा था। यदि हम उसमें पैमाना जोड़ते और उसे धारावी से निकालकर एक बड़ा कारखाना खोलते तो लागत बढ़ती और फिर कीमतें अपने आप ही बढ़ जातीं। हमने देखा—5-5 रुपए में लाइटर बिक रहे थे और 10-10 रुपए में मिट्टी के तवे बिक रहे थे। अमेरिका के हाइपर मार्केटों में जींस के जोड़े का न्यूनतम मूल्य 9.99 डॉलर है। भारत में यह 199 रुपए या इससे भी कम में मिल सकता है। ऐसी लाखों जींस मुंबई के उल्हास नगर और दिल्ली के गांधी नगर

में प्रतिदिन बनती व बिकती देखी जा सकती हैं।

भारत में बच्चों के कपड़ों का 40 प्रतिशत कोलकाता के मेटियाब्रूज में तैयार होता है। कई परिवार पूरी तरह से इसी उद्योग में लगे हुए हैं। महिला और पुरुष कपड़ों की डिजाइन तैयार करते हैं और उसकी सिलाई करते हैं तथा बच्चे उसमें मोती या फूल आदि लगाते हैं। इस प्रकार पूरे परिवार की आजीविका इससे चलती है। मुझे लगता है कि हमारे सामने चुनौती यह होगी कि किस प्रकार इन छोटे उद्यमियों को जोड़ा जाए और ऐसा वातावरण तैयार किया जाए, जिससे हमारे ग्राहकों को भी लाभ हो, इन उद्यमियों को भी लाभ हो और एक कंपनी के रूप में हमें भी लाभ मिले।

आम धारणा के विपरीत, भारत के पास एक विश्वसनीय व लागत-कुशल आपूर्ति शृंखला मौजूद है। हमारी सार्वजनिक वितरण प्रणाली में 4,63,000 स्टोर हैं और देश में कुल 1,60,000 डाकखाने हैं, जो इन्हें विश्व का सबसे बड़ा वितरण नेटवर्क बनाते हैं। ये विकसित देशों के आपूर्ति नेटवर्क की तरह भले न हों, लेकिन इनका भी अपना एक खास लाभ है। सबसे बड़ा लाभ कम लागत ही है। अब हमें देखना यह है कि किस प्रकार हम भारतीय संदर्भ को ध्यान में रखकर इनमें सुधार ला सकते हैं। भारत में कोई भी आपूर्ति शृंखला वोल्वो ट्रकों पर निर्भर रहकर नहीं चल सकती। इसमें ठेलों, बैलगाड़ियों और टैंपों का प्रयोग भी किया जाता है, ताकि दुर्गम और भीड़-भाड़वाले इलाकों में भी वस्तुएँ पहुँचाई जा सकें। भारत में ज्यादातर वस्तुओं/माल का वितरण साइकिल, बैलगाड़ी और मोटर साइकिल द्वारा होता है। इस व्यापार में लगे लोगों को रोजगार की आवश्यकता होती है और वे रिटेलरों को समय पर वितरण सुनिश्चित कराने के लिए कड़ी मेहनत करने के लिए तैयार रहते हैं। आधुनिक रिटेलरों को इस सच्चाई को स्वीकार करके उपलब्ध अवसर का लाभ उठाने की आवश्यकता है।

अनेक आधुनिक रिटेलर यह मानकर चल रहे होंगे कि किराना और 'पड़ोस की दुकान' का जमाना अब खत्म हो रहा है। लेकिन यह धारणा सच्चाई से बहुत दूर है। हमारा देश दुकानदारों का देश है और मेरा मानना है कि किराने की दुकानें आधुनिक रिटेल के साथ इसी तरह चलती रहेंगी। परंपरागत दुकानों से ग्राहकों को बहुत लाभ होगा। यह लाभ हम व्यवस्थित रिटेल में उन्हें नहीं उपलब्ध करा सकेंगे। इन दुकानों का हर नियमित ग्राहक के साथ एक प्रकार का व्यक्तिगत संबंध बन जाता है। इसके अतिरिक्त ये ग्राहकों को उधार और होम डिलिवरी की सुविधा भी दे सकती हैं। दुकानदार ग्राहक के आते ही समझ जाता है कि उसे क्या चाहिए। हम स्वयं भी उनके साथ प्रतिस्पर्धा नहीं कर सकते, क्योंकि उनकी संचालन लागत हमारी

संचालन लागत की अपेक्षा बहुत कम होती है। अधिकांश को किराया, वेतन या इस तरह के अन्य खर्च भी नहीं करने पड़ते।

हमने देखा है कि कुछ ग्राहक पड़ोस में आधुनिक रिटेल स्टोर होते हुए भी किराना स्टोरों पर ही जाते हैं। मासिक खरीदारी के लिए ग्राहक प्राय: हाइपर मार्केट जाते हैं, लेकिन साप्ताहिक और दैनिक खरीदारी के लिए वे किराना स्टोरों पर ही जाना पसंद करते हैं। भारत के व्यापारी बहुत होशियार हैं। जहाँ-जहाँ हमने अपना स्टोर खोला है, वहाँ हम देख रहे हैं कि किराना व्यापारी अपने ग्राहकों को जोड़े रखने के लिए पहले से भी ज्यादा सुविधाएँ देने लगे हैं और अपने उत्पादों/वस्तुओं में भी सुधार ला रहे हैं। लेकिन बाजार का आकार इतना बड़ा है कि यहाँ हर कोई बना रह सकता है। जहाँ तक हमारी बात है, हम पूर्वांकित मूल्य में विश्वास नहीं करते। हमारे किसी भी स्टोर पर कोई भी वस्तु क्रय मूल्य से कम में नहीं बेची जाती। किसी भी स्थान पर हमने यह नहीं देखा कि हमारा स्टोर खुल जाने के बाद कोई दुकान बंद हो गई हो। सच तो यह है कि कई स्थानीय स्टोर मालिक स्वयं हमारे यहाँ से कम मूल्य पर वस्तुएँ खरीदकर ले जाते हैं और उन्हें अपने स्टोर पर बेचते हैं।

मेरा विश्वास है कि किराना स्टोरों के लिए खतरा किसी बाह्य कारक से नहीं, बल्कि आंतरिक कारकों से ही है। मैंने देखा है कि इस तरह के किराना स्टोर मालिकों की नई पीढ़ी प्राय: अपने खानदानी व्यवसाय में नहीं आती। वह इस प्रकार के काम में अपनी तौहीन समझती है। व्यापार सच्चे अर्थों में कोई पेशा नहीं है, जैसा हमारे देश में इसे माना जाता है।

हमारे देश में 70 लाख से भी ज्यादा दुकानदार हैं और लगभग इतने ही छोटे उद्यमी हैं, जो इन दुकानदारों को माल की आपूर्ति करते हैं। उपभोग में वृद्धि के साथ-साथ इस संख्या में भी वृद्धि ही होगी। एक सफल रिटेलिंग मॉडल तैयार करने के लिए आधुनिक रिटेलरों को देश में मौजूद लघु उद्यमों और स्वदेशी आपूर्ति श्रृंखला की बड़ी शक्ति को उपयोग में लाना होगा। परंतु आज बहुराष्ट्रीय रिटेलरों की ओर से खतरा उत्पन्न हो गया है। ये अपनी एकाधिकारी शक्ति का प्रयोग एवं आक्रामक क्रय नीति द्वारा छोटे व्यापारियों को समाप्त करने के लिए बदनाम हैं। विश्व स्तरीय सोर्सिंग (आपूर्ति-प्रबंध), गलत व्यापार और बाहुबली रणनीति—ये सब बहुराष्ट्रीय रिटेलरों की ऐसी शक्तियाँ हैं, जो हमारे देश के छोटे उद्यमियों के सामने एक बड़ा खतरा सिद्ध होंगी।

□

बॉलीवुड-बॉलीवुड

'मैं सर्वसम्मति से निर्णय लेने में विश्वास नहीं करता हूँ—मैं राय या वोट नहीं लेता, बस निर्णय लेता हूँ।

—राहुल बजाज

स्टीव वॉ और मार्क वॉ, अजय जडेजा, सनत जयसूर्या और हैंसी क्रोनिए के बीच क्या समानता है? इस तथ्य के अलावा कि ये सभी क्रिकेटर हैं और मार्क वॉ को छोड़कर शेष सभी अपनी-अपनी टीम के कप्तान रह चुके हैं। एक और समानता यह है कि इन सभी ने '90 के दशक में पैंटलून ब्रांड के लिए काम किया है। क्रिकेट लगभग हर भारतीय के दिल से जुड़ा हुआ है और अपने कपड़ों के ब्रांड निर्मित करने के लिए इसका सफलतापूर्वक लाभ उठाया। कुछ समय के लिए मैंने इन क्रिकेटरों के लिए मार्केटिंग एजेंट का काम किया और इनके लिए कुछ अन्य ब्रांड भी लेकर आया। उस समय क्रिकेट खिलाड़ी मॉडलिंग में इतने लोकप्रिय नहीं हुए थे और उन्हें इसमें कोई बड़ा सौदा भी नहीं मिलता था, इसीलिए वे हमारे छोटे से ब्रांड के लिए काम करने के लिए तैयार हो जाते थे। हमने अजय जडेजा के साथ एक सिग्नेचर स्पोर्ट्स वीयर ब्रांड भी शुरू करने की कोशिश की थी; लेकिन वह सफल नहीं हो सका। फिर भी इन स्टार खिलाड़ियों ने ग्राहकों में हमारी पहचान बनाने में महत्त्वपूर्ण भूमिका निभाई। सन् 2000 के आरंभ तक हमने बिग बाजार पर काम करना शुरू कर दिया था और साथ ही सशक्त मूल्य-धारणा पर आधारित एक आम रिटेलिंग ब्रांड तैयार करने की दिशा में काम करने लगे थे। यह बात स्पष्ट हो गई थी कि हाइपर मार्केट मॉडल में सफल होने के

लिए हमें तेजी से आगे बढ़ते हुए आम उपभोक्ता तक पहुँचना जरूरी था। किसी स्टार द्वारा प्रोत्साहन दिए जाने से भी ज्यादा जरूरी होता है ब्रांड को आम उपभोक्ता की भावना से जोड़ना। बिग बाजार का ध्येय कस्बे में ग्राहकों को कम-से-कम मूल्य पर अधिक-से-अधिक गुणवत्तापूर्ण उत्पाद उपलब्ध कराना था। लेकिन ग्राहकों तक यह बात पहुँचाने और उन्हें विश्वास दिलाने के लिए थोड़ा-बहुत प्रचार-प्रसार जरूरी था।

विज्ञापन एजेंसियों में कम ही पेशेवर ऐसे हैं, जो आम लोगों की भाषा में बोल और सोच सकते हों तथा उसे भली-भाँति समझ सकते हों। विज्ञापन एजेंसियों से जुड़े अधिकतर लोग कॉन्वेंट स्कूलों में पढ़कर आए हैं। वे पश्चिमी संगीत सुनते हैं और विदेशी फिल्में देखते हैं तथा बोलते और सोचते भी अंग्रेजी में हैं।

मैं बिग बाजार का पैगाम अलग-अलग स्थानीय भाषाओं में ग्राहकों तक पहुँचाना चाहता था। इसके लिए मैं गोपी कुकडे से मिला। गोपी कुकडे अपेक्षाकृत कम प्रसिद्ध विज्ञापन पेशेवर थे, जिनका जिक्र मुश्किल से किसी विज्ञापन पत्रिका ने कभी किया था; पर स्थानीय भाषाओं में किए गए बहुत सारे सफल विज्ञापन अभियान उनके खाते में दर्ज थे। उनमें से एक था 'पान पसंद' का—'शादी और तुमसे, कभी नहीं!' गोपी कुकडे के बारे में एक अच्छी बात यह है कि वह आज भी मराठी और हिंदी में सोचते हैं, अंग्रेजी में नहीं। हमारे लिए भी उन्होंने एक लोकप्रिय हिंदी पद चुना था—'चने के भाव काजू'। इसी को उन्होंने अलग-अलग स्थानीय भाषाओं में अलग-अलग अभिव्यक्ति दी थी—बंगाली में—'रुई के दामे इलिश' (रोहू मछली के दाम में हिल्सा मछली); 'स्टाल के भाव बालकॉनी' (सिनेमा के लिए स्टाल सीट के टिकट के भाव में बालकॉनी का टिकट)। इस तरह शहर के सभी समाचार-पत्रों में विज्ञापन दिया जा रहा था। जल्दी ही ये लोगों के बीच चर्चा का विषय बन गए, क्योंकि इन्हें हर कोई आसानी से समझ सकता था।

गोपी कुकडे*

किसी विचार या योजना को स्वीकार करने या उसे बिलकुल अस्वीकार कर देने के लिए किशोर बियानी को मात्र 10 सेकंड का समय चाहिए। बिग बाजार को वह आम लोगों के लिए एक ऐसा स्थान बनाना चाहते थे, जहाँ एक औसत भारतीय परिवार खरीदारी कर सके और पूर्ण संतुष्टि प्राप्त कर सके। हालाँकि बिग बाजार न्यूनतम कीमत की अवधारणा पर काम कर रहा

* गोपी कुकडे पिछले तीस वर्षों से विज्ञापन उद्योग से जुड़े हुए हैं।

था; लेकिन इसके साथ-ही-साथ किशोर अन्य गैर-परंपरागत प्रयोग करने के लिए भी तैयार रहते थे। जो विज्ञापन पद मैंने सुझाए थे, उनके भीतर छिपी संभाव्यता को वह तुरंत समझ गए थे। बाद में मैंने देखा, वह विवाद में आने से भी नहीं हिचकिचा रहे थे।

नियमित विज्ञापन के अलावा हमने बिक्री प्रोत्साहन अभियान भी शुरू किए। एक अभियान के अंतर्गत हमने सौ रुपए के असली नोट के आकार के नकली नोट छपवाए थे, जो हूबहू असली नोट की तरह ही दिखाई देता था—बस एक ही अंतर था, उसके पीछे मोटे अक्षरों में लिखा था—'अब असली पैसे बचाइए' और उसके साथ निकट के बिग बाजार का पता भी लिखा था। मुंबई के वी.टी. रेलवे स्टेशन पर जब हम ये नोट बँटवाने लगे तो लोग उन्हें इकट्ठा करने के लिए टूट पड़े। मैं समझता हूँ कि लोगों ने इस नएपन को पसंद किया; वैसे भी हाथ में पैसा होना किसे अच्छा नहीं लगता, चाहे वह नकली ही क्यों न हो! लेकिन इससे पुलिस का ध्यान भी हमारी ओर गया।

नोट बाँटनेवाले एक सेल्समैन को पुलिसवालों ने पकड़ लिया और उसे पुलिस थाने में ले गए। बाद में हमें पता चला कि कानून के अनुसार नकली नोट का आकार असली नोट के आकार से कम-से-कम दोगुना बड़ा होना चाहिए। मुझे लगा कि अब किशोर का गुस्सा मुझ पर फटेगा। लेकिन सबकुछ जानने के बाद उन्होंने मुझे बुलाकर कहा, 'गोपी, अच्छा रहा। सेल्समैन को पुलिस ने पकड़ा तो था, लेकिन छोड़ दिया। मैंने इंस्पेक्टर से बात करके उसे सारी बात विस्तार से बताई थी। हम ऐसा और करेंगे···चिंता मत करो।' बाद में दूसरे शहरों में भी हमने ऐसा किया।

किसी रचनात्मक व्यक्ति के लिए किशोर यदि अच्छे हो सकते हैं तो कभी-कभी एक बड़ी उलझन भी। वह कब, क्या करने वाले हैं, यह कोई नहीं समझ सकता। सामनेवाले की बात तो जैसे उसके बोलने से पहले ही समझ जाते हैं। कई बार हमें विज्ञापनों की एक पूरी शृंखला ही एक दिन में पूरी करनी पड़ जाती थी। वह कहा करते थे कि समाचार-पत्रों में विज्ञापन हर बार अलग-अलग स्थानों पर दिया जाना चाहिए। हर शहर के अखबारों में अलग-अलग तरह के विज्ञापन होते थे। लेकिन हाँ, बिग बाजार के साथ काम करने में बहुत मजा आया, क्योंकि किशोर के भीतर मौजूद रचनात्मकता को कोई भी आसानी से समझ सकता था। वे हमेशा आम उपभोक्ता के बारे में और उसकी कल्पना-शक्ति को झकझोर देने के बारे में सोचते हैं।

भारतीय ग्राहकों के संपर्क में रहना आसान काम नहीं है। अलग-अलग भाषाएँ, अलग-अलग जातियाँ, अलग-अलग धर्म, अलग-अलग समुदाय—ये सब मिलकर ही भारत का निर्माण करते हैं। अत: यहाँ संवाद रणनीति तैयार करने के लिए इन सभी कारकों को ध्यान में रखना जरूरी होता है। ऐसा कोई सर्वोपयोगी मीडिया माध्यम नहीं है, जिससे समाज के हर वर्ग के साथ संपर्क व अभिव्यक्ति की जा सके। ऐसे स्टार भी बहुत कम ही हैं, जो प्रत्येक भारतीय के लिए समान रूप से लोकप्रिय हों।

मेरा खयाल है कि प्रत्येक भारतीय तक पहुँचने का सबसे मजबूत माध्यम लोकप्रिय फिल्में हैं। फिल्में हमेशा मेरी पसंद रही हैं। फिल्म के पात्र, कहानी, गीत-संगीत, नृत्य आदि—ये सब मिलकर करोड़ों लोगों को कम-से-कम तीन घंटे तक के लिए तो अपने से बाँधकर ही रखते हैं। लोक-चेतना को उजागर करने का काम भी फिल्में करती हैं।

मध्यम वर्गीय भारतीय परिवारों के अन्य लोगों की तरह मैंने भी शुरू से ही फिल्मों और क्रिकेट को एक शौक के रूप में देखा है। मैं अपनी खुद की फिल्में बनाने के सपने भी देखा करता था, जिसके माध्यम से मैं अपने देश के लोगों के संपर्क में आ सकूँ। कपड़ों और फैशन उत्पादों के रिटेलर के रूप में हमने विज्ञापन खर्च को अपने सामने एक सीमा के रूप में देखा है। सन् 2000 के आरंभ तक क्रिकेट के स्टार खिलाड़ी इतने महँगे हो चुके थे कि उन्हें लेकर चलना हमारे लिए संभव नहीं था। ऐसे में फिल्में ही हमें अपने ब्रांड को स्थापित करने और उसे आम उपभोक्ता तक पहुँचाने का आदर्श माध्यम लग रही थीं।

एक फिल्म का बजट कम-से-कम कुछ करोड़ रुपए का होता है, लेकिन फिल्म के अंदर होनेवाला विज्ञापन संबंधित ब्रांड को विशाल जनसमूह तक पहुँचा सकता था। हम इसे एक प्रभावशाली अभिव्यक्ति माध्यम के रूप में प्रयोग कर अवसर का लाभ उठाना चाहते थे। अपनी इस योजना को कार्यान्वित करने का काम मैंने विवेक सिंघानिया को दे दिया।

विवेक सिंघानिया एक प्रतिष्ठित व्यापारी परिवार से आए थे। उन्होंने अपनी पढ़ाई लंदन बिजनेस स्कूल में की थी। लेकिन उन्हें अपने संगठन में लेने का यह कारण नहीं था। वह रचनात्मक सोच के व्यक्ति थे और बड़े-से-बड़ा जोखिम लेने के लिए तैयार रहते थे। वह फिल्मों के भी बहुत शौकीन थे। उनकी कुछ पसंदीदा फिल्में और फिल्म निर्देशक भी थे। कभी वह फ्रैंक कापरा और स्टीवन स्पाइलबर्ग की फिल्मों की चर्चा करते तो कभी 'हम आपके हैं कौन' में सूरज बड़जात्या की और 'मासूम' में शेखर कपूर की रचनात्मक प्रतिभा का बखान करते। वस्तुत: 'मासूम' फिल्म में उन्होंने लाइन

प्रोड्यूसर के रूप में काम भी किया था। इसके अलावा उन्होंने विधु विनोद चोपड़ा के प्रधान सहायक के रूप में काम करने के साथ-साथ कई अन्य फिल्म परियोजनाओं में काम किया था।

इस दौरान उन्होंने विज्ञापन फिल्में बनाकर तथा हमारे ब्रांडों को बढ़ावा देने के लिए कार्यक्रम आयोजित कर हमारी ब्रांडिंग रणनीति तैयार करने में महत्त्वपूर्ण भूमिका निभाई। हमने एक नई कंपनी 'पी.एफ.एच. एंटरटेनमेंट' बनाई थी। विवेक सिंघानिया को उसका मुख्य कार्यकारी अधिकारी बनाया गया था।

विवेक सिंघानिया*

हम दोनों ही अपने स्वतंत्र विचारों के थे। हमने यह स्वीकार किया था कि हम नियमों से बँधकर नहीं चलेंगे। अपनी मीडिया योजनाएँ तैयार करते समय हमने एन.आर.एस. (राष्ट्रीय पठन सर्वेक्षण) या टी.आर.पी. (टेलीविजन रेटिंग पॉइंट) के आँकड़ों को आधार बनाकर कभी अपना निर्णय नहीं लिया। '90 के दशक के मध्य में ई.एस.पी.एन. के साथ सौदा करनेवाले हम पहले व्यक्ति थे। क्रिकेट की शक्ति का हमने भरपूर इस्तेमाल किया था; लेकिन हमारी कंपनी छोटी थी और हमारे पास अपनी ब्रांडिंग रणनीति को बढ़ावा देने के लिए पर्याप्त धन भी नहीं था। मैं समझता हूँ कि इन मुश्किल परिस्थितियों के चलते ही मेरा काम इतना उत्साहवर्धक रहा और इसमें काम करने में मुझे बहुत आनंद आया। इससे मेरे भीतर छिपी श्रेष्ठ संभावनाएँ बाहर आईं।

फिल्मों में उतरने के मामले पर जब हमने चर्चा शुरू की तो किशोर बियानी ने मुझे दो संकेत दिए—'ऐसी फिल्म बनाओ, जिससे हम अपने पैंटलून्स स्टोर ब्रांड को बढ़ावा दे सकें। यह फिल्म किसी सामान्य प्रेम कहानी पर आधारित हो सकती है, जो स्टोर के आस-पास घूमती हो। दूसरी बात, पैंटलून्स स्टोर ऐसा होना चाहिए, जहाँ युवा और फैशन के प्रति जागरूक लोग आएँ।' हमारी फिल्म का एकमात्र उद्देश्य था—पैंटलून्स स्टोर को लोकप्रिय बनाना और उसे ग्राहकों के साथ भावनात्मक रूप से जोड़ना। फिल्म के द्वारा विज्ञापन एक प्रकार का बिना खर्च का विज्ञापन माध्यम था, जो देश भर में फिल्म देखनेवाले सभी लोगों तक पहुँच सकता था।

---

* विवेक सिंघानिया वर्ष 1995-2004 के मध्य कंपनी से जुड़े थे। आजकल वह स्वतंत्र फिल्म निर्माता व लेखक के रूप में कार्य कर रहे हैं।

परंतु निवेशकों, व्यावसायिक सहयोगियों तथा परिवार के सदस्यों सहित लगभग सभी को यह विचार हास्यास्पद लगा। हमेशा की तरह मैंने इस बार भी किसी के समर्थन की परवाह नहीं की। मुझे स्वयं पर एवं अपनी योजना पर पूरा भरोसा था और मैं किसी की सहमति की प्रतीक्षा में नहीं बैठ सकता था।

फिल्म बनाने के अलावा मैं उसके लिए संगीत तैयार करने में भी आंशिक रूप से शामिल था। इसके लिए मैंने विपणन योजना भी तैयार की। लेकिन फिल्म के निर्देशन आदि का काम विवेक और एक कुशल टीम की जिम्मेदारी पर था।

सबसे मजेदार बात यह थी कि बॉलीवुड की ताजा गप्पों एवं चर्चाओं को अन्य लोगों से पहले सुनने का अवसर मिल रहा था।

□

हमारी पहली फिल्म 'न तुम जानो न हम' 10 मई, 2002 को रिलीज हुई। इसमें मुख्य भूमिका में रितिक रोशन, सैफ अली खान और ईशा देओल थे। अर्जुन सबलोक ने फिल्म का निर्देशन किया था और राजेश रोशन ने संगीत तैयार किया था।

पहली बार यह फिल्म मुंबई के न्यू एक्सेलसिअर थिएटर में दिखाई गई। उस दिन बृहस्पतिवार था। उस दिन रितिक सहित कुछ अन्य सितारे देर से पहुँचे थे, इस कारण फिल्म देर से शुरू हो सकी थी। अपनी स्वयं की फिल्म बड़े परदे पर देखकर मुझे आह्लादकारी अनुभूति हो रही थी। ऐसी अनुभूति जीवन में मुश्किल से ही मिलती है। यह जीवन भर के सपने के साकार होने की अनुभूति थी। मैंने अपने परिवार के सदस्यों और फिल्म उद्योग से जुड़े अन्य लोगों के साथ बैठकर फिल्म देखी। लगभग सभी की ओर से उत्साहवर्धक प्रतिक्रिया मिली।

अगले दिन यानी शुक्रवार को दोपहर से यह फिल्म पूरे देश के थिएटरों में दिखाई जाने लगी। शाम तक फैसला सामने आ गया। बॉक्स ऑफिस पर आए संकेतों से पता चल रहा था कि फिल्म पूरी तरह हमारी अपेक्षाओं के अनुरूप परिणाम नहीं दे पाई थी। सप्ताहांत में यह संकेत पूरी तरह से स्पष्ट हो गया। लगभग पूरे जीवन भर की योजना और एक वर्ष की कड़ी मेहनत इस फिल्म में लगी थी। लेकिन एक ही दिन में सारे सपने धूमिल और सारी मेहनत बेकार हो गई।

इस तरह का अचानक भाग्य-परिवर्तन फिल्मी दुनिया में ही होता है। इसे कम ही लोग समझ पाते हैं, लेकिन फिल्में संभवतः सबसे गतिशील उपभोक्ता वस्तु हैं। फिल्म में कोई कितना भी पैसा लगा दे, कितनी भी मेहनत कर ले, उसमें चाहे जितने लोगों को लगा दे या उसे लेकर चाहे जितना उत्साहित हो; लेकिन उसकी सफलता-असफलता एक ही दिन में, बल्कि कुछ ही घंटों में, निर्धारित हो जाती है।

फिल्म निर्माण को और अधिक चुनौतीपूर्ण बनानेवाला तथ्य यह है कि इसमें किसी गलती को सुधारने का मौका नहीं मिलता। किसी उत्पाद में तो आप सुधार कर सकते हैं, लेकिन फिल्म के एक बार रिलीज हो जाने के बाद आप उसमें कोई सुधार नहीं कर सकते। शुक्रवार की सुबह जब कोई फिल्म रिलीज होती है तो उसके अभिनेता, निर्माता और निर्देशक किसी को भी उसकी सफलता-असफलता के बारे में कोई पूर्व संकेत नहीं मिल पाता। उस दिन तो सचमुच 'न तुम जानो न हम' वाली स्थिति चरितार्थ होती है।

फिल्म निर्माण संभवत: अब तक का मेरा सबसे अच्छा अनुभव रहा है। इसमें कुछ ऐसा बनाया जाता है, जिसका लाखों लोग आनंद उठा सकते हैं। यह एक चुनौती होती है और मैं इसमें हार गया था। इस हार से मुझे एक सबक मिला, जिसने मेरे शेष जीवन का स्वरूप तैयार किया। हो सकता है, उस समय फिल्म बनाना मेरी गलती रही हो, लेकिन यदि मैं उस अनुभव से नहीं गुजरता तो आज जो कुछ मैं हूँ, वह नहीं होता।

फिल्म निर्माण पर काम करने से पहले मैं यही मानकर चल रहा था कि मुझे अपने ग्राहकों के बारे में सबकुछ पता है। इस फिल्म ने मेरे इस विश्वास को गलत सिद्ध कर दिया। इससे यह बात स्पष्ट हो गई कि ग्राहक और सिर्फ ग्राहक ही किसी की सफलता या असफलता निर्धारित कर सकते हैं। मुझे अपनी अवधारणा एवं क्षमता पर बहुत विश्वास था और मैं फिल्म की सफलता को लेकर भी आश्वस्त था। मेरे सहकर्मियों व सहयोगियों को भी फिल्म की सफलता पर पूरा विश्वास था; परंतु अंतत: इस फिल्म से मुझे यह सीख मिल गई कि कोरे आत्मविश्वास से कुछ नहीं होता, सबकुछ ग्राहक पर निर्भर करता है।

चूँकि मुझे दर्शकों की रुचि और अपेक्षाओं की अपनी समझ पर पूरा भरोसा था, इसलिए मैंने व्यक्तिगत स्तर पर भी इसमें बहुत मेहनत की थी। सचमुच, मैं फिल्म को लेकर बहुत उत्साहित था। लेकिन इस फिल्म ने मुझे बता दिया कि किसी एक विचार, योजना या कार्य पर पूरी तरह विश्वास नहीं किया जाना चाहिए। व्यक्ति को अपने सभी व्यावसायिक निर्णयों की समीक्षा करनी चाहिए और यह मानकर नहीं चलना चाहिए कि सभी निर्णय सफल ही सिद्ध होंगे। अपनी असफलता या गलती को स्वीकार करना और उससे सीख लेते हुए आगे बढ़ते रहना जरूरी है।

वैसे, वाणिज्यिक दृष्टिकोण से देखा जाए तो फिल्म पूरी तरह असफल भी नहीं रही। हमने इसमें बहुत ज्यादा पैसा नहीं लगाया था, इसलिए हमारा नुकसान भी नहीं हुआ और न ही फायदा। फिल्म का जो मुख्य उद्देश्य था—पैंटलून्स ब्रांड को स्थापित करना—वह कुछ हद तक पूर्ण हो गया था। पैंटलून्स स्टोर ब्रांड की एक नई और

मुखर छवि तैयार करके उसे फैमिली स्टोर से फैशन केंद्र तक ले जाने में यह फिल्म सफल रही।

'न तुम जानो न हम' उन शुरू की फिल्मों में से एक थी, जिनमें फिल्म के नाम पर एक पूरी उत्पाद शृंखला थी। नोटबुक, फोल्डर और कलमों से लेकर माउसपैड तक फिल्म के नाम से हमने अपने स्टोरों पर शुरू की। 'टूटू' नामक खिलौना, जो फिल्म में प्रमुखता से दिखाया गया था, बहुत लोकप्रिय हुआ। अपने पैंटलून स्टोरों पर हमने हजारों 'टूटू' बेचे। 'एन.टी.जे.एन.एच. से' के सेट (From the sets of NTJNH) के अंतर्गत महिलाओं और पुरुषों के परिधानों की एक नई रेंज भी शुरू की गई।

'न तुम जानो न हम' के रिलीज होने के समय हमने दूसरी फिल्म 'चुरा लिया है तुमने' पर भी काम शुरू कर दिया था। इसका बजट पहली फिल्म से कुछ कम था। यह वस्तुतः बैंकॉक में तैयार की गई एक रोमांटिक फिल्म थी। इसमें बहुत सी नई प्रतिभाओं को शामिल किया गया था। ईशा देओल, जिन्होंने हमारी पहली फिल्म से अपना कैरियर शुरू किया था, इस फिल्म में मुख्य भूमिका में थीं। राखी सावंत और जाएद खान काफी चर्चा में रहे। 'मोहब्बत है मिरची' गीत में दोनों को साथ फिल्माया गया था। फिल्म के गीतकार हिमेश रेशमिया की लोकप्रियता इस फिल्म के बाद बहुत बढ़ गई। आज राखी सावंत और हिमेश रेशमिया को दर्शकों की ओर से बहुत जोरदार प्रतिक्रिया मिल रही है। लोग चाहे उन्हें चाहें या उनसे नफरत करें, लेकिन उनकी उपस्थिति को कोई नकार नहीं सकता। लेकिन फिल्म चल नहीं पाई, फ्लॉप हो गई।

हमारी पहली फिल्म पर दर्शकों की ओर से मिली कमजोर प्रतिक्रिया मेरे लिए एक व्यक्तिगत हार थी। जिस समय दूसरी फिल्म तैयार की जा रही थी, उस समय तक मैं समझ चुका था कि मेरा उससे जुड़े रहना ठीक नहीं है। इसलिए फिल्म के असफल होने से मुझे कोई बड़ा आघात नहीं लगा। हाँ, इसके रिलीज होने और फ्लॉप होने के साथ ही एक महत्त्वपूर्ण अध्याय भी समाप्त हो गया—मैंने फिल्म बनाने की कोशिश बंद कर दी।

अब मैं पीछे मुड़कर देखता हूँ तो मुझे लगता है कि एक-दो कारण ऐसे थे, जिनके चलते मैं फिल्म-निर्माण की कला में सफल नहीं हो सका। किसी भी फिल्म की सफलता या असफलता को प्रभावित करनेवाले कई कारक होते हैं। व्यक्तिगत पात्र की भूमिका और टीम के प्रत्येक सदस्य की योग्यता—दोनों की महत्त्वपूर्ण भूमिका होती है। इसी तरह, कई अन्य बाह्य कारक भी महत्त्वपूर्ण भूमिका अदा करते हैं; उदाहरण के लिए—वितरण और प्रदर्शन, उस समय रिलीज होनेवाली अन्य फिल्में

एवं दर्शकों की बदलती रुचियाँ। संभवत: इनमें से किसी एक पर भी मेरा पूरा नियंत्रण नहीं था।

वैसे, अधिकतर लोग फिल्म उद्योग को असंगठित मानते हैं, लेकिन कम-से-कम मैं तो इसे असंगठित नहीं मानता। एक फिल्म बनाने में सैकड़ों लोग लगते हैं। वे सभी अलग-अलग पृष्ठभूमि के होते हैं और अलग-अलग क्षेत्र में कुशलता रखनेवाले होते हैं; लेकिन उनका उद्देश्य समान होता है, जिसमें वे महीनों तक लगे रहते हैं और जिसकी सफलता या असफलता मात्र तीन घंटे में निश्चित हो जाती है। इस प्रकार इस प्रक्रिया को असंगठित तो कतई नहीं माना जा सकता।

उन फिल्म-निर्माण इकाइयों के प्रति मेरे मन में सम्मान की भावना है, जो हर वर्ष कई नई-नई फिल्में बनाते हैं। लेकिन अब मैं मानने लगा हूँ कि इस क्षेत्र में सफल होने के लिए व्यक्ति का ऐसी स्थिति में होना जरूरी है, जहाँ से वह निर्माण, वितरण और प्रदर्शन तक की पूरी प्रक्रिया को नियंत्रण में रख सके। भारतीय फिल्म उद्योग में ऐसे लोग कम ही हैं, जो ऐसा कर पाते हैं और इसमें कोई आश्चर्य की बात नहीं है कि उन्हें अपनी अधिकतर फिल्मों में सफलता भी मिलती है।

पिछले वर्षों में फिल्म उद्योग में भी कई परिवर्तन आए हैं। बड़े बैनरवाली किसी फिल्म की वित्तीय सफलता उसके रिलीज होने से पहले ही रहस्य में बंद हो जाती है। फिल्मों के विषयों और प्रकृति में भी बदलाव आया है। यह बदलाव मल्टीप्लेक्सों के उभरने के कारण आया है। संपन्न वर्ग, जिसने साधारण थिएटरों में जाना बंद कर दिया है, इन मल्टीप्लेक्सों में रिलीज होनेवाली फिल्मों का प्रमुख दर्शक बन गया है। ये फिल्में उनके जीवन और सामाजिक ढाँचे का प्रतिबिंब प्रस्तुत करती हैं, उनकी आकांक्षाओं और असुरक्षा की भावनाओं को दरशाती हैं तथा विदेशों में फिल्माई जाती हैं।

'भारत दो' की बात करें तो वह हिंदी सिनेमा के बड़े परदे से बाहर निकलता दिखाई देता है। यह वर्ग नए थिएटरों की महँगी टिकटें नहीं खरीद सकता। इससे भी महत्त्वपूर्ण बात यह है कि अब वे बहुत सारी फिल्मों के साथ स्वयं को जोड़कर नहीं देख सकते। 'एंग्री यंग मैन' के गायब होने का कारण सामाजिक परिवर्तन हो सकता है, जिससे हमारा देश गुजर चुका है। लेकिन शायद ही ऐसा कोई हीरो (नायक) होगा, जिसके साथ आम जनता स्वयं को जोड़कर देख सके। आजकल 'भारत दो' यानी सेवा क्षेत्र से जुड़े लोग केबल टी.वी. पर या वीडियो पार्लर में फिल्में देखना पसंद करते हैं। कभी-कभार नया दौर आता है, जो भोजपुरी फिल्मों की लोकप्रियता की तरह बहुत अल्पजीवी होता है।

इसके बावजूद लोकप्रिय हिंदी फिल्मों की ओर मेरा झुकाव कम नहीं हुआ है।

शायद ही ऐसी कोई हिंदी फिल्म होगी, जिसे मैं बड़े परदे पर नहीं देखता हूँ। पारिवारिक मनोरंजन का अर्थ हमारे लिए अब भी सप्ताहांत में बाहर जाना और निकट के किसी मल्टीप्लेक्स या सिनेमाघर में नई बॉलीवुड फिल्म देखना है।

हालाँकि अब हम फिल्में नहीं बनाते, लेकिन हिंदी फिल्मों की हमारे व्यवसाय में महत्त्वपूर्ण भूमिका बनी हुई है। इनसे हमें ग्राहकों की बदलती रुचि और पसंदों को समझने में मदद मिलती है। इससे हमें यह समझने में भी मदद मिलती है कि कौन सा रिटेल मॉडल किस शहर में और किस समुदाय में सफल होगा।

राजन मल्होत्रा

किशोरजी को फिल्में बहुत पसंद हैं। हमारे लिए यह अच्छा ही हुआ कि उनकी दोनों शुरुआती फिल्में फ्लॉप रहीं। अगर ये फिल्में चल जातीं तो आज वह फिल्में ही बना रहे होते, रिटेल स्टोर न खोलते। हमारे सभी कर्मचारी खुश हैं कि वह फिल्मों से बाहर निकल गए। लेकिन मैं पूरे विश्वास के साथ कह सकता हूँ कि एक-न-एक दिन वह फिल्मों से जरूर जुड़ेंगे, क्योंकि फिल्में संवाद का सबसे सशक्त माध्यम हैं। लेकिन वह दिन तब आएगा, जब उन्हें पूरा विश्वास हो जाएगा कि उन्होंने भारतीय जनमानस की मनोरंजन की मौलिक जरूरत को समझ लिया है। आज भी वह स्वयं को एक बड़े मार्केटर (विक्रेता) के रूप में देखते हैं और एक दिन फिल्म-निर्माण में भी वह अपनी सफलता की कहानी लिखना चाहते हैं।

□

विचार की गति से व्यवसाय

> **'और जब तुम सचमुच में कुछ चाहते हो तो उसे पाने में पूरा ब्रह्मांड तुम्हारी सहायता करता है।'**
>
> *—पॉलो कोएल्हो*

I

रिटेल एक आसान व्यवसाय है। निश्चित रूप से यह फिल्म बनाने की अपेक्षा ज्यादा आसान है, इसीलिए तो मैं इसमें सफल हो सका और फिल्म-निर्माण में नहीं। इसमें बस खरीदने और बेचने का काम होता है और यह काम हम सभी को शुरू से ही करना पड़ता है—जब से हम समाज में रहना शुरू करते हैं। इसमें बस सामान्य जानकारी की जरूरत होती है; लेकिन यह सामान्य जानकारी वास्तव में 'सामान्य' नहीं होती।

जब हमने व्यवसाय शुरू किया था, उस समय हममें से किसी में भी कोई अनुभव नहीं था और न ही कोई औपचारिक डिग्री थी। हमारे पास कुछ था तो वह था कुछ कर दिखाने का जज्बा और सादगी, विनम्रता, उत्सुकता आदि कुछ सामान्य आदर्श। हमारे पास इसके अलावा कुछ खास नहीं था। हमने जो कुछ उपलब्धि हासिल की है, वह बस अपने उन्हीं साधारण लोगों के सामूहिक प्रयास के बल पर, जो असाधारण लक्ष्य हासिल करने में विश्वास करते थे।

अगस्त 2002 में हमने मुंबई के हाई स्ट्रीट फोयनिक्स स्थित अपने बिग बाजार के बगल में अपना पहला फूड बाजार खोला था। इसके साथ ही, हाइपर मार्केट का मॉडल

पूर्ण हो गया और वह विस्तार के लिए तैयार हो गया। उस समय हम लगभग अट्ठाईस बड़े स्टोरों का प्रबंध सँभाल रहे थे, जो 4 लाख वर्ग फीट क्षेत्र में फैले थे। हम यह समझ चुके थे कि व्यवसाय को और आगे बढ़ाने के लिए एक सशक्त प्रबंधन दल का होना जरूरी है। आधुनिक रिटेल का क्षेत्र उस समय छोटा था और उससे जुड़े अधिकतर लोगों को मैं व्यक्तिगत रूप से जानता था। हालाँकि, इसमें कुछ प्रतिभाशाली लोग भी थे, लेकिन मुझे लगा कि हमें इस तरह के दूसरे क्षेत्रों की ओर भी उन्मुख होना पड़ेगा। रिटेल क्षेत्र से जुड़े लोगों के साथ-साथ हमने दूरसंचार, उपभोक्ता माल और उपभोक्ता टिकाऊ वस्तुओं के क्षेत्र से जुड़े लोगों की भी तलाश शुरू कर दी थी।

तोरल पटेल*

वर्ष 2002 के आस-पास हमने पैंटलून रिटेल के साथ सक्रिय रूप से काम करना शुरू किया, जब कंपनी का टर्नओवर 280 करोड़ रुपए पर पहुँचने वाला था। बिग बाजार का मॉडल शुरुआती सफलता प्राप्त कर चुका था और पैंटलून ब्रांड भी ग्राहकों में लोकप्रिय हो चुका था। ऐसी स्थिति में प्रायः अधिकतर उद्यमी व्यवसाय के सुदृढ़ीकरण पर ध्यान केंद्रित करते हैं, लेकिन किशोरजी अब भी अपनी विस्तार-योजना को ध्यान में रखकर चल रहे थे। ऐसे में किसी उद्यमी के सामने जो सबसे बड़ी चुनौती होती है, वह 'कुछ छोड़ देने' और अनुभवी कार्यकर्ताओं को साथ लेकर विस्तार-योजना को आगे बढ़ाने की होती है।

किशोर जानते थे कि उन्हें वरिष्ठ प्रबंधकों का एक दल तैयार करना होगा, लेकिन इसके लिए जरूरी कार्यकर्ताओं की प्रकृति को लेकर वह कुछ असमंजस में थे। वह कहते थे कि 'मुझे एम.बी.ए. डिग्रीधारी औपचारिक लोगों की जरूरत नहीं है। वे हमारे संगठन के लिए उपयुक्त नहीं हैं, क्योंकि उन्हें अपनी एम.बी.ए. डिग्री पर बहुत गर्व होता है। सूट-बूट पहनकर बैठ जाएँगे, पर प्रोडक्ट (उत्पाद) नहीं बिकेगा।' वह तो हम जैसे सलाहकारों के बारे में भी बहुत अच्छी राय नहीं रखते थे—'आप सलाहकार लोग मेरी बात सुनकर वापस वही मुझे बताते हैं।'

किशोर ऐसे लोगों को अपने साथ लगाना चाहते थे, जो कंपनी की कार्य-शैली

* तोरल पटेल एकॉर्ड ग्रुप इंडिया के वरिष्ठ निदेशक हैं। वरिष्ठ प्रबंधकों का दल नियुक्त करने में इस कंपनी ने पैंटलून रिटेल के साथ मिलकर काम किया था।

के साथ सामंजस्य बैठा सकें; लेकिन ऐसे लोग बहुत आसानी से मिलनेवाले नहीं थे। इसका एक कारण यह था कि उस समय रिटेल का व्यवसाय एक नया उभरता क्षेत्र था। इससे भी बड़ी समस्या यह थी कि अपनी उद्यमशीलता की प्रकृति के कारण पैंटलून रिटेल की कुछ नकारात्मक धारणाएँ भी थीं। किशोर किसी जनसंपर्क अथवा विज्ञापन एजेंसी की सेवा लेना नहीं चाहते थे। वह कंपनी या अपनी छवि से ज्यादा कंपनी के विकास-विस्तार को महत्त्व दे रहे थे। उनके कई समकक्ष उनकी हँसी तक उड़ाते थे, उनकी उपेक्षा करते थे। उन्हें मुश्किल से ही कभी किसी व्यापारिक सम्मेलन में आमंत्रित किया जाता था। कंपनी को 'बनिया' या 'लाला' कंपनी के रूप में देखा जाता था। किंतु जब हमने पारदर्शिता, पैमाना, भावी योजना, प्रशासन और कार्य-शैली आदि के मापदंडों पर उसकी अन्य कंपनियों से तुलना की तो सचमुच पैंटलून रिटेल उन सबसे ऊपर दिखी। यह रिटेल क्षेत्र की कुल दो सूचीबद्ध कंपनियों में से एक थी, इसलिए इसमें वित्तीय पारदर्शिता थी। कंपनी के पास विदेशी और प्राइवेट इक्विटी निवेशक थे, जो कंपनी के साथ सक्रिय रूप से जुड़े थे। इसका एक सफल मॉडल भी था, जो तेजी से आगे बढ़ रहा था। मानव संसाधन के मामले में भी कंपनी ने बैलेंस्ड स्कोर कार्ड जैसे कई कदम उठाए थे। इन सबके अलावा एक और महत्त्वपूर्ण बात थी—किशोरजी की योजनाओं के बारे में सुनकर आपको पूरा विश्वास हो जाता कि वह स्वयं सबकुछ कर दिखाएँगे। पैंटलून के लिए हम वास्तविक मानव संसाधन—जुटानेवाला कारखाना—बन गए थे। उस समय हम सबसे पहले जिस व्यक्ति के पास पहुँचे थे, वह एक प्रतिस्पर्धी की रिटेल शृंखला का कार्यकर्ता था। जब हमने उसे कंपनी का नाम बताया तो उसने यही कहा कि मुझे अपनी मौजूदा नौकरी पसंद है और यदि मैं इसे छोड़ना भी चाहूँगा तो पैंटलून जैसी कंपनी में नहीं जाऊँगा। उसे विश्वास में लेकर किशोर से मिलने को तैयार करने के लिए बहुत मेहनत करनी पड़ी। किशोर से मिलने के बाद भी अपना निर्णय लेने में उसने महीनों लगा दिए। उस दौरान अधिकतर प्रत्याशियों की कुछ ऐसी ही स्थिति थी।

यह सच है कि हर कोई हमारे संगठन के साथ सामंजस्य नहीं बैठा सकता। हमारी अपनी कार्य-शैली है और जो कोई पहली बार संगठन में आता है, उसे बहुत सारी बातें भूलनी व सीखनी पड़ती हैं। हमारे संगठन के लिए आदर्श लोग वे ही हो

सकते हैं, जो सीखने, भूलने और पुन: सीखने की सतत प्रक्रिया में लगे रहने के लिए हमेशा तैयार रहें। संगठन में आनेवाले अधिकतर सदस्यों ने हमारी कार्य-शैली को सराहा ही है।

जो भी वरिष्ठ कार्यकर्ता हमारे संगठन में नियुक्त होकर आता है, उसके साथ मैं स्वयं बैठकर उसके विचारों को सुनता हूँ और उसे अपने विचारों से अवगत कराता हूँ, फिर एक-दूसरे की सहमति सुनिश्चित करता हूँ। इस प्रक्रिया से हर किसी को—जो संगठन में आता है—गुजरना पड़ता है।

मेरा मानना है कि हर व्यक्ति में एक विशेष संभावना छिपी होती है। अपने संगठनात्मक परिवार का सदस्य होने के नाते हमारे लिए यह सुनिश्चित करना जरूरी था कि जो भी हमारे साथ जुड़े, वह संगठन की आत्मा को समझे और हम उसे उसकी वास्तविक क्षमता पहचानने तथा काम में लगाने में मदद करें।

अंशुमान सिंह*

साक्षात्कार के लिए के.बी. से मिलना एक कठिन अनुभव हो सकता है। जिसने मुझे उनके बारे में बताया था, उसने पहले ही मुझे समझा दिया था कि यदि वह बात करते समय नजर से नजर न मिलाएँ या बात में दिलचस्पी लेते न दिखाई दें तो परेशान होने की जरूरत नहीं है।

सच कह रहा हूँ, अगर उसने मुझे पहले यह सब नहीं बताया होता तो मैं पैंटलून के साथ कभी नहीं जुड़ता। के.बी. स्वभाव से ही अशांत हैं, यह बात उन्हें देखकर कोई भी जान सकता है। कई बार बैठक के दौरान भी वह कभी कंप्यूटर की स्क्रीन पर देख रहे होते हैं तो कभी अपने मोबाइल को छेड़ रहे होते हैं, मोबाइल पर बातें भी करते हैं। किसी अनजान व्यक्ति के लिए यह सब अजीब हो सकता है।

हद तो तब हो गई, जब उन्होंने मुझसे कुछ पूछने की बजाय मुझे स्वयं से पूछने के लिए कहा। 'हाँ, तो बताओ,'—उनकी बात प्राय: इन्हीं शब्दों से शुरू होती है। जब मैंने उनसे अपने कार्य की प्रकृति के बारे में पूछा तो उनका

* अंशुमान सिंह पैंटलून रिटेल के वैल्यू फैशन और फर्निशिंग विभाग के मुख्य कार्यकारी अधिकारी हैं। वह पहली बार कंपनी में वर्ष 2001 में आए थे, 2005 में नौकरी छोड़कर 2006 में पुन: वापस आ गए। बीच के वर्षों में वह वेल्सपन इंडिया के मुख्य कार्यकारी अधिकारी रहे।

उत्तर था, 'हम व्यक्ति विशेष की प्रकृति के अनुरूप कार्य तैयार करते हैं। पहले हम व्यक्ति का चयन करते हैं और बाद में उसकी योग्यता एवं क्षमता के अनुरूप काम ढूँढ़ते हैं।' मेरा मानना है कि वह अब भी इसी सिद्धांत पर चलते हैं। शुरू के कुछ महीने तो बहुत मुश्किल भरे रहे। मैं एक बहुत ही संगठित और अनुशासित कंपनी से आया था। यहाँ आने से पहले में बॉम्बे डाइंग में कनिष्ठ महाप्रबंधक था। पैंटलून में आने पर कुछ ही दिनों बाद के.बी. ने मुझसे कहा कि तुम्हारी चिंतन-शैली बहुत 'जटिल' है। इससे मुझे बहुत आघात पहुँचा था। उससे उबरने में मुझे बहुत समय लगा। लेकिन उनके साथ काम करते हुए धीरे-धीरे सादगी और सरलता की शक्ति समझ में आ जाती है। हम प्रबंधक लोग आँकड़े, ग्राफ, चार्ट, रणनीति, सत्र आदि सबकुछ जोड़कर मामलों को प्राय: जटिल बना देते हैं। के.बी. के पास सबकुछ आसान बना देने की एक अनोखी शक्ति है। उनके साथ काम करने से पहले उन्हें समझना बहुत जरूरी है। अगर वह किसी काम के हो सकने की बात करते हैं तो उनका कहने का तात्पर्य यही होता है कि तुम इस काम को क्यों नहीं कर सकते? अपनी बात को वह बहुत ही संक्षेप में कह देते हैं और शेष सामनेवाले पर छोड़ देते हैं कि वह स्वयं उसे पूरा करे और अपने अनुसार उसे कार्यान्वित करे। शुरू में बहुत हद तक संभव है कि आप उनकी अपेक्षाओं पर खरे न उतर सकें, लेकिन उनकी कार्य-शैली को समझ लेने के बाद यह बात स्पष्ट हो जाती है कि वह हर समस्या का सबसे सरल और सुगम हल चाहते हैं। मैं दावे के साथ कह सकता हूँ कि के.बी. को जितना मैं जानता हूँ उतना कम ही लोग जानते होंगे। उनसे मैं इतना प्रभावित था कि पैंटलून में अपने पहले कार्यकाल के दौरान लगातार उनकी गतिविधियों का अध्ययन करता रहा। उन्हें इसका पता नहीं चल सका था, लेकिन मैंने उनका गहराई से अध्ययन किया। वेलस्पन का खुदरा व्यवसाय शुरू करते समय मैंने सबकुछ वैसा ही किया था जैसा के.बी. से सीखा था। वापस पैंटलून में आना मेरे लिए अपने परिवार में वापस आने की तरह रहा।

किसी भी संगठन के लिए यह जरूरी होता है कि वह अपने योग्य व प्रतिभाशाली लोगों को बनाए रखे। हमारे लिए भी यह जरूरी था। इसका कारण यह नहीं है कि हम पूरी तरह से अपने कार्यकर्ताओं पर निर्भर रहे, बल्कि वास्तविक कारण यह है कि एक स्थायी और मजबूत टीम ही कंपनी की स्थिरता और विकास को सुनिश्चित कर सकती

है। गतिशीलता लाने के लिए हमें अपनी मौजूदा प्रतिभाओं को बनाए रखना और नई-नई प्रतिभाओं को अपने साथ जोड़ते रहना जरूरी हो जाता है। संगठन का परिवेश भी ऐसा होना चाहिए, जिसमें इन प्रतिभाओं को संतुष्टि व प्रेरणा मिलती रहे।

परंतु किसी संगठन में प्रत्येक कार्यकर्ता को खुश व संतुष्ट रखना आसान काम नहीं है। मानव स्वभाव भी व्यवसाय की तरह ही उतार-चढ़ाव से गुजरता रहता है, जिसमें हर कार्य-व्यवहार और हर मनोदशा व भावना की अपनी भूमिका होती है। वेतन और कार्य की संतुष्टि महत्त्वपूर्ण है। मैंने देखा है कि इन्हीं कारकों के आधार पर कोई व्यक्ति दूसरों द्वारा देखा जाता है और ये ही कारक उस व्यक्ति को संगठन में बने रहने या छोड़ने के लिए प्रेरित करते हैं। व्यक्ति के घरवाले, उसकी पत्नी, मित्र और समकक्ष उसकी नौकरी को किस दृष्टि से देखते हैं, यह एक महत्त्वपूर्ण कारक होता है। अत: संगठन के किसी सदस्य को खुश और संतुष्ट रखने के लिए उसके मन में अपने काम व संगठन के प्रति गर्व तथा सम्मान की भावना भरने की आवश्यकता होती है।

जिस तरह कोई कंपनी अपने ग्राहकों के साथ भावनात्मक संबंध जोड़कर रखती है, उसी तरह उसे अपने कर्मचारियों को भी भावनात्मक रूप से जोड़कर रखना चाहिए। लेकिन मैंने देखा है कि अधिकतर कंपनियाँ अपनी प्रबंध नीति के अंतर्गत प्राय: इसी बात पर ध्यान देती हैं कि किस प्रकार सभी कर्मचारियों से बेहतर सेवा ली जा सकती है और किस प्रकार अधिक-से-अधिक कार्य-कुशलता लाई जा सकती है। मुझे तो यही लगता है कि मानव संसाधन प्रबंधन में मानवीय भावनाओं व प्रवृत्तियों को समझने का प्रयास कम ही किया जाता रहा है। जब तक कोई कंपनी या उसका नेतृत्व मानवीय भावनाओं की समझ विकसित नहीं करता तब तक वह अपने कर्मचारियों से सर्वोत्तम सेवा नहीं ले सकता।

संजय जोग*

पैंटलून नॉलेज हाउस में प्रवेश करनेवाला कोई भी व्यक्ति यहाँ कंपनी के आदर्शों, अभिदृष्टि आदि को सब जगह लिखा देख सकता है। दूसरी मंजिल पर पहुँचने पर कुछ संदेह उठना स्वाभाविक है। ऐसा लगेगा कि जो कुछ यहाँ लिखा है, वह शायद ही सच हो। उस समय पहली प्रतिक्रिया यही हो सकती

---

* संजय जोग पैंटलून रिटेल में मानव संसाधन विभाग के प्रमुख हैं। वर्ष 2005 में वे कंपनी में आए। इससे पहले वह भारती इंटरप्राइजेज, आर.पी.जी. ग्रुप और इंडियन होटल्स से जुड़े रहे हैं।

है कि यह दिखावे में विश्वास करनेवाला संगठन है। मैं स्वयं भी ऐसे ही अनुभव से गुजरा था, जब पहली बार श्री बियानी से मिलने के लिए उनके ऑफिस में गया था।

जब मैं उनके कक्ष में पहुँचा तो यही सोच रहा था कि मुझसे कई तरह के सवाल पूछे जाएँगे। लेकिन उन्होंने तो कुछ नहीं पूछा, उलटे मुझसे कहने लगे, 'बताइए, आप क्या जानना चाहते हैं?' इतना कहकर ही वह चुप हो गए थे। मुझे सचमुच बहुत अजीब लग रहा था। मैंने कभी सोचा ही नहीं था कि साक्षात्कार ऐसा भी हो सकता है। खैर, मैंने उनके दृष्टिकोण, अपेक्षा और व्यवसाय के बारे में एक-दो बातें पूछीं। अंत में मैंने उनसे पूछा कि 'कंपनी में सभी लोग आपको 'किशोरजी' क्यों कहते हैं?' उन्होंने कहा, 'किशोरजी कहने में बुराई क्या है?' मैंने कहा कि 'हो सकता है, कोई बुराई न हो; लेकिन बस मुझे थोड़ा अजीब सा लगा।' तब उन्होंने मुझसे पूछा कि 'आप परिवार में अपने बड़ों को क्या कहते हैं?' मेरा उत्तर था, 'जी, हम 'जी' लगाकर बुलाते हैं।' इसपर उन्होंने कहा, 'हाँ, किसी को सम्मानपूर्वक बुलाना भारतीय संस्कृति है।' मैंने तर्क किया कि 'यह तो 'सेठजी' कहने जैसी बात हुई।' उन्होंने कहा, 'हाँ, लगता तो है, लेकिन तुम मुझे जिस नाम से चाहो, बुला सकते हो, मेरे लिए सब चलेगा।' मैं आश्चर्यचकित था। मैंने पूछा, 'यह बात को बहुत दूर ले जाना नहीं हुआ?' इसपर वह सहमत नहीं हुए और बैठक यहीं समाप्त हो गई। यह सबकुछ बहुत संदेहजनक लगा। संगठन के साथ जुड़ने का निर्णय लेने के लिए मुझे और भी कई बैठकें करनी पड़ीं और काफी समय लेना पड़ा।

बाद में उनके साथ काम करते-करते सब बातें समझ में आ जाती हैं। उदाहरण के लिए, हम चर्चा कर रहे थे कि दीवाली पर अपने स्टोर के स्टाफ को उपहार में क्या दिया जाए? मैंने सुझाव दिया—नकद पुरस्कार, टी-शर्ट या बैग आदि। लेकिन उनकी राय बिलकुल अलग थी। उन्होंने कहा, 'हम भारतीय दीवाली पर क्या करना पसंद करते हैं? अपने-अपने घर की पुताई करते हैं। अगर हम अपने कर्मचारियों के घरों की सफाई करवाकर उनकी पुताई करवा दें तो कैसा रहेगा? इसके फायदे देखो। घर में सफाई और व्यवस्था हो जाएगी, इससे घर का वातावरण स्वच्छ व ताजा हो जाएगा। कर्मचारी तरोताजा मन के साथ दफ्तर आएगा। परिवारवाले उसपर गर्व करेंगे और आस-पास के लोग देखेंगे कि किस तरह उसकी कंपनी उसका खयाल रखती है। इससे उसका

सामाजिक स्तर भी ऊँचा उठेगा।'

इससे मुझे बहुत कुछ सीखने को मिला। इसमें किसी कर्मचारी को वास्तविक रूप से प्रोत्साहन देने के लिए आवश्यक सारी बातें थीं—महत्त्व, आत्मसम्मान, परिवार के सदस्यों में गर्व की भावना और सामाजिक प्रतिष्ठा। सचमुच, कर्मचारियों का दिल जीतने का यह सबसे अच्छा तरीका था। यह तरीका भी विशुद्ध भारतीय ही था।

अब हमारे पास वरिष्ठ प्रबंधकों की एक अच्छी टीम है। इस टीम में उन सदस्यों को शामिल किया गया है, जिन्होंने संगठन में काम करते हुए अनुभव प्राप्त किया है और साथ-ही-साथ ऐसे कुशल कार्यकर्ताओं को भी शामिल किया गया है, जो प्रतिष्ठित भारतीय व बहुराष्ट्रीय कंपनियों में प्रमुख व मुख्य कार्यकारी अधिकारी के रूप में सेवा कर चुके हैं। उनमें से कुछ स्वयं उद्यमी भी रहे हैं।

पिछले कुछ वर्षों में हमने जो प्रतिष्ठा व मान्यता हासिल की है, उसके बल पर अब बाहर के पेशेवरों को आकर्षित करना हमारे लिए बहुत आसान हो गया है; लेकिन एक संगठन के रूप में हम दफ्तर में काम करनेवाले अपने सहकर्मियों की अपेक्षा उन सहकर्मियों पर ज्यादा निर्भर हैं, जो दुकान पर काम करते हैं।

दुकान पर काम करनेवाले हमारे सहकर्मी ग्राहकों के सीधे संपर्क में होते हैं, इसलिए वे व्यवसाय को बना भी सकते हैं और बिगाड़ भी सकते हैं। उनमें से अधिकतर सामाजिक व आर्थिक रूप से पिछड़े वर्ग के हैं। उनकी आवश्यकताओं, इच्छाओं और उम्मीदों को समझना भी एक बड़ी चुनौती है, जो अन्य व्यावसायिक क्षेत्र की कंपनियों के सामने शायद ही होती है।

हर नए खुलनेवाले बिग बाजार में आस-पास के इलाके के दो सौ से तीन सौ लोगों को सीधे रोजगार मिलता है। हमारी कंपनी में नियुक्ति के लिए आवश्यक औसत आयु लगभग सत्ताईस वर्ष रखी गई है; लेकिन अन्य अनेक कंपनियों की तरह कर्मचारियों के छोड़कर जाने की समस्या हमारे यहाँ कम है। सबसे बड़ी जरूरत होती है अपने इन सहकर्मियों के मन में आत्मविश्वास और गर्व की भावना भरने की, ताकि वे ग्राहकों की अच्छी सेवा करने के लिए हमेशा तैयार रहें। दुकान पर लगातार बने रहना और हर ग्राहक की जरूरतों पर ध्यान देना : इसमें शारीरिक और मानसिक दोनों प्रकार का श्रम लगता है। इन कर्मचारियों को दुकान में बिक्री के लिए उपलब्ध सभी उत्पादों एवं विभिन्न ऑफरों की पूर्ण जानकारी रखनी पड़ती है और इसी के साथ उन्हें दिन भर ग्राहकों का मधुर मुसकान के साथ अभिवादन करना पड़ता है।

मानव संसाधन को कुशल बनाने के लिए हमने 'गुरुकुल' शुरू किया है, जिसमें हमारी विक्रय टीम में नियुक्त होनेवाले कर्मचारियों को प्रशिक्षण दिया जाता है। इसमें व्यक्तित्व विकास और आत्मविश्वास-निर्माण पर बल दिया जाता है। इसके साथ-ही-साथ उन्हें कंपनी द्वारा प्रायोजित व्यावसायिक पाठ्यक्रमों—जिनमें कंपनी के साथ जुड़े संस्थानों में उपलब्ध प्रबंधन पाठ्यक्रम भी शामिल हैं—के लिए भी प्रोत्साहित किया जाता है। हमारे स्टोर प्रबंधकों और उनकी टीमों को देखकर कोई भी यह समझ सकता है कि किस प्रकार कोई तत्काल निर्णय ले सकता है, अपने स्वयं के बल पर व्यवसाय चला सकता है और बिक्री को बढ़ा सकता है। वस्तुत:, उपभोक्ता सेवा से संबंधित हमारी अधिकतर सफल योजनाओं और नीतियों के पीछे हमारे इन्हीं सहकर्मियों का सुझाव रहा है। हम प्राय: अपने ग्राहकों और उनकी उपभोक्ता-प्रवृत्ति व रुचि को देखकर ही अपनी रणनीतियाँ तैयार करते हैं, न कि बाजार शोध अभिकरणों के अध्ययन के आधार पर। एक-एक कर्मचारी को उपभोक्ता व्यवहार का अध्ययन करने के लिए प्रशिक्षित किया जाता है और साथ ही उसे स्वयं निर्णय लेने की शक्ति भी दी जाती है। आपदाओं के समय—उदाहरण के लिए, जब कोई ग्राहक एकदम बीमार हो जाए या फिर बाढ़, अग्नि-दुर्घटना या दंगा आदि के समय—हमारे सहकर्मियों ने कई बार ऐसे निर्णय लिये हैं, जिन पर हमें गर्व है।

26 जुलाई, 2005 को मुंबई में आई बाढ़ की घटना सभी को याद होगी। तीन दिन तक पूरा शहर बंद पड़ा था। दफ्तर और दुकानें बंद थीं, रेलगाड़ियाँ नहीं चल रही थीं और समाचार-पत्र तक नहीं छप रहे थे; लेकिन हमारे फूड बाजार स्टोर, जो बाढ़-प्रभावित नहीं थे, तीनों दिन खुले रहे। हमारे सहकर्मियों ने ही स्टोर को खोले रखने का निर्णय लिया था। बारिश बंद हो जाने के बाद उन्होंने ग्राहकों से बात करके दूध और भोजन आदि उनके घर पर भिजवा दिए। कंपनी के प्रमुख या मुख्यालय से ऐसा कोई निर्देश या सुझाव नहीं दिया गया था। स्टोर के सभी कर्मचारियों ने मिलकर स्थिति को सँभालने की कोशिश की थी। ऐसा करके उन्होंने यह बात सिद्ध कर दी कि रिटेल स्टोर नगरीय ढाँचे का उतना ही महत्त्वपूर्ण हिस्सा है जितना कि सार्वजनिक परिवहन व्यवस्था। हमारे सहकर्मियों ने स्वयं अपने बल पर यह दिखा दिया कि चाहे बारिश आए या बाढ़, हमारे स्टोर अपने ग्राहकों की सेवा में लगातार लगे रहेंगे, बल्कि सामान्य स्थिति से भी बेहतर सेवा उपलब्ध कराएँगे।

II

रिटेलर प्राय: स्थान को ही सबसे ज्यादा महत्त्वपूर्ण मानते हैं। मैं ऐसा तो नहीं मानता, लेकिन इतना जरूर कहूँगा कि रिटेल में भू-संपत्ति अथवा स्थान एक महत्त्वपूर्ण

कारक है और सही स्थान का अच्छा लाभ मिलता है। संगठन के विकास की जिम्मेदारी आज अधिक-से-अधिक योग्य व प्रतिभाशाली लोगों के पास आ गई है, इसलिए भू-संपत्ति एक महत्त्वपूर्ण कारक बन गया है, जो हमारी अपनी इच्छा पर है।

जिन-जिन स्थानों (भू-संपत्ति) पर हम अपने स्टोर चला रहे हैं, उनमें अधिकतर ऐसे हैं, जो हमारे स्वामित्व में नहीं हैं। हमारे अधिकतर रिटेल मॉडल किराए की भू-संपत्ति पर चलते हैं, जिनके लिए हम भू-स्वामी या डेवलपर से दीर्घकालिक समझौता-पत्र पर हस्ताक्षर कराते हैं। जब हमने अपना व्यवसाय शुरू किया था, उस समय शॉपिंग मॉल कम ही थे; लेकिन आज स्थिति बहुत बदल गई है। अभी कुछ वर्ष पहले तक भी हममें से अधिकांश लोग रिटेल के भविष्य को नहीं समझ रहे थे, लेकिन हमने अपने देश में बढ़ते उपभोक्तावाद पर प्रत्यक्ष अनुभव के बल पर एक बड़ा सट्टा लगाया और रिटेल के लिए अच्छा-खासा स्थान आरक्षित करवा लिया।

भू-संपत्ति (रियल एस्टेट) की बढ़ती कीमतें—विशेषकर महानगरों में—इस रिटेल क्षेत्र के विकास में सबसे बड़ी बाधा लगती हैं। एक ओर उपभोक्ताओं के पास खरीदारी पर खर्च करने के लिए कम पैसा होता है, क्योंकि उनकी आय का एक बड़ा भाग होम लोन (गृह-ऋण) चुकाने में खर्च हो जाता है और दूसरी ओर, रियल एस्टेट की ऊँची कीमतों के कारण कोई बड़ा स्टोर चलाना बहुत खर्चीला हो गया है। देखा जाए तो कोई स्टोर अपने ग्राहकों को अधिकतम लाभ उपलब्ध करा सके, इसके लिए भू-संपत्ति अर्थात् रियल एस्टेट की कीमत उस स्टोर की कुल बिक्री के 5 प्रतिशत से भी कम होनी चाहिए, लेकिन वर्तमान में यह 15 से 20 प्रतिशत है।

सौभाग्य से हमें इतना ज्यादा किराया नहीं देना पड़ता, क्योंकि हमने बहुत पहले स्थान आरक्षित करवा लिया था, जब दूसरे लोग इस क्षेत्र में उतरे ही नहीं थे और कीमत भी इतनी ज्यादा नहीं थी। इससे हमें अपने ग्राहकों को कम कीमत पर बेहतर सेवा देने का मौका मिल रहा है।

संजय चंद्रा*

हम नोएडा में एक शॉपिंग मॉल खोलने वाले हैं, जो 10 लाख वर्ग फीट क्षेत्र में फैला होगा। जिस समय हमने व्यवसाय शुरू किया था, उस समय हम आश्वस्त नहीं थे कि भारत में इतना बड़ा मॉल सफल हो सकेगा, इसलिए हम

* संजय चंद्रा यूनीटेक लिमिटेड के प्रबंध निदेशक हैं। गुड़गाँव की यूनीटेक लिमिटेड विश्व की पचास सबसे बड़ी रियल एस्टेट कंपनियों में से एक है।

सिर्फ 2 लाख वर्ग फीट क्षेत्रफलवाले मॉल की योजना बनाकर चल रहे थे। किशोरजी उन कुछ लोगों में से एक हैं, जिन्होंने सबसे पहले उस स्थल का दौरा किया था और हमें आगे बढ़ने के लिए प्रोत्साहन दिया था। उनकी सबसे बड़ी शक्ति यही है कि उन्हें भारतीय उपभोक्ता की नस-नस की पहचान है। यह उनकी आशावादिता और प्रोत्साहन का ही परिणाम है कि हम अपने व्यवसाय को पाँच गुना विस्तार दे सके।

रिटेल वास्तव में एक उद्यम-केंद्रित व्यवसाय है; परंतु भारत में अधिकतर रिटेल कंपनियाँ पेशेवर तरीके से चलाई जा रही हैं और वे प्राय: तत्काल निर्णय नहीं ले पाती हैं। एक पेशेवर मुख्य कार्यकारी अधिकारी अपनी योजना को लेकर पहले परामर्शदाताओं या बाजार शोध एजेंसियों के पास जाता है, उसके बाद कंपनी के मालिक से अनुमोदन लेता है। कंपनी के मालिक प्राय: वस्तुस्थिति से अच्छी तरह परिचित नहीं होते और कार्यकर्ताओं को स्वयं निर्णय लेने, उसे कार्यान्वित करने का अधिकार नहीं होता। इस कारण वे कोई साहसिक या जोखिमपूर्ण कदम नहीं उठा पाते।

उदाहरण के लिए, जब दूसरे रिटेलर 40 हजार वर्ग फीट का स्थान आरक्षित करवा रहे थे, उस समय किशोर उनसे दो कदम आगे बढ़कर 1 लाख वर्ग फीट का क्षेत्र आरक्षित करवा लेते थे, इसीलिए उन्हें कम कीमत पर सबसे ज्यादा स्थान मिल सका है।

हमारा अनुभव यही रहा है कि किसी रिटेलर के लिए जरूरी नहीं कि वह अपना स्टोर खोलने के लिए शहर का कोई पॉश इलाका ही चुने। इसकी बजाय उसे संबंधित स्थान की संभावनाओं को ध्यान में रखना चाहिए। मुंबई के लोअर परेल में, कोलकाता के हाइलैंड पार्क में या बंगलौर के कोरामंगला में जब हमने अपना बिग बाजार खोला था, उस समय ये स्थान इतने आकर्षक नहीं थे; लेकिन अब इन इलाकों का तेजी से विकास हो रहा है और इसका लाभ हमारे स्टोरों को भी मिल रहा है।

स्टोर के लिए स्थान का चुनाव करते समय हम अपने स्वयं के अनुभवों और अध्ययनों-विश्लेषणों को ध्यान में रखते हैं। हम स्थानीय बाजारों में जाते हैं, वहाँ उपलब्ध विभिन्न उत्पादों की प्रकृति को समझने की कोशिश करते हैं और आस-पास के लोगों से बात करते हुए उनके उपभोग व खरीदारी व्यवहार का अवलोकन करते हैं। किसी शहर या इलाके की संभाव्यता के बारे में कई बार विभिन्न सर्वेक्षणों-विश्लेषणों की बजाय गैर-परंपरागत माध्यमों से ज्यादा ठोस और विश्वसनीय जानकारी मिल जाती है।

उदाहरण के लिए, बॉलीवुड और रिटेल क्षेत्र एक-दूसरे से बिलकुल अलग दिखाई देते हैं, लेकिन विभिन्न फिल्मों के बॉक्स ऑफिस संग्रह का अध्ययन करने से पता चलता है कि किस शहर/कस्बे या स्थान के लिए कौन सा रिटेल मॉडल उपयुक्त रहेगा। 'गदर' या 'दिल चाहता है' जैसी फिल्म अच्छी चलती है या नहीं, इससे संबंधित इलाके के लोगों की पसंद, रुचि और प्रवृत्ति का पता चलता है।

अनुज पुरी*

पहली बार जब मैं किशोर से मिला था, उस समय उन्होंने कहा था कि मैं कोई भू-संपत्ति तभी लेता हूँ, जब मेरे दिमाग में घंटी बजती है। 'घंटी बजने' से उनका क्या तात्पर्य है, यह मैं अब तक नहीं समझ पाया हूँ। कई बार कोई जगह हमें बेहद पसंद आती है, लेकिन वह एक मिनट में उसे खारिज कर देते हैं, क्योंकि उनके दिमाग की घंटी नहीं बजती। लेकिन अब तक मैं इतना तो जरूर समझ गया हूँ कि वह तुरंत पता लगा लेते हैं कि कोई जगह ग्राहकों को आकर्षित करेगी या नहीं। वैसे, यह 'घंटी' अब हमारी कंपनी में एक सूत्र या सिद्धांत बन गई है। 'घंटी बजने' का एक उदाहरण मुंबई की हाई स्ट्रीट फिनिक्स स्थित भू-संपत्ति रही हैं। हम डेवलपर की ओर से काम कर रहे थे और हमें यह निश्चित जानकारी नहीं थी कि किशोर को यह जगह पसंद आएगी। यहाँ उस समय टेक्सटाइल मिल थी, जिसके स्थान पर मॉल बनाया जा रहा था। इसके आस-पास चारों ओर छोटी-छोटी झोंपड़ियाँ बनी थीं और लोअर परेल वर्ष 2001 तक कोई बहुत अच्छा या आकर्षक स्थान नहीं माना जाता था; किशोरजी मुंबई में बिग बाजार शुरू करने की योजना बना रहे थे। हम उनके पास इसी उम्मीद से गए थे कि वह फिनिक्स में भू-संपत्ति किराए पर लेने के लिए तैयार हो जाएँगे। मुझे लग रहा था कि यदि वह उस स्थान को लेना ही चाहेंगे तो मुख्य सड़क के सामने की जगह ही चुनेंगे।

किशोर वहाँ अपना पहला बिग बाजार शुरू करने के लिए तैयार हो गए। स्थिति का मुआयना करने के बाद उन्होंने कारखाने के परिसर के भीतर का ही स्थान चुना, जो एक मुख्य मार्ग के सामने पड़ता था। उन्होंने एक-एक बात पर गौर किया—ग्राहक भीतर कैसे आएगा, कहाँ अपनी कार खड़ी करेगा,

---

* अनुज पुरी एक अंतरराष्ट्रीय संपत्ति परामर्शदात्री फर्म टैमल क्रो मेघराज के प्रबंध निदेशक हैं।

कहाँ उतरेगा और सबसे पहले कौन सा स्टोर सामने पड़ेगा? उनकी पसंद बिलकुल ठीक निकली। उसके बाद से हमने समझ लिया कि स्थान के बारे में किशोरजी का निर्णय शेष सभी के निर्णय से अलग होता है। वह किसी के कहने में नहीं आते, बल्कि अपने स्वयं के अनुभव के आधार पर चलते हैं। भविष्य के बारे में अनुमान लगाने में भी वह बहुत तेज हैं। वह अनुमान से बता सकते हैं कि अब से तीन या पाँच वर्ष बाद स्थिति कैसी होगी?

यह किशोर की कार्य-शैली का ही परिणाम है कि आज अन्य रिटेलरों को स्थान का चुनाव करते समय जल्दी निर्णय लेना पड़ता है। पहले वे कई बार एक या दो महीने तक का समय लगा देते थे, लेकिन एक बार में ही अपना अंतिम निर्णय ले लेते हैं। इस कारण अब दूसरे रिटेलरों को भी दो या तीन दिन में ही अपना अंतिम निर्णय ले लेना पड़ता है।

भारत में शॉपिंग मॉलों का संबंध सिर्फ खरीदारी या शॉपिंग से ही नहीं है। देश के अधिकतर शहरों में स्थान का अभाव होता जा रहा है और ऐसे सार्वजनिक स्थल भी कम ही हैं, जहाँ लोग अपने पूरे परिवार के साथ जाकर अपना समय सुकून से बिता सकें। मॉल धीरे-धीरे नगरीय ढाँचे का एक हिस्सा बनते जा रहे हैं, जहाँ विभिन्न समुदायों के लोग न केवल खरीदारी के लिए आते हैं, बल्कि खाने-पीने और मौज-मस्ती के लिए भी आते हैं। अतः रिटेलरों और प्रॉपर्टी डेवलपरों को एक साथ मिलकर नए उभरते भारत का स्वरूप तैयार करना चाहिए।

अतुल रुइया*

किशोरजी से मेरी पहली मुलाकात वर्ष 2001 में हुई थी, जब हाई स्ट्रीट फिनिक्स का विकास हो रहा था। तब तक मैं यही सोचता था कि मुख्य कार्यकारी अधिकारी (CEO) कम-से-कम छह सदस्यों की टीम के साथ आते हैं। बातचीत भी प्रायः संपत्ति की खामियाँ गिनाने के साथ शुरू होती थी। मुख्य कार्यकारी अधिकारी ही ये खामियाँ गिनाते थे, ताकि हमसे कीमत कम करवा सकें। लेकिन किशोरजी सुबह 9:30 बजे बिलकुल अकेले आए। मैं उन्हें स्थल पर ले गया, जिसे देखने के बाद 10 मिनट में ही उन्होंने कह दिया,

---

* अतुल रुइया मुंबई के हाई स्ट्रीट फिनिक्स की प्रोमोटर कंपनी फिनिक्स मिल्स लिमिटेड के निदेशक हैं।

'मैं इसे लूँगा।' यह मेरे उस समय तक के अनुभव से बिलकुल अलग था। सचमुच, उनकी सोच बहुत सकारात्मक थी और तुरंत ही हमारे बीच समझौता हो गया। अब मैं सोचता हूँ कि वह उस दिन संपत्ति को देखने के लिए नहीं आए थे, इसे उन्होंने पहले ही अच्छी तरह देखभाल लिया था। वह उस दिन हमारे बीच समझौते की संभावना पर बात करने के लिए ही आए थे। मुझे लगता है कि किशोरजी के बहुत से निर्णय इसी संभावना पर आधारित होते हैं कि उनपर कोई समझौता तैयार किया जा सकता है या नहीं।

मुश्किल से ढाई मिनट में हमारा वाणिज्यिक समझौता पक्का हो गया। उन्होंने मुझे अपने दूसरे बिग बाजार—जो हैदराबाद में खुलने जा रहा था—को देखने के लिए बुलाया था। अपनी वापसी की हवाई यात्रा में ही मैंने उन्हें कीमत के बारे में बताया, जिसे उन्होंने स्वीकार कर लिया और सौदा पक्का हो गया। मैंने पहले से ही कीमत का निर्धारण करके रखा था और वही कीमत मैंने उन्हें बताई थी। वह भी जानते थे कि कीमत स्वयं में उपयुक्त है, इसीलिए वह एकदम मान गए। आज भी कोई डेवलपर उनसे ज्यादा कीमत नहीं बताता। सभी को पता है कि किशोरजी मोल-भाव नहीं करेंगे, बस एक ही बार में 'हाँ' या 'नहीं' बोल देंगे। मेरा खयाल है कि इस सौदे में हमने जो शर्तें तैयार की थीं, वे ही हमारे अन्य सौदों का भी आधार बनीं।

उन्हें पूरा विश्वास था कि हाई स्ट्रीट फिनिक्स किसी दिन एक ऐसे आकर्षक स्थान के रूप में विकसित होगा, जहाँ मुंबई का हर कोई अपने पूरे परिवार के साथ खुशियाँ मनाने और सुकून पाने के लिए आएगा। उन्होंने ही कहा था कि हम कार पार्किंग के लिए कोई शुल्क ने लें। उन्होंने यह भी कहा था कि हम आवारा कुत्तों को परिसर के बाहर भी न आने दें।

अपने डेवलपर के साथ हम स्वयं मिलकर काम करते हैं। हम उन्हें अपने अनुभवों के बारे में बताते हैं और मॉल का डिजाइन तैयार करने में भी शामिल होते हैं। वर्ष 2002 से हमने देश के अधिकतर शहरों/कस्बों में दूसरे रिटेलरों की अपेक्षा ज्यादा स्थान आरक्षित कराने का श्रेय प्राप्त किया है। सन् 2004 तक हमारे पास देश भर में अच्छा-खासा रियल एस्टेट था। हमारे पास एक सशक्त प्रबंधन टीम भी थी।

संगठन के स्तर पर देखा जाए तो रियल एस्टेट (भू-संपत्ति) और मानव संसाधन दोनों मामलों में हमारी स्थिति काफी मजबूत हो गई है। पैंटलून्स और बिग बाजार के साथ हमने भारतीय बाजार और उपभोक्ता प्रवृत्ति व व्यवहार का अच्छा ज्ञान प्राप्त किया

था। हमें लगा कि यह नए मॉडलों और उत्पादों को लेकर नए प्रयोग करने का अच्छा अवसर है।

III

गत शताब्दी के अंत तक विश्व भर में रिटेलिंग के क्षेत्र में एक दिलचस्प रुचि विकसित होने लगी थी। डिपार्टमेंटल स्टोरों की लोकप्रियता ग्राहकों में कम से कमतर होती जा रही थी। बड़े-बड़े डिपार्टमेंटल स्टोर उत्पादों की व्यापक श्रृंखला उपलब्ध कराते थे—कपड़े, क्रॉकरी, खिलौने और होम फर्निशिंग की वस्तुएँ आदि। साथ ही स्टोर व गोडाउनों में बेचे जानेवाले उत्पाद को खरीदकर बेचते थे। इन्हें रिटेलर की कार्य-सूची या तालिका माना जाता था। विश्लेषक यह जानने की कोशिश करने लगे थे कि क्या यह आदर्श रिटेल मॉडल हो सकता है या क्या रिटेल क्षेत्र में आ रहे बदलावों से बड़े डिपार्टमेंटल स्टोरों का अंत हो जाएगा?

एक ओर ऐसे विशिष्ट स्टोर थे, जो किसी विशेष उत्पाद श्रेणी को लेकर चल रहे थे—इलेक्ट्रॉनिक्स, खिलौने, महिलाओं के कपड़े और गृहोपयोगी उपकरण। धीरे-धीरे ये ग्राहकों में काफी लोकप्रिय होते चले गए, जहाँ लोग किसी उत्पाद विशेष को खरीदने के लिए जाया करते थे। दूसरी ओर डिस्काउंटर, हाइपर मार्केट, होलसेल क्लब थे, जो मोल-भाव करनेवाले ग्राहकों के लिए बहुत अच्छे थे। इन दोनों के बीच डिपार्टमेंटल स्टोर पिस रहे थे और आधुनिक ग्राहकों को ये बहुत ही औपचारिक और रुचिहीन लगने लगे थे।

इन रुझानों के साथ चलने के लिए कुछ डिपार्टमेंटल स्टोर अपने स्वरूप में बदलाव ला रहे थे। इनमें एक प्रमुख डिपार्टमेंटल स्टोर श्रृंखला थी—इंग्लैंड की 'सेल्फ्रिजेज'। वर्ष 2003 में सेल्फ्रिजेज ने इंग्लैंड के बर्मिंघम में एक नया स्टोर खोला, जिसने डिपार्टमेंटल स्टोरों के स्वरूप को एक नया आयाम दिया। लंदन स्थित सेल्फ्रिजेज स्टोर वर्ष 1909 में निर्मित बड़े भवन में चल रहा था, जबकि बर्मिंघम में खुला यह नया स्टोर अत्याधुनिक वास्तु शैली में निर्मित और एल्यूमीनियम से बने एक शानदार भवन में चल रहा था, जो देखने में किसी बाहरी दुनिया का लगता था। भीतर से देखने पर वह पुराने स्टोर का ही परिष्कृत और नवीनीकृत स्वरूप दिखाई देता था। ब्रांडों के बीच सीधी प्रतिस्पर्धा थी; घड़ियों की प्रतिस्पर्धा परफ्यूम के साथ, उपयोगी सामानों की प्रतिस्पर्धा फैशनेबल वस्तुओं के साथ। इसके अतिरिक्त स्टोर की ओर से दिन भर में विभिन्न कार्यक्रम आयोजित किए जाते थे, जिसे 'शॉपिंग एंटरटेनमेंट' कहा जाता था।

बैंकॉक स्थित सेंट्रल स्टोर भी देखने में ऐसा ही लगता था; वह भी देश-विदेश के ग्राहकों में बहुत लोकप्रिय होता जा रहा था। दक्षिण-पूर्व एशिया, जापान और यूरोप के

विभिन्न हिस्सों में इसी तरह के स्टोर अस्तित्व में आने लगे थे। ये नए जमाने के डिपार्टमेंटल स्टोर ग्राहकों के लिए शॉपिंग मॉल की तरह थे, अंतर बस इतना था कि उनमें विभिन्न स्टोरों को अलग करने के लिए दीवारें नहीं थीं।

जब विदेशों में यह प्रवृत्ति उभर रही थी, उसी समय भारत में भी उपभोक्ता प्रवृत्ति में भी कुछ निश्चित बदलाव सामने आते दिखाई दे रहे थे। हमारा अनुभव यह था कि शॉपिंग मॉल में आनेवाला ग्राहक प्राय: चार या पाँच स्टोरों पर जाता है। उसमें एक बड़ा स्टोर और कुछ छोटे ब्रांड शोरूम शामिल होते हैं। उसके बाद ग्राहक थक जाता है और फिर वह किसी अन्य स्टोर में नहीं घूमना चाहता।

अत: हमने सोचा—मॉल के भीतर विभिन्न स्टोरों को अलग करनेवाली दीवारें हटा दी जाएँ तो? उस स्थिति में ग्राहक एक समय में कई ब्रांड देख सकेगा और इसके लिए उसे अलग-अलग स्टोरों पर नहीं जाना पड़ेगा। इसके अतिरिक्त, ग्राहकों को मनोरंजन के अन्य विकल्प भी उपलब्ध कराए जा सकते थे। इस प्रकार, ग्राहक को खरीदारी और मनोरंजन का एक साथ अच्छा अवसर मिल जाता।

कंपनी के भीतर भी एक नया उत्साह व आत्मविश्वास देखा जा सकता था। हमने रिटेलिंग में छह वर्ष से भी ज्यादा समय का अनुभव प्राप्त किया था। बिग बाजार में हमने उत्पादों की एक व्यापक श्रेणी उपलब्ध कराने की कुशलता प्राप्त की और पैंटलून्स में लाइफ स्टाइल से जुड़े उत्पादों का अनुभव प्राप्त किया था। जिन शहरों में हमने अपनी स्थिति मजबूत कर ली थी, वहाँ अब हम खरीदारी व मनोरंजन के लिए संयुक्त केंद्र तैयार कर सकते थे। भारतीय शहरों में शायद ही ऐसा कोई शहर रहा होगा, जो देश के हर कोने से ग्राहकों को आकर्षित कर सकता। एक अग्रणी रिटेलर होने के नाते अब यह हमारी जिम्मेदारी बन गई थी कि हम ऐसे शॉपिंग केंद्र स्थापित करते, जो पूरे देश के ग्राहकों को आकर्षित करें।

इन्हीं तीन कारकों—डिपार्टमेंटल स्टोरों का विकसित बाजारों में रूपांतरण, भारत में मौजूद शॉपिंग मॉलों की ओर ग्राहकों की दिलचस्पी कम होना, भारतीय शहरों में केंद्रीय मॉल स्थापित करने की आवश्यकता—ने हमें नए रिटेल मॉडल 'सेंट्रल' पर काम करने के लिए प्रेरित व प्रोत्साहित किया। हम एक ऐसा रिटेल मॉडल तैयार करना चाहते थे, जो भारत के तत्कालीन मॉडलों से बड़ा और बिलकुल अलग है। इस नए रिटेल मॉडल में रेस्त्राँ, कॉफी शॉप, मनोरंजन के साधन, खेल (गेम) के साथ-साथ खरीदारी के लिए विभिन्न ब्रांड की सुविधा उपलब्ध कराने की योजना थी। यदि इन दोनों मोरचों पर हम सफल हो पाते तो देश के हर कोने से ग्राहकों को आकर्षित कर सकते थे और इस प्रकार अपने नए मॉडल को शहर का प्रमुख शॉपिंग केंद्र बना सकते थे।

एक-दो और बातें थीं, जिन पर 'सेंट्रल' मॉडल ने पर्याप्त ध्यान दिया। पैंटलून्स स्टोरों के पास स्थान सीमित था। हम उसे फैशन केंद्र के रूप में स्थापित कर रहे थे और उसमें अधिकतर वे ही ब्रांड बेचे जाते थे, जो हमारे अपने थे, जिन्हें प्राइवेट लेबल कहा जाता था। लेकिन उसकी लोकप्रियता बढ़ने के साथ-साथ हमारे पास अनेक भारतीय व विदेशों के स्टॉक रखने के प्रस्ताव आने लगे थे। 'सेंट्रल' चूँकि आकार व क्षेत्रफल में काफी बड़ा था, अतः हमें अन्य ब्रांडों के लिए भी पर्याप्त स्थान मिल सकता था।

परंतु इन ब्रांडों से हम कोई शुल्क या किराया नहीं लेते थे। हमें उनकी कुल बिक्री पर एक निश्चित प्रतिशत में कमीशन मिलता था। इन ब्रांडों की बिक्री के आधार पर हम स्वयं निर्णय ले सकते थे कि कौन सा ब्रांड हमें रखना है और कौन सा छोड़ना है? इससे हमें छोटे ब्रांडों के लिए भी एक आधार मिल सकता था, विशेषकर स्थानीय परिधानों (एथनिक वीयर) के लिए। चूँकि इन ब्रांडों के मालिक स्टॉक स्वयं रखते थे, अतः उन्हें स्टोर चलाने के लिए अपने कुछ लोगों को रखने की अनुमति थी। हम इन ब्रांड मालिकों के साथ संबंध स्थापित करने, मॉल के भीतर ग्राहकों को बुलाने और ग्राहकों को खरीदारी, मनोरंजन तथा खाने-पीने की सुविधाएँ उपलब्ध कराने की दिशा में काम कर रहे थे।

पहला सेंट्रल मॉल मई 2004 में बंगलौर में खोला गया। 1,20,000 वर्ग फीट क्षेत्रफल में फैला यह मॉल छह मंजिला था, जिसमें कपड़ों, फुट वीयर, साज-सज्जा की वस्तुओं, संगीत, पुस्तकों और होम फर्निशिंग की वस्तुओं आदि की श्रेणी में आनेवाले लगभग 300 ब्रांड थे। इसके अतिरिक्त हमारे पास कॉफी शॉप, फूड कोर्ट, रेस्त्राँ, डिस्कोथेक, बार और एक फूड बाजार भी था। ग्राहक यहाँ से फिल्मों के लिए, यात्रा के लिए टिकट आरक्षित करवा सकता था तथा बिलों का भुगतान भी कर सकता था।

सेंट्रल को बंगलौर का केंद्रीय मॉल बनाने में शहर में उसकी केंद्रीय स्थिति का सबसे बड़ा योगदान रहा है। यह शहर का हृदय-स्थल माने जानेवाले एम.जी. रोड पर स्थित है, जहाँ पहले किसी समय होटल विक्टोरिया हुआ करता था। इसे शहर का केंद्रीय स्थल बनाने में हमने अपनी ओर से भी काफी कुछ किया। मॉल की बिल्डिंग के बाहर स्थित सेंट्रल स्क्वायर को विभिन्न कला प्रदर्शनियों, सांस्कृतिक कार्यक्रमों और उत्पाद कार्यक्रमों के लिए खुला रखा गया है। वर्ष 2005 में सेंट्रल के फ्लैग पॉइंट से एक विंटेज कार रैली शुरू की गई थी, तब से यह इस तरह के आयोजनों का केंद्र बन गया है। हमने 'रेडियो सेंट्रल' भी शुरू किया, जो भारत का पहला आंतरिक रिटेल रेडियो स्टेशन बना। इस प्रकार 'सेंट्रल' को लेकर हमारी जो अपेक्षाएँ थीं, वे पूरी हो रही थीं।

'शॉप, ईट ऐंड सेलीब्रेट'—यानी खरीदो, खाओ और उत्सव मनाओ की अपनी परिभाषा पर वह खरा उतर रहा था।

बंगलौर 'सेंट्रल' खोलने के बाद शीघ्र ही हमने नवंबर 2004 में हैदराबाद में दूसरा सेंट्रल खोला। यह भी पुंजागुट्टा क्रॉस रोड पर शहर के हृदय-स्थल में स्थित था। शहर को सिकंदराबाद, जुबली हिल्स और शहर के पुराने हिस्से से जोड़नेवाली सड़कें यहाँ एक-दूसरे से मिलती थीं। यह आकार में बंगलौर सेंट्रल से दोगुना बड़ा था। यहाँ लगभग सौ ब्रांड बिक्री के लिए उपलब्ध थे और साथ ही फूड कोर्ट, रेस्त्राँ एवं पी.वी.आर. सिनेमा द्वारा प्रबंधित पाँच परदोंवाला एक मल्टीप्लेक्स भी था। बंगलौर सेंट्रल की तरह ही हैदराबाद सेंट्रल भी जल्दी ही शहर की धड़कन बन गया। 200 करोड़ रुपए के वार्षिक टर्नओवर के साथ वर्तमान में यह देश के सबसे बड़े रिटेल केंद्रों में गिना जाता है।

बंगलौर और हैदराबाद के सेंट्रल मॉडलों की सफलता के बाद हम इस संभावना पर काम करने लगे थे कि किस प्रकार देश के अन्य बड़े शहरों तक इन्हें पहुँचाया जा सकता है। इसके लिए हमारी नजर पुणे पर थी। यह शहर देश भर के छात्रों को आकर्षित करता था, इसलिए यहाँ की जनसंख्या में युवाओं का प्रतिशत अच्छा-खासा था। इसके अतिरिक्त सूचना प्रौद्योगिकी (आई.टी.) कंपनियाँ यहाँ अपना आधार तैयार कर रही थीं, इसलिए इनमें काम करनेवाले युवा प्रोफेशनल भी धीरे-धीरे यहीं बसते जा रहे थे; परंतु चूँकि यहाँ अच्छे शॉपिंग मॉल और रिटेल क्षेत्र की कमी थी, इसलिए हमें यहाँ पैंटलून्स और बिग बाजार खोलने की योजना को स्थगित करना पड़ा।

'सेंट्रल' को खोलने से हमें नए उभरते उपभोक्ताओं के अनुकूल अपना स्वयं का रिटेल क्षेत्र तैयार करने का अच्छा अवसर मिल गया था। दिसंबर 2005 में एक दिन सुबह हमारी प्रबंधन टीम के सभी सदस्य पुणे पहुँचे। पुणे जैसे शहर को समझने के लिए यह हमारे अनोखे प्रयोग की शुरुआत थी, जिसमें हमें एक ऐसे उपभोक्ता समुदाय का अध्ययन करना था, जिसके साथ पहले हमारा कोई भी रिटेल संपर्क नहीं रहा था। हम सभी लोग चार अलग-अलग समूहों में बँट गए और प्रत्येक समूह शहर के अलग-अलग भाग की ओर निकल पड़ा। किसी ने सूचना प्रौद्योगिकी कंपनियों, मल्टीप्लेक्सों, शॉपिंग मॉलों और सार्वजनिक पार्कों का भ्रमण किया तो किसी ने छोटे-छोटे भोजनालयों, मंदिरों, सिनेमा घरों, कॉलेज परिसरों और रेलवे स्टेशनों का भ्रमण किया। दो दिन तक हम इसी तरह विभिन्न प्रकार के लोगों, उनकी खर्च करने की आदतों को देखते रहे और अलग-अलग परिवेश में लोगों के चित्र भी लिये।

दो दिन के बाद हम मुंबई वापस आ गए। हमने एक-दूसरे को अपने अनुभवों के

बारे में बताया। उसके आधार पर ही हमने अपने पुणे सेंट्रल का डिजाइन तैयार किया। अप्रैल में हमने बंद गार्डन रोड पर पुणे सेंट्रल खोल दिया। यह बंगलौर स्थित स्टोर से बड़ा था। इस मॉल की डिजाइन तैयार करने में सभी पहलुओं का बारीकी से अध्ययन किया गया था। रिटेल स्टोर में थोड़े से बदलाव से भी बिक्री प्रभावित हो सकती है। यहाँ तक कि वस्तु ग्राहक के दाईं ओर अलमारी में रखी हुई है या बाईं ओर, इसका भी बहुत असर पड़ता है। पुणे सेंट्रल में इस बात पर विशेष ध्यान दिया गया था कि कोई भी ग्राहक खरीदारी करते समय अलग-थलग न दिखे। वरिष्ठ नागरिकों के लिए अलग से स्थान निर्धारित किए गए थे, जहाँ वे बैठकर आराम कर सकते थे, लेकिन शेष पूरे मॉल का वातावरण जवाँदिल और मस्ती भरा था।

शॉपिंग मॉलों में कॉलेज के छात्र प्राय: ज्यादा जाते हैं। उनमें से कुछ तो बड़े-बड़े समूहों में आते हैं, लेकिन जरूरी नहीं कि वे खरीदारी ही करें। रिटेलिंग की भाषा में उन्हें 'मॉल रैट' (यानी मॉल का चूहा) कहा जाता है। पुणे सेंट्रल में हमने यह सुनिश्चित करने की कोशिश की कि वहाँ आनेवाला हर कोई कुछ-न-कुछ खरीदने के लिए जरूर आकर्षित हो। युवकों की भीड़ को आकर्षित करने के लिए फैशन की वस्तुएँ, फास्ट फूड, कॉफी शॉप और पिज्जा हट की व्यवस्था थी।

'सेंट्रल' स्वयं में एक अनोखा मॉडल सिद्ध हुआ है। भारत में कोई भी रिटेलर अब तक इसकी प्रतिकृति नहीं तैयार कर सका है। यह रिटेलिंग में हमारे अनुभवों व कौशलों का एक शो-केस बन गया है। हमारा नवीनतम सेंट्रल मॉडल वडोदरा में खुला है। रिटेलर प्राय: वडोदरा को नजरअंदाज ही करते रहे हैं। 'वाड़ी' इलाके में स्थित वडोदरा सेंट्रल 1,50,000 वर्ग फीट क्षेत्रफल में फैला हुआ है।

इतने बड़े रिटेल स्टोर के प्रबंधन में रचनात्मकता और नयापन बहुत आवश्यक है। अपने हर सेंट्रल के लिए हमें अलग-अलग डिजाइन तैयार करना पड़ा था। अलग-अलग शहर की उपभोग प्रवृत्ति को ध्यान में रखकर बहुत धैर्य के साथ हमने संबंधित शहर के लिए अपने सेंट्रल का प्रारूप तैयार किया है। इसकी सफलता बहुत हद तक इस बात पर निर्भर थी कि यह शहर के अन्य मॉलों से अलग एक केंद्रीय मॉल की तरह दिखता है या नहीं। इसके लिए हमें बहुत कुछ सीखना-समझना पड़ा। अब हमने इस तरह के केंद्रीय मॉल तैयार करने में कुशलता हासिल कर ली है।

'सेंट्रल' की अवधारणा अब पूरी तरह से परिपक्व हो चुकी है, अत: अब हम देश के सभी बड़े शहरों में सेंट्रल आउटलेट खोलने के लिए तैयार हैं। अपने रियल एस्टेट साझेदारों के साथ मिलकर हम अपने सेंट्रल आउटलेट के लिए देश के ग्यारह बड़े शहरों में विस्तृत रिटेल रियल एस्टेट क्षेत्र विकसित कर रहे हैं।

इस श्रेणी का हमारा सबसे बड़ा आउटलेट कोलकाता में खुलेगा। लोअर सर्कुलर रोड पर स्थित यह आउटलेट आकार में बंगलौर सेंट्रल से चार गुना बड़ा होगा। अपने आगामी सेंट्रल मॉलों का प्रारूप तैयार करने के लिए हमने मैनहट्टन की कंपनी रॉकवेल ग्रुप के साथ समझौता किया है। रॉकवेल ग्रुप को विश्व की प्रसिद्ध वास्तुकला डिजाइन कंपनियों में गिना जाता है। कोडक थिएटर की डिजाइन तैयार करने के लिए जानी-मानी इस कंपनी ने अमेरिका, यूरोप और जापान में अनेक हवाई अड्डा परिसरों, रेस्त्राँओं और शॉपिंग मॉलों की डिजाइन तैयार की है। ब्रॉडवे म्यूजिकल्स के लिए मंच की डिजाइन भी इसने तैयार की है। रॉकवेल ग्रुप की डिजाइन और वास्तुकला की साझेदारी में हम भारतीय शहरों में नए लैंडमार्क स्थापित करना चाहते हैं।

IV

सेंट्रल मॉडल पर काम करने के साथ-साथ हम अपने ब्रांडों की संख्या बढ़ाने की संभावनाओं पर भी विचार कर रहे थे। हमें लगा कि ग्राहक की जेब से और अधिक पैसा अपनी ओर खींचने के लिए हमें रिटेलिंग की नई अवधारणाएँ तलाशनी पड़ेंगी।

जनवरी-फरवरी 2005 में हमने तीन छोटी-छोटी कंपनियों में हिस्सेदारी की। पहली कंपनी थी—बंगलौर इंडस लीग क्लाथिंग, जिसकी स्थापना मदुरा गारमेंट्स के पूर्व सहकर्मियों के एक समूह द्वारा की गई थी। आई.सी.आई.सी.आई. वेंचर सहित कुछ अन्य प्राइवेट इक्विटी फंड कंपनियों द्वारा इसका वित्त-पोषण किया गया था। कंपनी के पास एक सशक्त प्रबंधन टीम, बंगलौर में निर्माण इकाई और तैयार कपड़ों के दो अच्छे ब्रांड—इंडिगो नेशन और स्कलर्स भी थे। हमारे पास भी रिटेल का एक व्यापक नेटवर्क था, इसलिए हमें लगा कि हम इन ब्रांडों के वितरण के लिए एक मजबूत आधार दे सकते हैं। इस प्रकार इन दोनों बड़े ब्रांडों और साथ-ही-साथ अन्य ब्रांडों को भी हमारी रिटेल शृंखला के माध्यम से राष्ट्रीय स्तर पर एक पहचान मिल सकती थी। इस रणनीति की सफलता के बाद हम अपने स्वयं के प्राइवेट इक्विटी फंड के माध्यम से अन्य उपभोक्ता ब्रांड विकसित करने के लिए भी इसी तरह के मॉडल तैयार कर सकते थे।

दूसरी कंपनी थी—गैलेक्सी एंटरटेनमेंट। यह एक सूचीबद्ध कंपनी थी, जो मुंबई में लोकप्रिय स्पोर्ट्स बार, ब्रू बार और बॉलिंग कंपनी का प्रबंध सँभाल रही थी। इस प्रकार मनोरंजन के क्षेत्र, जिसमें उपभोक्ताओं के कुल खर्च का एक बड़ा हिस्सा जाता है, को समझने का हमारे लिए यह एक अच्छा माध्यम था।

तीसरी कंपनी थी—प्लेनेट स्पोर्ट्स, जो बाद में 'प्लेनेट रिटेल' के नाम से जानी जाने लगी। हमने कंपनी का 49 प्रतिशत अंश खरीद लिया। शेष अंश इंडोनेशिया के एक संगठन के पास है, जिसका स्वामित्व भारतीय मूल के उद्यमी वी.पी. शर्मा के पास है।

प्लेनेट रिटेल प्लेनेट स्पोर्ट्स के नाम से एक रिटेल शृंखला चलाती है, जहाँ स्पोर्ट्स वीयर और विल्सन, पूमा, स्पीडो तथा कन्वर्स आदि विदेशी ब्रांड बिकते हैं। इसके पास मार्क्स ऐंड स्पेंसर, डेबेन्हम्स, गेस और नेक्स्ट आदि अंतरराष्ट्रीय रिटेलरों के विपणन अधिकार भी हैं। इस प्रकार, इससे हमें इन अंतरराष्ट्रीय ब्रांडों को भारत में चलाने के साथ-साथ स्पोर्ट्स वीयर का लाभ उठाने का अवसर भी मिला।

इसके साथ-ही-साथ हमने वर्ष 2005 में एक नया फॉर्मेट 'ऑल' (aLL) शुरू किया। aLL का अर्थ है—'ए लिटिल लार्जर'। यह उन ग्राहकों के लिए था, जो बड़े साइज के कपड़े खरीदना चाहते थे, लेकिन आम स्टोरों पर उन्हें ऐसे कपड़े नहीं मिलते थे। यह स्वयं में बिलकुल नई अवधारणा थी। पहले ऐसे ग्राहकों को अपनी नाप का कपड़ा दर्जी की दुकान पर जाकर सिलवाना पड़ता था। हमारी कुछ अन्य योजनाएँ—फैशन स्टेशन और गोल्ड बाजार—उतनी सफल नहीं रहीं जितनी हमें अपेक्षा थी। उसके बाद के दो प्रयास भी असफल रहे। एक छोटी होम रिटेल चेन और एक बुक स्टोर चेन के तो हम बिलकुल करीब पहुँच चुके थे, लेकिन दोनों ही मामलों में दोनों पक्षों—मेरे और इन स्टोरों के मालिकों—के बीच में मतभेद के कारण बातचीत अंतिम चरण में जाकर भी निष्फल रह गई।

इन असफलताओं से हमें अपने स्वयं के बल पर नया व्यवसाय खड़ा करने की प्रेरणा मिली। हाउसिंग के क्षेत्र में तेजी किसी से छिपी नहीं थी। कुल उपभोग व्यय का एक बड़ा हिस्सा नए घर खरीदने और पुराने घरों की मरम्मत में जा रहा था। हालाँकि नए घर खरीदकर उन्हें ग्राहकों के हाथ बेचना हमारे लिए संभव नहीं था, लेकिन नए घर बनाने और पुराने घरों के नवीनीकरण में प्रयुक्त होनेवाले उत्पादों एवं सेवाओं की रिटेलिंग करके हम उपभोग व्यय का अच्छा-खासा हिस्सा अपनी ओर जरूर खींच सकते थे।

इसके लिए हमने वर्ष 2005 में एक नई सहायक कंपनी 'होम सोल्यूशंस रिटेल' तैयार की। इस कंपनी का फॉर्मेट भारत के कुछ बड़े शहरों में शीघ्र ही खुलने जा रहा है। इधर, हमने कुछ छोटे फॉर्मेट भी खोले हैं, जहाँ इलेक्ट्रॉनिक्स उपभोक्ता वस्तुएँ व फर्नीचर बिकेंगे। इनमें कलेक्शन आई तथा ईजोन शामिल हैं, जो क्रमशः होम फर्नीचर एवं फर्निशिंग के सामान तथा उपभोक्ता वस्तुएँ एवं होम इलेक्ट्रॉनिक्स उपकरण बेचेंगे।

वर्ष 2006 में हमने पुस्तकों व संगीत की अपनी शृंखला 'डिपो' शुरू की। यह शृंखला एक खुला वातावरण उपलब्ध कराती है, जो अधिक-से-अधिक लोगों को हमारे बुक स्टोर की ओर आकर्षित करता है। इसमें हमने विभिन्न लोकप्रिय पुस्तकों के भारतीय भाषाओं में पुनर्मुद्रण और विपणन के लिए प्रकाशकों के साथ समझौता किया है।

भारतीय बाजार विविधताओं से भरा हुआ है। भारतीय उपभोक्ताओं की विविधतापूर्ण आवश्यकताओं की पूर्ति करने के लिए हमने अपने बड़े फॉर्मेट स्टोरों के साथ कुछ छोटे-छोटे विशिष्ट रिटेलिंग फॉर्मेट शुरू करने की आवश्यकता महसूस की। हम विभिन्न प्रकार के फॉर्मेट शुरू कर रहे हैं, 'चामोसा'—चाय और समोसे की एक छोटी दुकान—से लेकर 'होम टाउन' तक, जहाँ गृह-निर्माण से जुड़े सभी उत्पाद व सेवाएँ उपलब्ध होंगी।

पैंटलून्स, बिग बाजार, फूड बाजार और सेंट्रल के अलावा हमने दो दर्जन और फॉर्मेट तैयार किए हैं, जहाँ उपभोक्ताओं की आवश्यकता व इच्छा की सारी वस्तुएँ उपलब्ध हैं। आजकल हम दस व्यवसाय क्षेत्रों में काम कर रहे हैं—भोजन, फैशन व फुट वीयर, होम सॉल्यूशन व कंज्यूमर इलेक्ट्रॉनिक्स, पुस्तकें व संगीत, स्वास्थ्य व सौंदर्य, जनरल स्टोर की वस्तुएँ, संचार से जुड़े उत्पाद, इ-टेलिंग, मनोरंजन तथा वित्तीय उत्पाद। इनमें से अधिकांश में हम दो खास फॉर्मेट चला रहे हैं—पहला वैल्यू फॉर्मेट और दूसरा लाइफ स्टाइल फॉर्मेट। हमारा लक्ष्य भारतीय उपभोक्ता तक कहीं भी और कोई भी वस्तु पहुँचाने—और वह भी अधिकतम लाभदायक ढंग से—का है।

अब तक हमने जितने भी फॉर्मेट विकसित किए हैं, उनमें भारत के शहरी और अर्धशहरी दोनों क्षेत्रों के ग्राहकों को ध्यान में रखा गया है। लेकिन देश के कुल व्यक्तिगत उपभोग में 55 प्रतिशत हिस्सा ग्रामीण भारत का है, अत: कोई भी रिटेलर इसे नजरअंदाज नहीं कर सकता। हालाँकि ग्रामीण भारत के उपभोक्ताओं की आवश्यकता की पूर्ति करना भी स्वयं में एक बड़ी चुनौती है।

ग्रामीण भारत में 72 करोड़ उपभोक्ता हैं, जो देश के 6,27,000 गाँवों में रहते हैं। इन गाँवों के 17 प्रतिशत हिस्से में ग्रामीण संपदा का कुल 60 प्रतिशत है। अत: यदि कोई रिटेलर ग्रामीण उपभोग के आधे अवसर का भी लाभ उठाना चाहता है तो उसे कम-से-कम 1 लाख गाँवों तक अपनी उपस्थिति दर्ज करानी होगी। ये अधिकतर गाँव दूर-दूर बसे हुए हैं और इनका जनसंख्या घनत्व भी कम है। ऐसे में कोई एक रिटेल आउटलेट ग्रामीण भारत की बहुत कम उपभोक्ता संख्या को ही आकर्षित कर पाता है।

पिछले दो वर्षों से हम एक ऐसा रिटेल फॉर्मेट तैयार करने की संभावना पर विचार कर रहे हैं, जो पूरी तरह से ग्रामीण भारत की आवश्यकताओं के अनुरूप हो। इसके लिए हमारी कुछ प्रबंधन टीमों ने ग्रामीण भारत का व्यापक स्तर पर भ्रमण किया है तथा वहाँ लगनेवाले विभिन्न प्रकार के स्थानीय मेलों और बाजारों आदि का गहन अध्ययन व विश्लेषण किया है। अपने इन्हीं अध्ययनों व विश्लेषणों को हम अपने नए फॉर्मेट का आधार बना रहे हैं। यह फॉर्मेट 'के.बी. का थोक बाजार' के नाम से जाना जाएगा।

हर ग्रामीण उपभोक्ता के पास सीधे पहुँचने की बजाय हम ग्रामीण रिटेलरों के साथ साझेदारी बनाने पर काम कर रहे हैं। 'के.बी. का थोक बाजार' (KB's wholesale market) को एक ग्रामीण केंद्र के रूप में डिजाइन किया गया है, जो छोटे-छोटे निर्माताओं को छोटे-छोटे व्यापारियों और रिटेलरों से जोड़ेगा।

वर्तमान में स्थिति यह है कि ग्रामीण रिटेलरों को बिक्री के लिए उत्पाद जुटाने हेतु शहरों के विभिन्न बाजारों में जाना पड़ता है। कुछ ऐसे मध्यस्थ व्यापारी हैं, जिनका ग्रामीण और अर्धशहरी थोक बाजारों पर वर्चस्व है। इस ढाँचे में सिर्फ थोक विक्रेता को लाभ होता है एवं किसान, कृषि उत्पादक, रिटेलर व उपभोक्ता सबको नुकसान होता है। हमारे अध्ययनों से पता चलता है कि यहाँ मूल्य ढाँचे में सुधार की व्यापक संभावनाएँ हैं।

25 से 40 एकड़ क्षेत्र में फैला 'के.बी. का थोक बाजार' एक बड़ा व्यापारिक प्लेटफॉर्म उपलब्ध कराएगा, जहाँ ग्रामीण उपभोक्ता अपनी आवश्यकता की सारी वस्तुएँ खरीद सकेंगे। इसमें शीत व शुष्क भंडारण गृहों की सुविधा भी उपलब्ध होगी और साथ ही जन-सुविधाओं, पार्किंग एवं परिवहन की व्यवस्था भी होगी। इस प्रकार, यह ग्रामीण और कृषि उत्पादों के लिए एक बड़ा बाजार उपलब्ध कराने के साथ-साथ रोजगार के अवसर भी उपलब्ध कराएगा।

यह मॉडल अभी अपने शुरुआती चरण में है। हालाँकि इसके लिए हमने दो स्थानों पर जमीन प्राप्त कर ली है और उसका ढाँचा भी तैयार कर रहे हैं, लेकिन मॉडल को अच्छी तरह समझने और उसे विकसित करने में अभी कुछ समय लगेगा। यह कह पाना मुश्किल है कि आनेवाले महीनों में इस अवधारणा का क्या स्वरूप होगा? हमें अध्ययन व अनुभव-ग्रहण के चरण से गुजरना होगा; लेकिन मेरा विश्वास है कि इसमें हमारे संगठन के साथ-साथ ग्रामीण अर्थव्यवस्था के लिए भी भावी संभावनाएँ मौजूद हैं।

V

जिस दौरान हम विभिन्न रिटेल व्यवसाय स्थापित कर रहे थे उस दौरान हमें लगा कि हमें एक रिटेल ईको-सिस्टम तैयार करने की आवश्यकता है, जो हमारे विकास की गति के साथ चल सके। हमारे सामने सबसे बड़ी चुनौती रियल एस्टेट की थी। हालाँकि अपने रिटेल फॉर्मेटों के लिए हमने अच्छी-खासी भूमि आरक्षित करवा ली थी, लेकिन कई बार हमें लगा कि हमारी प्रगति रियल एस्टेट डेवलपर द्वारा मॉल तैयार करने में हुई देरी के कारण बाधित हुई। कुछ मामलों में हमने यह भी पाया कि मॉलों में ग्राहक सुविधाएँ व अन्य व्यवस्थाएँ हमारी अपेक्षा के अनुरूप नहीं रहीं। रियल एस्टेट की

कीमतें तेजी से बढ़ रही थीं, ऐसे में रिटेल का व्यवसाय बहुत मुश्किल होता जा रहा था। रिटेलर होने के नाते हम रियल एस्टेट डेवलपर को समझने की बजाय ग्राहकों को समझने पर ज्यादा ध्यान केंद्रित करते हैं। रियल एस्टेट डेवलपर प्रति वर्ग फुट किराया अधिकतम करने की कोशिश करता है तो रिटेलर अपने प्रति वर्ग फुट में उत्पादों की बिक्री को अधिकतम करने की कोशिश करता है।

अत: इन सभी समस्याओं का सामना हमने स्वयं करने का निश्चय किया। वर्ष 2004 में हमने अपने स्वयं के मॉल खोलने की संभावना पर काम करना शुरू कर दिया; परंतु जमीन खरीदना और उसपर मॉल तैयार करना पूँजी-केंद्रित व्यवसाय है। हमारा रिटेल व्यवसाय इतना बड़ा निवेश नहीं कर सकता था। अत: हमने रियल एस्टेट फंड तैयार करने की दिशा में प्रयास शुरू कर दिए। वर्ष 2005 में रियल एस्टेट फंड बनानेवाली हमारी पहली कंपनी थी।

शिशिर बैजल—जो आइनॉक्स लेजर के मुख्य कार्यकारी थे—इस फंड के निवेश और प्रबंधन के लिए हमारे साथ मिलकर काम करने लगे। हमारे रियल एस्टेट फंड 'क्षितिज' ने भारतीय निवेशकों से लगभग 8 करोड़ अमेरिकी डॉलर की राशि जुटाई, जिसका निवेश देश भर में मॉल विकसित करने में किया गया। 'क्षितिज' की सफलता से हमें पूँजी व्यवसाय में एक आधार मिल गया।

समीर सेन

नवंबर 2005 में मुंबई के ब्रीच कैंडी के निकट होंडा एकोर्ड गाड़ी की पिछली सीट पर फ्यूचर कैपिटल होल्डिंग्स (एफ.सी.एच.) की अवधारणा बनी। इसके एक माह पूर्व ही मैं और किशोर एक प्राइवेट इक्विटी फंड बनाने पर सहमत हो गए थे। बातचीत के दौरान स्पष्ट हो गया कि किशोर बियानी की महत्त्वाकांक्षा ज्यादा ऊँची है और मेरी महत्त्वाकांक्षाएँ भी कम नहीं थीं। जनवरी 2006 में मैंने गोल्डमैन सैच्स से त्याग-पत्र दे दिया और फरवरी 2006 में फ्यूचर कैपिटल होल्डिंग्स अस्तित्व में आई। 'क्षितिज' के जरिए 8 करोड़ डॉलर की राशि हम पहले ही जुटा चुके थे, जिसे लेकर शिशिर बैजल के नेतृत्ववाली एक उच्च-स्तरीय टीम के साथ किशोरजी एफ.सी.एच. में आ गए। एफ.सी.एच. अभी सिर्फ एक वर्ष पुरानी है, लेकिन अपनी समकालीन कंपनियों से यह बहुत आगे है। इसकी गतिविधियाँ तीन भागों में बँटी हुई हैं—विचार-निवेश और उद्यम। इसका ढाँचा रचनात्मक ढंग से डिजाइन किया गया है।

> 'क्षितिज' के अतिरिक्त वर्तमान में हम एक 35 करोड़ डॉलर रियल एस्टेट फंड (होराइजन), एक 42.5 करोड़ डॉलर रियल एस्टेट फंड (इंडिविजन), एक 20 करोड़ डॉलर का रियल एस्टेट फंड (फ्यूचर होटल्स) का प्रबंध सँभाल रहे हैं तथा एक-दो अन्य फंड तैयार होने वाले हैं। सबसे बड़ी बात यह है कि हमने न्यूनतम संभव समय में अच्छी-से-अच्छी प्रतिभाओं को जोड़ा है। हमने गोल्डमैन सैच्स, ब्लैकस्टोन, ए.आई.जी., एंबिट, आई.सी.आई.सी.आई. बैंक और मैकिंजी, बोस्टन कंसल्टिंग जैसी वित्तीय व कंसल्टेंसी कंपनियों से कुशल कार्यकर्ताओं-अधिकारियों की नियुक्ति की है। फ्यूचर कैपिटल के पाँच वर्ष पुरानी होने से पहले हम उसे सबसे अच्छी वित्तीय सेवा कंपनी बनाना चाहते हैं।

एक प्रश्न, जो हम अकसर स्वयं से पूछते रहे हैं, वह है—किस प्रकार हम अपने ग्राहकों के कुल उपभोग व्यय का और अधिक हिस्सा अपनी ओर खींच सकते हैं? रिटेल में सफलता की कुंजी यही है कि आप अपने ग्राहक को बार-बार स्टोर पर आने के लिए भावनात्मक रूप से विवश कर दें। पैंटलून्स के साथ हमने एक छोटी सी शुरुआत की थी, उसके बाद आया—बिग बाजार, फूड बाजार और सेंट्रल तथा उसके बाद कई अन्य बहूपयोगी मॉडल। लेकिन एक प्रश्न का उत्तर तलाशना अभी बाकी है—किस प्रकार हम उपभोग को और अधिक बढ़ा सकते हैं?

यह एक मान्य तथ्य है कि जब ग्राहकों के पास आसान साख व वित्त सुविधा होती है तो उपभोग व्यय बढ़ता है। हमें लगता है कि यदि हम वित्तीय (फाइनेंशिंग) सुविधाओं को बेहतर बना सकें तो हमारे स्टोरों पर कुल उपभोग बहुत बढ़ सकता है। हमारे स्टोरों से टेलीविजन सेट या फर्नीचर आदि लेते समय ग्राहक बैंक का कर्ज चाहते हैं। अत: हमें अपने स्टोरों पर यह सुविधा देने की आवश्यकता थी।

अपने प्रबंधन व्यवसाय के साथ-साथ फ्यूचर कैपिटल अब एक वित्तीय सुपर बाजार 'मनी मार्केट' शुरू करने जा रही है, जो हमारे स्टोरों पर ग्राहकों को उपभोक्ता ऋण व साख उपलब्ध कराएगा। यह म्यूचुअल फंड और बीमा आदि निवेश विकल्प भी उपलब्ध कराएगा। इस प्रकार हम कुल उपभोग व्यय का ज्यादा हिस्सा अपनी ओर खींच सकेंगे।

परंतु धन की उपलब्धता आसान करके उपभोग को आसान करना ही काफी नहीं है। रिटेलर को उपभोग की इच्छा और प्रवृत्ति को बढ़ावा देना चाहिए। ऐसा तभी हो सकता है, जब वह ग्राहक की पसंद का ब्रांड उसे उपलब्ध कराए।

अपने फैशन व्यवसाय में हम अपने स्वयं के ब्रांड या प्राइवेट लेबल तैयार करने में सक्षम रहे हैं। ये ब्रांड नए उभरते भारतीय उपभोक्ता समुदाय की रुचि व पसंद को ध्यान में रखकर तैयार किए गए हैं। उसके बाद हमने अन्य उत्पाद श्रेणियों में भी अपने ब्रांड तैयार करने की संभावना पर कार्य करना शुरू कर दिया, जैसे—भोजन, गृहोपयोगी एवं टिकाऊ उपभोक्ता उत्पाद। इससे हमें अपना लाभ बढ़ाने में बहुत मदद मिली। 'फ्यूचर ब्रांड्स' के रूप में एक सहायक कंपनी स्थापित करके हमने अपने अन्य व्यवसायों में भी इसी तरह के कदम उठाए।

संतोष देसाई*

पिछले पंद्रह वर्षों में भारतीय अर्थव्यवस्था के प्रत्येक क्षेत्र में व्यापक बदलाव आया है। नए क्षेत्र उभरे हैं, नई जीवन-शैली विकसित हुई है और इसके साथ नए व्यवसाय भी उभरकर सामने आए हैं। लेकिन अगर नए निर्मित उपभोक्ता ब्रांडों की ओर देखा जाए तो उनकी संख्या कम ही मिलेगी। नए ब्रांड तैयार करनेवाले संगठन कम ही रहे हैं। जो ब्रांड हैं भी, वे बहुत कमजोर हैं। इस दौरान जो मजबूत ब्रांड आए हैं, वे भारत के अपने नहीं रहे। उन्हें अंतरराष्ट्रीय बाजार से उधार लिया गया है। इस कारण उनका भारत के साथ वास्तविक जुड़ाव कम रहा है।

परंतु इन वर्षों में उपभोक्ताओं का विभिन्न ब्रांडों के साथ संपर्क बढ़ा ही है। ब्रांड में ही वे अपने सपनों एवं आकांक्षाओं की पूर्ति देखते हैं। लेकिन नए भारतीय उपभोक्ता के सामने ब्रांडों के विकल्प सीमित ही हैं। इसका कारण यही रहा है कि बाजारवाले भारतीय उपभोक्ताओं को भली-भाँति समझ नहीं पाए हैं। वे इस धारणा पर चल रहे हैं कि यदि '60 या '70 के दशक में अमेरिका या जापान की अर्थव्यवस्था उस स्थिति में थी जिस स्थिति में भारत आज है तो उपभोक्ता भी वैसी ही पसंद और रुचि रखेंगे। ऐसे में जब उनके द्वारा शुरू किए ब्रांड नहीं चलते तो वे इसे बाजार में कमजोर पहुँच मान लेते हैं।

ब्रांडों का संबंध वस्तुतः सोच व कल्पनाशीलता से है। कोई ब्रांड पहले एक विचार के रूप में होता है। यदि उसे साकार रूप दिया जा सके तो वह ग्राहकों

---

* संतोष देसाई फ्यूचर ब्रांड्स के मुख्य कार्यकारी अधिकारी हैं। दिसंबर 2006 में मैककेन एरिक्सन इंडिया से त्याग-पत्र देकर वह फ्यूचर ग्रुप में आ गए थे।

के मन में एक अलग लगाव पैदा कर सकता है। अत: हर ब्रांड के पीछे एक नई अवधारणा होनी चाहिए। भारतीय बाजार में ब्रांडों की बहुत कमी है, इसलिए नए ब्रांडों के लिए पर्याप्त अवसर व संभावनाएँ हैं। रिटेल में व्यक्ति को व्यवसाय की दिन-प्रतिदिन की आवश्यकताओं के प्रति सचेत रहना पड़ता है, जबकि ब्रांडों के मामले में उसे अपेक्षाकृत अधिक दूरदर्शी होना पड़ता है। अच्छा और मजबूत ब्रांड संग्रह दीर्घकाल में हमारे स्टोरों में प्रतिस्पर्धात्मक शक्ति भर सकता है। इससे लाभ भी बढ़ सकता है। इस प्रकार, फ्यूचर ब्रांड हमारे संगठन के विचार-नेतृत्व को मजबूत कर सकता है।

परंपरागत मान्यताओं के विपरीत, आज अधिकांश अवसर रिटेल के घेरे में आ गए हैं। रिटेल के माध्यम से हम लाखों ग्राहकों के सीधे संपर्क में हैं। अब हम अपनी ग्राहक अवधारणा और व्यावसायिक मॉडलों को मजबूत बना सकने की स्थिति में हैं।

रिटेल में हमारी इतनी व्यापक उपस्थिति का अर्थ यही है कि ग्राहक हमारे स्टोरों के माध्यम से एक ही स्थान पर बहुत से उत्पाद व सेवाएँ प्राप्त कर रहे हैं। इससे भी महत्त्वपूर्ण बात यह है कि हम दूसरी कंपनियों को भी अपने ग्राहकों के संपर्क में आने का अवसर उपलब्ध करवा सकते हैं। इसके लिए हम उन कंपनियों से शुल्क लेंगे, लेकिन इससे हमें अपने सीमांत लाभ का स्तर कम करके ग्राहकों को अधिक गुणवत्तापूर्ण उत्पाद व सेवाएँ उपलब्ध कराने में मदद मिलेगी। इस अवसर का लाभ उठाने का एक रास्ता रिटेल मीडिया हो सकता है।

रिटेल मीडिया की अवधारणा भारत के लिए अभी नई है, लेकिन विश्व भर में विभिन्न ब्रांडों के विज्ञापन का यह एक सशक्त माध्यम बन गया है। रिटेल मीडिया ग्राहक को स्टोर के भीतर ठीक खरीदारी के समय भी किसी ब्रांड के प्रति अपनी धारणा व निर्णय बदल देने के लिए प्रेरित कर सकता है।

दूरदर्शन, समाचार-पत्र और पत्रिकाओं में विज्ञापन के जरिए ग्राहकों के खरीदारी संबंधी निर्णय को बहुत हद तक प्रभावित किया जाता है। हालाँकि ग्राहक अपना अंतिम निर्णय उत्पाद को स्वयं देखने के बाद ही लेता है। ग्राहक साबुन या प्रेशर कुकर का कौन सा ब्रांड चुनेगा, इसका निर्णय स्टोर के भीतर ही लेता है। अत: मीडिया ही ग्राहकों तक सीधे पहुँचने का सबसे सशक्त माध्यम है।

रिटेलर चाहें तो वे अपने ब्रांड का विज्ञापन एल.सी.डी. स्क्रीन पर पॉइंट्स ऑफ सेल्स डिस्प्ले पर या स्टोर के बाहर-भीतर इश्तहार के माध्यम से कर सकते हैं, या फिर

स्टोर के भीतर रेडियो चैनलों पर भी कर सकते हैं। फ्यूचर मीडिया ब्रांड मालिकों और विज्ञापनदाताओं को रिटेल मीडिया की सुविधाएँ उपलब्ध करा रही है।

IV

अकसर लोग मुझसे पूछते हैं कि आपको विशेष कुशलता किस में प्राप्त है? कुछ कंपनियाँ केवल कार बनाती हैं, कुछ अन्य कंपनियाँ स्टीयरिंग व्हील बनाती हैं तो कुछ केवल बॉल बीयरिंग बनाती हैं और उन्हें अपने-अपने क्षेत्र में विशेष कुशलता प्राप्त होती है। लेकिन कोई रिटेलर अपने स्टोर के भीतर रेस्त्राँ चलाना, बीमा उत्पाद बेचना, प्राइवेट इक्विटी फंड का प्रबंध सँभालना और अपने ब्रांडों का एल.सी.डी. स्क्रीन पर विज्ञापन प्रसारित करना—सबकुछ एक साथ कैसे सँभालता है?

किसी संगठन के किसी उत्पाद विशेष में मूल कुशलता रखने की धारणा पिछली शताब्दी की है। यह धारणा उस समय के लिए भले ही उपयुक्त रही हो, जब हेनरी फोर्ड ने मॉडल टी के बारे में कहा था, 'कार का रंग जब तक काला है तब तक कोई ग्राहक उसे अपनी पसंद के अनुसार किसी भी रंग में कर सकता है।' लेकिन आज की दुनिया अलग है। आज नई-नई अवधारणाएँ ही किसी संगठन की सफलता सुनिश्चित करती हैं। भारतीय अर्थव्यवस्था में आज व्यवसाय के हर क्षेत्र में व्यापक अवसर उपलब्ध हैं। ऐसे में किसी एक उत्पाद या सेवा में विशेषज्ञता हासिल करने का अर्थ यह नहीं हो सकता कि उसी उत्पाद या सेवा विशेष तक ही सीमित रहा जाए। इसे ज्ञान अवधारणात्मक संपदा के रूप में परिभाषित किया जाना चाहिए।

हम भारतीय उपभोक्ताओं को समझने और उन्हें बेहतर सेवा उपलब्ध कराने में पूरी तरह माहिर हैं। हम इस्पात नहीं बनाएँगे, न ही बड़े-बड़े पेट्रोकेमिकल परिसर स्थापित करेंगे। लेकिन ग्राहकों के साथ प्रत्यक्ष कार्य-व्यवहार में जब भी अवसर मिलेगा, हम कुछ-न-कुछ हासिल करने की कोशिश करेंगे। इन वर्षों में हमने उपभोक्ता प्रवृत्ति व व्यवहार तथा उनकी इच्छाओं एवं आवश्यकताओं का गहन अध्ययन व विश्लेषण किया है और उसके आधार पर उनके साथ जुड़े रहने की कोशिश भी की है। इस प्रकार अब हम अपने इन अध्ययनों एवं विश्लेषणों का भरपूर लाभ उठा पाने की स्थिति में आ गए हैं।

उपभोग के व्यापक क्षेत्र में अपनी उपस्थिति को सुदृढ़ बनाने के लिए हमने वर्ष 2006 में फ्यूचर ग्रुप तैयार किया। यह एक अंब्रेला समूह है, जिसमें हमारी सभी गतिविधियाँ आती हैं। वर्तमान में हमारे सभी नए व्यवसाय छह श्रेणियों में बँटे हैं—रिटेल, पूँजी, ब्रांड, मीडिया, स्पेस और लॉजिस्टिक्स।

भविष्य का निर्माण करना संभवत: जीवन का सबसे सुखद अनुभव होता है।

'भविष्य' का अर्थ हम आशावादिता, विकास, उपलब्धि, शक्ति और पुरस्कार से लगाते हैं। भविष्य हमें नए-नए क्षेत्रों की खोज करने के लिए प्रोत्साहित करता है एवं नए नियम तैयार करके सफलता की नई-नई कहानियाँ लिखने के लिए उत्साहित करता है। फ्यूचर ग्रुप इस विश्वास पर आधारित है कि हमारा भविष्य वर्तमान की अपेक्षा अधिक उज्ज्वल होगा। कल के भारतीय उपभोग क्षेत्र का भविष्य-निर्माण करना ही हमारा मुख्य लक्ष्य है।

परंतु हम यह नहीं कहेंगे कि हम ढेर सारे व्यवसाय स्वयं अपने बल पर चला सकते हैं। अतः फ्यूचर ग्रुप के माध्यम से हमने एक ऐसा आधार तैयार किया है, जिस पर चलते हुए हम भारतीय व विदेशी कंपनियों की विशेषज्ञता का लाभ उठा सकें। इनमें से अधिकांश कार्यों का प्रबंधन अलग और स्वतंत्र कंपनियों के माध्यम से किया जा रहा है। रिटेल क्षेत्र में हमारी पकड़ इसे आसान और मजबूत बनाती है।

अपने रियल एस्टेट उद्यम पूँजी फंड के माध्यम से हम देश भर के पचास से भी ज्यादा शॉपिंग मॉलों के विकास व प्रबंधन में निवेश कर रहे हैं, जो क्षितिज रिटेल डेस्टिनेशंस के अंतर्गत आएँगे। हम बाजार नगर तथा उपभोग केंद्र भी विकसित कर रहे हैं, जहाँ खरीदारी के साथ-साथ कार्यालय, होटल, मनोरंजन केंद्र व पूजा-स्थल आदि के लिए परिसर उपलब्ध होंगे। इसके लिए हमने सिंगापुर की कंपनी कैपिटल लैंड के साथ साझेदारी शुरू की है।

अब हम शीघ्र ही बीमा उत्पाद भी शुरू करने जा रहे हैं। इसके लिए हमने इतालवी बीमा कंपनी 'जनरली' के साथ मिलकर संयुक्त उपक्रम कंपनी बनाई है। 'जनरली' विश्व की सबसे बड़ी बीमा कंपनियों में से एक है, जिसे एशिया व यूरोप में बीमा उत्पाद बेचने में विशेषज्ञता प्राप्त है।

इसके अतिरिक्त हमने फ्रांसीसी कंपनी एटम, इंग्लैंड की ली कूपर और अमेरिका की स्टैपल्स के साथ भी हाथ मिलाया है। इतना ही नहीं, भारतीय शहरों में नए बननेवाले अंतरराष्ट्रीय हवाई अड्डों पर शॉपिंग सेंटर खोलने के लिए हमने अल्फा एयरपोर्ट के साथ भी साझेदारी शुरू की है।

भारतीय कंपनियों की बात करें तो हमने अपने नए मॉलों में जिम व फिटनेस केंद्र खोलने के लिए 'तलवलकर्स' के साथ साझेदारी शुरू की है तथा मनिपाल हेल्थ सर्विसेज के साथ मिलकर एक फार्मेसी श्रृंखला व हेल्थ क्लीनिक शुरू करने की योजना बनाई है। जिनी ऐंड जोनी तथा लिबर्टी शूज की ओर से हमें क्रमशः बच्चों के कपड़े और फुट वीयर के लिए रिटेल श्रृंखला शुरू करने में मदद मिल रही है। इसके अलावा ब्लू फूड्स के साथ मिलकर हमने एक संयुक्त उपक्रम भी शुरू किया है। ब्लू फूड्स के पास

वर्तमान में कॉपर चिमनी, नूडल बार, क्रीम सेंटर और यात्रा जैसे ब्रांड हैं।

मैं समझता हूँ कि अभी तक हम भारतीय उपभोग क्षेत्र में छिपी संभावनाओं को केवल स्पर्श कर सके हैं। अभी हमें बहुत आगे जाना है और मेरा मानना है कि सहयोगात्मक दृष्टिकोण के साथ ही भविष्य की ओर आगे बढ़ा जा सकता है। मेरा विश्वास है कि विभिन्न संगठनों के साथ स्थापित अपने संबंधों के बल पर हम अपने स्वयं के संगठन और अपने सहयोगी संगठनों के लिए नई ऊँचाइयाँ छूने के अवसर तैयार कर सकते हैं।

VII

हमारे संगठन की इमारत अच्छे संबंधों की नींव पर ही खड़ी है। अपने ग्राहकों की सेवा करने में हमें हजारों छोटे-छोटे और मझले आपूर्तिकर्ताओं की मदद मिली है। अपने कार्य को दिन-प्रतिदिन बेहतर बनाने के लिए हम अपने सहकर्मियों पर आश्रित रहे हैं। कोई संगठन कितना भी सफल क्यों न हो, उसकी सफलता और विकास में अनेक लोगों का योगदान रहता है।

अपने इन्हीं संबंधों—निवेशकों के साथ, संयुक्त उपक्रम के सहयोगियों के साथ, कर्मचारियों के साथ, व्यावसायिक साझेदारों के साथ और आपूर्तिकर्ताओं के साथ—के बल पर ही हम अन्य कंपनियों की अपेक्षा अधिक तेजी से विकास कर सके हैं। आगे भी हम इसी तरह दो कदम आगे रहेंगे। इस प्रकार इतने वर्षों में हमने जो संबंध स्थापित किए हैं, वे हमारी सबसे प्रतिस्पर्धात्मक शक्ति बन गए हैं।

इन संबंधों की नींव भी विश्वास—सफलता के विश्वास—पर टिकी हुई है। मेरा पूरा विश्वास है कि हम ऐसा माहौल तैयार कर सकते हैं जिसमें हमारे साथ-साथ हमारे व्यावसायिक सहयोगी और ग्राहक को भी लाभ हो। इस सोच के साथ व्यवसाय में आनेवाला व्यक्ति सभी मानवीय संबंधों में पारस्परिक लाभ देखता है।

हालाँकि इस तरह का माहौल तैयार करना एक मुश्किल काम है। इसके लिए सबसे पहले दूसरे लोगों की आकांक्षाओं को समझना पड़ता है। इसमें दूसरे लोगों को यह एहसास भी दिलाना जरूरी होता है कि वे सफल हो रहे हैं। अत: संबंध-निर्माण में यदि कुछ त्याग भी करना पड़ जाए तो कोई हर्ज नहीं है। दीर्घकाल में इन संबंधों का लाभ दोनों ही पक्षों को मिलेगा।

अधिकतर व्यवसायी यह गलती कर बैठते हैं कि वे अपने स्वयं के ही लाभ को ध्यान में रखकर वातावरण तैयार करते हैं। दरअसल, वे जीवन व व्यवसाय को प्रतिस्पर्धा के मैदान के रूप में ही देखते हैं, सहयोग अथवा सहकारिता के मैदान के रूप में नहीं। वे सबकुछ 'मजबूत या कमजोर', 'आसान या कठिन', 'हार या जीत' की दृष्टि से देखते हैं। परंतु इस प्रकार की सोच से लंबे या स्थायी संबंध नहीं निर्मित किए जा

सकते। वस्तुतः संबंध सिद्धांतों और आदर्शों की नींव पर बनते हैं, न कि शक्ति या प्रतिष्ठा पर।

मेरा मानना है कि संबंध-निर्माण के आधार पर व्यवसाय करना पूरी तरह से भारतीय परंपरा पर आधारित है। हमारा समाज सहयोग व विनम्रता जैसे मूल्यों पर आधारित है, जबकि पश्चिम के देशों में ऐसा नहीं है। संबंध-निर्माण हमारी स्वाभाविक पहचान बन गया है। लेकिन संबंधों को बनाए रखना भी बहुत मुश्किल काम है। इसके बल पर ही हम अपने व्यवसाय के विकास को गति दे सकते हैं।

अनुज पुरी

किशोरजी का मानना है कि हर संबंध में कहीं-न-कहीं 'लेने और देने' का तत्त्व छिपा रहता है। हम रियल एस्टेट डेवलपरों के लिए काम करते हैं और मैंने देखा है कि जब भी वह (किशोर) किसी संपत्ति-स्वामी या डेवलपर के साथ व्यावसायिक बातचीत कर रहे होते हैं, पहले सामनेवाले व्यक्ति को ही मौका देते हैं। वह लंबी बातचीत में तो नहीं पड़ते, लेकिन लंबे-स्थायी संबंध जरूर बनाना चाहते हैं। यहाँ तक कि अगर सामनेवाला व्यक्ति ज्यादा कीमत भी बोलता है तो वह मान लेते हैं—भले ही दूसरों के लिए या उनके सहकर्मियों के लिए यह आश्चर्य और हैरानी की बात लगे। एक बार जब मैंने उनकी इस तरह की उदारता पर प्रश्न उठाया तो उनका उत्तर था, 'अगर हम अस्थायी संबंधों को लेकर चलते हैं तो हमारा ज्यादा समय नए-नए लोगों से मिलने और फिर से शुरुआत करने में ही लग जाएगा।'

यदि उन्हें कीमत अनुपयुक्त लगती है तो वह बातचीत किए बिना ही वहाँ से चले आते हैं। लेकिन संबंध-निर्माण का उनका यह विश्वास व्यवसाय में उनके लिए बहुत सहायक रहा है। बाजारवाले उन्हें जो कीमत बताते हैं, वह अन्य व्यवसायियों को बताई जानेवाली कीमत से अलग होगी है। हर कोई उन्हें वास्तविक कीमत ही बताता है, क्योंकि वह जानता है कि यदि कीमत अनुपयुक्त होगी तो वह (किशोर) कोई बात ही नहीं करेंगे। वह कम-से-कम कीमत लगाने में भी विश्वास नहीं करते। इसीलिए ज्यादातर डेवलपर नई प्रॉपर्टी का प्रस्ताव लेकर सबसे पहले उन्हीं के पास आते हैं। किशोरजी के पास वर्तमान में समर्पित सदस्यों की एक टीम है, जो प्रॉपर्टी से जुड़े मामले देखती है। टीम को उन्होंने व्यापक अधिकार दिए हैं, ताकि वह स्वयं निर्णय

ले सके। वह चाहते हैं कि उनकी यह टीम सिर्फ व्यावसायिक लेन-देन ही नहीं, बल्कि स्थायी संबंध बनाने पर भी ध्यान दे।

रियल एस्टेट जैसे कड़ी प्रतिस्पर्धावाले व्यवसाय क्षेत्र में भी ईमानदारी व विश्वास के बल पर ही आगे बढ़ा जा सकता है—ऐसा मेरा विश्वास है। मैं स्वभाव से ऐसा हूँ कि यदि कोई मुझे पसंद नहीं है तो नहीं है; उसका कुछ भी मुझे पसंद नहीं हो सकता। बेईमानी तो मैं बिलकुल भी बरदाश्त नहीं कर सकता। मैं ईमानदारी से ही लेन-देन करता हूँ और दूसरे पक्ष से भी यही अपेक्षा रखता हूँ। यह हमारा सौभाग्य ही है कि देश के अधिकतर रियल एस्टेट डेवलपरों के साथ एक या दो लेन-देन के बाद ही हमारे स्थायी संबंध स्थापित हो गए हैं।

मैं मानता हूँ कि संबंध भारत में होनेवाले सामाजिक अथवा परंपरागत विवाह की तरह ही होते हैं। परंपरागत विवाह में दोनों ही परिवार एक-दूसरे को समझने में अपना ढेर सारा समय लगाते हैं। विवाह तभी तय होता है, जब दोनों परिवार एक-दूसरे से संतुष्ट हो जाते हैं। दूल्हा और दुलहन के बीच प्यार तो विवाह के बाद ही शुरू होता है।

इसी तरह, संबंध-निर्माण में भी किसी तरह लेन-देन शुरू करने से पहले दोनों पक्षों को एक-दूसरे को समझना पड़ता है। विश्वास-निर्माण में थोड़ा समय लगता है और जहाँ विश्वास है वहाँ यह जरूरी नहीं रह जाता कि हर छोटे-बड़े लेन-देन का विवरण देखा जाए। उस स्थिति में दोनों पक्षों को एक-दूसरे पर विश्वास होता है।

मनीष कालानी*

किशोरजी जब पहली बार हमारा मॉल देखने के लिए आए थे, उस समय वह निर्माणाधीन था। उन्होंने मेरे चचेरे भाई अतुल रुइया से कोई लेन-देन किया था। अतुल रुइया ने ही हमारा परिचय कराया था। उनके साथ हमारी आधे घंटे तक बातचीत हुई। इस दौरान उन्होंने हमारा ध्यान हमारी गलतियों की ओर दिलाया, जो हम अपने मॉल के निर्माण में कर रहे थे। उसके बाद वह इंदौर के लोकप्रिय स्टोर 'पाकीजा' की ओर चले गए। वहाँ उन्होंने देखा कि पाकीजा दोपहर बाद स्टोर पर आनेवाले ग्राहकों के रिक्शे का किराया भी

---

* मनीष कालानी इंदौर में ट्रेजर आइसलैंड के डेवलपर हैं। वह कालानी इंडस्ट्रीज के प्रबंध निदेशक भी हैं।

वहन करता था। इससे वह बहुत उत्साहित थे, क्योंकि मंदी के समय में ग्राहकों को आकर्षित करने का यह बहुत अच्छा तरीका था। अब बिग बाजार भी कुछ समय के लिए ग्राहकों का किराया वहन करता है। इससे ग्राहक के मन में गर्व व सम्मान की भावना पैदा हुई। मैंने देखा कि वह (किशोर) न केवल दूसरों को सुझाव देते थे, बल्कि स्वयं भी दूसरों से सीखने के लिए तैयार रहते थे।

कुछ माह बाद हम मुंबई के ताज होटल में एक बार फिर मिले—किशोरजी, अतुल और मैं। ताज होटल का ही उन्होंने एक पैड लिया और उसपर चार बिंदु लिखे—शर्तें, कार्य-विवरण, दर और ढाँचा। तीन बिंदुओं के सामने उन्होंने अपनी ओर से कुछ लिखा; लेकिन चौथा बिंदु 'दर' बिलकुल खाली छोड़ दिया। हस्ताक्षर करके वह पैड उन्होंने मुझे दे दिया और जाने से पहले बोले, 'अतुल, तुम स्वयं दर निश्चित कर लेना। मुझे अतुल की निष्पक्षता पर विश्वास है। सौदा अच्छा ही होगा।' 7 मिनट में ही हमारी चर्चा समाप्त हो गई और वह हम दोनों को हैरानी में डालकर स्वयं चले गए।

विश्वास-निर्माण के लिए पहली आवश्यकता होती है सकारात्मक सोच की। व्यक्ति को आशावादी होकर लोगों में विश्वास करना चाहिए। कहावत भी है—'विश्वास करने से ही विश्वास मिलता है।' किसी व्यक्ति पर विश्वास करके ही हम उसका विश्वास जीत सकते हैं। संबंध चाहे मित्रता का हो, पारिवारिक हो या फिर व्यावसायिक—परस्पर विश्वास सबसे महत्त्वपूर्ण तत्त्व होता है।

मेरा अनुभव कहता है कि हमने जो कुछ हासिल किया है, वह सब विश्वास के बल पर ही किया है, अन्यथा वह संभव नहीं था। व्यक्ति में विश्वास की भावना भरकर आप उससे अतिरिक्त मदद ले सकते हैं। वह आपकी जरूरत के समय हमेशा तैयार मिलेगा। कभी-कभी लोगों से मुझे धोखा भी मिला। लेकिन दूसरों में विश्वास की भावना से जो लाभ हुआ है, वह इस अस्थायी हानि का कई गुना भरपाई कर देता है।

अपने संगठन में भी मैं विश्वास का माहौल तैयार करने की कोशिश करता हूँ। मेरा खयाल है कि हर किसी को विश्वास-निर्माण और उसके महत्त्व के बारे में जानना चाहिए। यह भी मानव स्वभाव का ही हिस्सा है।

विश्वास ही लोगों को एक-दूसरे के करीब लाता है। विश्वास का आर्थिक प्रभाव भी है—जब विश्वास डगमगाता है तो विकास की गति और उत्पादकता भी प्रभावित होती है।

सोनिया मनचंदा*

अभी हाल में हम एक पुरानी व्यवस्थावाली कंपनी के साथ काम कर रहे थे। कंपनी की मालकिन से जब भी हम मिलते थे, वह तरह-तरह की संदेह भरी बातें करती थी। वह अकसर कहती, 'कृपया दरवाजा बंद कर लीजिए। जो कुछ हम कर रहे हैं उसके बारे में किसी को मत बताइएगा। हमारे प्रतिस्पर्धी हमारी नकल कर लेते हैं।' इस तरह की स्थिति आने का कारण यही है कि ये लोग स्वयं धीमी गति से काम करते हैं। दूसरी ओर, पैंटलून के साथ हमारा कार्य-व्यवहार हमेशा खुला और पारदर्शी रहा है। हर सौदे या लेन-देन में हम विश्वास को ही आधार बनाकर चलते हैं। किशोरजी के साथ काम करने की सबसे बड़ी अच्छाई यह है कि अच्छे सुझाव को वह तुरंत समझ जाते हैं और उसके बारे में तुरंत आगे बात करने के लिए तैयार हो जाते हैं। पूरी पारदर्शिता और स्पष्टवादिता के साथ वह किसी सुझाव को एकदम खारिज कर सकते हैं या अच्छे सुझाव पर एकदम उत्साहित हो उठते हैं और उनके मुख से एकदम निकल पड़ता है, 'यह दुनिया का सबसे अच्छा विचार है।' कई बार वह बच्चे जैसी मासूमियत दिखाते हुए अधीर हो उठते हैं।

शुरू में उनकी इस प्रकार की प्रतिक्रिया से मुझे बहुत हैरानी होती थी। अब मुझे लगता है कि इतनी व्यस्तता के कारण वह इंतजार नहीं कर पाते, क्योंकि उनके पास समय कम होता है। मीठी-मीठी बातें करके किसी को लुभाना उनको नहीं आता। वह स्पष्टवादी हैं, जो कुछ कहना होता है उसे मुँह पर कह देते हैं। वह हम सभी को एक परिवार की तरह देखते हैं। अपनी इन विशेषताओं के बारे में वह कुछ नहीं बताते, हम स्वयं यह सब जानते हैं।

□

---

* सोनिया मनचंदा बंगलौर की इडियम डिजाइन ऐंड कंसल्टेंसी कंपनी की सह-संस्थापिका हैं। पैंटलून रिटेल के साथ वह लगभग एक दशक तक काम कर चुकी हैं।

पैंटलून की राह

> 'जहाँ मन भयमुक्त और सिर गर्व से ऊँचा हो और ज्ञान उन्मुक्त''हे परमपिता! स्वतंत्रता के ऐसे स्वर्ग में मेरा देश जाग्रत् हो।'
>
> *—रवींद्रनाथ टैगोर*

I

भारत और बाहर के देशों में अधिकतर कंपनियों में आप पूरी तरह से पद-व्यवस्था के अंतर्गत काम होते देखेंगे। इस प्रकार की व्यवस्था में निर्णय-निर्धारण की प्रक्रिया ढेर सारे नियमों-सीमाओं में बँधी रहती है, जिसके कारण निर्णय लेने में बहुत समय लग जाता है।

हमारे यहाँ ऐसी कोई सीमा नहीं है। हमारा संगठन प्रवाहशील है। यहाँ आवश्यकता पड़ने पर संबंधित व्यक्ति स्वयं निर्णय लेकर उसे कार्यान्वित कर सकता है। हर बार कुछ नया सीखने की उम्मीद में हम बस आगे-ही-आगे बढ़ते रहने में विश्वास करते हैं। यही कारण है कि हमें अकसर दूसरों की आलोचनाएँ सुननी पड़ती हैं। कई लोग तो हमारे संगठन को 'अव्यवस्थित' तक कह डालते हैं। दूसरे लोग यही समझते हैं कि हमारे निर्णय किसी शोध, अध्ययन या विश्लेषण पर आधारित न होकर हमारी अपनी सहज व सामान्य समझ और साहसिकता पर आधारित होते हैं। लोग समझते हैं कि हमारे यहाँ कार्य करने की कोई व्यवस्थित प्रक्रिया ही नहीं है।

कभी-कभी मैं असमंजस में भी पड़ जाता था। इन आलोचनाओं में थोड़ी-बहुत सच्चाई भी दिखाई देती थी, लेकिन इन सब आलोचनाओं से हमें लाभ ही हुआ है। जब

मैंने इन सभी बातों पर गौर करना शुरू किया तो मुझे एक महत्त्वपूर्ण बात देखने को मिली।

अधिकतर व्यावसायिक संगठन इंजीनियरों, चार्टर्ड एकाउंटेंटों और बिजनेस स्कूल के स्नातकों द्वारा नियंत्रित-प्रबंधित होते हैं। इन लोगों को हर छोटे-से-छोटे कार्य या निर्णय का बारीकी से विश्लेषण करने का प्रशिक्षण मिला होता है। यह हमारे मस्तिष्क के बाएँ हिस्से की कार्य-प्रणाली होती है, जिसमें मस्तिष्क किसी मामले के छोटे-छोटे तारों को मिलाकर उनका विश्लेषण करता है और उन्हें एक व्यवस्थित क्रम में करता है।

मस्तिष्क का दायाँ हिस्सा रचनात्मकता और दृश्य स्थितियों के आधार पर कार्य करता है। इसमें मस्तिष्क सहज व स्वाभाविक समझ तथा ज्ञान के आधार पर पहले किसी मामले की पूरी तसवीर पर दृष्टि डालता है और फिर उसके विवरण व विश्लेषण पर जाता है। यह व्यक्ति के परिवेश व शिक्षा आदि पर निर्भर करता है कि वह मस्तिष्क के किस हिस्से से ज्यादा काम लेता है।

मानवीय व संगठनात्मक व्यवहार को समझने का यह मुझे बहुत अच्छा तरीका लगा। मैंने यह भी अनुभव किया है कि व्यवसाय को आगे बढ़ाने के लिए व्यक्ति को मस्तिष्क के दोनों हिस्सों—यानी विश्लेषणात्मक और रचनात्मक—का प्रयोग करते हुए चलना पड़ता है। व्यवस्थाओं, प्रक्रियाओं और नियमों की सीमा में बँधा कोई संगठन सिर्फ एक ही तरह का काम या उत्पादन बार-बार करते रहने में ही कुशलता प्राप्त कर सकता है। वह कुछ नया नहीं कर पाएगा; लेकिन सिर्फ रचनात्मकता से भी व्यवसाय को आगे नहीं बढ़ाया जा सकता। इसके लिए अनुशासन जरूरी है। इस प्रकार इन सभी पहलुओं को एक निश्चित अनुपात में साथ लेकर चलना ही सबसे अच्छा तरीका है।

संयोग से, जब हम इन कारकों का अध्ययन कर रहे थे, उसी समय व्यवसाय से जुड़ी एक नई प्रणाली कई प्रतिष्ठित कंपनियों में लोकप्रियता हासिल कर रही थी। इस नई प्रणाली को 'डिजाइन प्रबंधन' के नाम से जाना गया। प्रोक्टर ऐंड गैंबल और जी ई (GE) जैसी बहुत सी कंपनियाँ व्यवसाय में डिजाइन पर आधारित रचनात्मकता लाने की बात कर रही थीं। अमेरिका के कई अग्रणी विश्वविद्यालय भी अपने व्यावसायिक कार्यक्रमों में रचनात्मकता से जुड़े पाठ्यक्रम शुरू कर रहे थे। स्टैनफोर्ड विश्वविद्यालय ने एक डी-स्कूल (यानी डिजाइन-स्कूल) स्थापित किया था, जहाँ से इंजीनियरिंग और बिजनेस स्कूलों से आए उसके स्नातक डिजाइनिंग की शिक्षा ले सकते थे।

परंपरागत रूप से देखा जाए तो डिजाइन का संबंध केवल उत्पाद या औद्योगिक डिजाइन से था। औद्योगिक उत्पाद और ग्राफिक (रेखाचित्र) डिजाइन प्रक्रिया के ही

परिणाम हैं, लेकिन डिजाइन प्रबंधन से यह बात सामने आई कि ये डिजाइन-आधारित चिंतन की सीमाएँ नहीं निर्धारित करते। संचार, उपभोक्ता अनुभव, लॉजिस्टिक्स, संगठनात्मक ढाँचा और रणनीति—ये सभी डिजाइन-आधारित चिंतन का परिणाम हो सकते हैं। उनका कहना था कि डिजाइन मैनेजमेंट संबद्ध नव-प्रवर्तन के लिए सबसे कारगर माध्यम हो सकता है।

जब हमने इस क्षेत्र को समझना शुरू किया तो हमें लगा कि हम इसके साथ स्वयं को आसानी से जोड़ सकते हैं। हमने यह भी अनुभव किया कि डिजाइन प्रबंधन के बारे में अधिक ज्ञान प्राप्त करके हम अपने संगठन की कार्य-प्रणाली को और आसान बना सकते हैं तथा अपने संगठन में रचनात्मकता भी ला सकते हैं।

फैशन के व्यवसाय में होने के कारण हमारे संगठन में डिजाइन की महत्त्वपूर्ण भूमिका रही थी। हम स्वयं ग्राहकों के व्यवहार व प्रवृत्ति को समझकर उसके अनुसार हल निकालने पर ही ज्यादा जोर देते थे। सफल डिजाइनरों की कार्य-प्रणाली भी कुछ ऐसी ही होती है। किसी उत्पाद की डिजाइन तैयार करते समय डिजाइनर उपभोक्ता की प्रवृत्ति और उसकी पसंद को ध्यान में रखता है। उन्हें पता होता है कि उपभोक्ता की प्रतिक्रिया कैसी रहेगी और उसे कैसे तथा अधिक सकारात्मक बनाया जा सकता है? वर्ष 2004 के अंतिम महीनों में हमने फैशन डिजाइन को फैशन डिजाइनरों की एकाधिकारी सीमा से बाहर निकालकर ऐसे संदर्भ में रखने का निर्णय लिया, जहाँ से हमारा संगठन भी उससे लाभ उठा सकता। डिजाइन के विभिन्न स्वरूपों को देखने के बाद हमें लगा कि इसे सिर्फ डिजाइनरों तक सीमित रहने देना ठीक नहीं है।

अब हमें डिजाइन को परिभाषा देना जरूरी था कि ये हमने कैसे किया? हमने माना कि डिजाइन सिर्फ वस्तुओं को सुरुचिपूर्ण और सुंदर बनाने तक सीमित नहीं है। डिजाइन उपभोक्ता-केंद्रित हो, जिसका प्रयोगों के आधार पर विकास के लिए उपयोग हो तथा जिसे संगठन को तेजी से बदलते वातावरण के लिए तैयार किया जा सके। डिजाइन आधारित संगठन निर्माण के लिए संगठन को सृजनात्मक होना पड़ेगा एवं मानव व्यवहार की गहरी समझ हासिल करनी होगी। इसमें प्रायः परस्पर विरोधी प्रवृत्तियों और विचारों में सामंजस्य लाना भी जरूरी होता है।

डिजाइन का विषय कोई कठिन या अनजाना नहीं है। डिजाइन मनुष्य के भीतर स्वाभाविक रूप से आती है। दूसरों के साथ अपने दैनिक कार्य-व्यवहार में भी हम प्रायः डिजाइन का प्रयोग करते हैं। व्यवसाय में डिजाइन का विषय ग्राहक या उपभोक्ता को समझने से ही जुड़ा हुआ है। रिटेल पूरी तरह से ग्राहक पर आधारित व्यवसाय है। डिजाइन प्रबंधन से अपनी निर्णय-निर्धारण प्रक्रिया में ग्राहकों को केंद्र में रखने में मदद

मिलती है। वित्तीय, प्रौद्योगिकी, मानव संसाधन या कॉरपोरेट नियोजन—कोई भी क्षेत्र हो, 'सबको सबसे पहले ग्राहक' के बारे में सोचना होता है। डिजाइन-आधारित चिंतन की सहायता से कोई भी संगठन इस सिद्धांत को लेकर चल सकता है और अंततः अपनी वित्तीय स्थिति भी बेहतर बना सकता है।

डार्ली ओ. कोशी

> व्यवसाय में जितनी महत्त्वपूर्ण वित्तीय पूँजी है उतनी ही महत्त्वपूर्ण मानव संसाधन व रचनात्मक पूँजी भी है। डिजाइन-आधारित चिंतन और डिजाइनिंग के माध्यम से इन तीनों प्रकार की पूँजियों में समन्वय स्थापित किया जा सकता है। डिजाइन एक रचनात्मक कार्य है, जिसमें तर्क और सहज ज्ञान दोनों मिलकर सकारात्मक परिवर्तन को प्रेरित करते हैं और कुछ नया करने को सहज बनाते हैं। डिजाइन उन बिंदुओं को मिलाने की तरह है, जिनका एक-दूसरे से कोई जुड़ाव दिखाई नहीं देता। संश्लेषण यहाँ एक मूल कारक है। डिजाइन क्षैतिज रूप से चलती हुई उद्योग, वाणिज्य और विकास के हर प्रभाग को प्रभावित कर सकती है, तक पहुँच सकती है। डिजाइन के महत्त्व के बारे में व्यवसायी जानते हैं कि किस प्रकार यह व्यवसाय के सभी पहलुओं में सकारात्मक बदलाव ला सकती है। रिटेल के व्यवसाय में सबकुछ ग्राहकों पर निर्भर करता है और ग्राहकों पर डिजाइन का व्यापक प्रभाव पड़ता है। इसका कारण यही है कि डिजाइन ग्राहकों के साथ भावनात्मक स्तर पर जुड़ी रहती है। अतः डिजाइन रिटेलिंग का मूल मंत्र होना जरूरी है।

मेरा भी मानना है कि कोई भी व्यावसायिक रणनीति तभी सफल हो सकती है, जब उसमें रचनात्मकता, नव-प्रवर्तन और समायोजन जैसे तत्त्व शामिल हों। व्यावसायिक रणनीति तैयार करनेवाले विशेषज्ञों को किसी संगठन को एक अपूर्ण ढाँचे के रूप में देखते हुए काम करने की आवश्यकता होती है। हम जिस दुनिया में रह रहे हैं, वह स्वयं ही अपूर्ण है, अतः यहाँ पूर्णता की अपेक्षा करना व्यर्थ है। हाँ, उत्कृष्टता को अपना लक्ष्य बनाकर चलना अलग बात है। अतः व्यावसायिक रणनीति में बदलते परिवेश के साथ समायोजन करने की प्रवृत्ति होनी चाहिए। उसका आधार भी सतत विकास-विस्तार व सुधार होना चाहिए।

अब तक हमने जो भी काम किए हैं, उनमें मॉडल बनाने की महत्त्वपूर्ण भूमिका रही है। अधिकतर लोग हमारी एक मूल विशेषता के लिए ही या तो हमारी सराहना करते

हैं या फिर आलोचना—बार-बार नए-नए व्यवसाय शुरू करना या नए-नए मॉडल विकसित करना आदि। यह बात कम ही लोग समझ पाए कि इन जोखिमों के लिए हमने दो आसान से नियमों का पालन किया। पहला नियम—अपनी पृष्ठीय या वैकल्पिक योजना को हमेशा तैयार रखना। अकसर हमें पहले से पता नहीं होता था कि हमारा प्रयास सफल होगा या नहीं; लेकिन जब भी कुछ गड़बड़ होता दिखाई देता था, हम अपनी वैकल्पिक योजना पर वापस आ जाते थे और इस प्रकार हम हानि से स्वयं को बचा लेते थे। दूसरा नियम था—प्रयोगात्मक मॉडल का। जो भी कार्य हम करते थे, उसका सबसे पहले एक मूल प्रारूप तैयार कर लेते थे। उसके बाद पहले हम उसे छोटे पैमाने पर शुरू करके ग्राहकों के संपर्क में लाते थे। बड़े पैमाने पर जाने से पहले हम उसपर ग्राहकों की प्रतिक्रिया का अध्ययन व विश्लेषण करते थे। हमारे संगठन में किसी भी कार्य या योजना को कार्यान्वित करने में इन दो नियमों का पालन जरूर किया जाता है।

डिजाइन चिंतन अपने मूल स्वरूप में एक प्रारूपण प्रक्रिया ही है। भावी लाभ की संभावनाओं से मुक्त कोई विचार आते ही व्यक्ति उसके आधार पर नया मॉडल, कहानी, रेखाचित्र या फिल्म का प्रारूप तैयार कर सकता है। इस चरण का उद्देश्य ग्राहकों की प्रतिक्रिया जानना होता है। इन मॉडलों की पूर्णता की अपेक्षा नहीं की जा सकती। सच यह है कि इन्हें सतत समायोजन और सुधार की प्रक्रिया से गुजरना पड़ता है। ऐसी प्रारूपण प्रक्रिया की सहायता से यथार्थ रणनीति तैयार की जा सकती है। अंततः इससे संगठन को अपनी एक अति महत्त्वपूर्ण निधि—लोगों का सहज ज्ञान—का दोहन करने में मदद मिलती है।

डिजाइन प्रक्रिया वास्तव में उन्हीं कोशिशों और गलतियों का नाम है, जिनमें व्यक्ति अपने आस-पास के परिवेश को देखता-समझता है, व्यवहार प्रणाली की पहचान करता है, नए-नए विचार विकसित करता है, प्रतिक्रिया प्राप्त करता है और फिर इसी प्रक्रिया को दोहराता हुआ उसमें सुधार करता है। डिजाइन निर्माण और विनाश का नाम है। एक अच्छा डिजाइनर हमेशा कुछ नई रचना करता है और फिर उसे नष्ट करके उसके स्थान पर पुनः कुछ नवीन एवं बेहतर रचना करता है।

हमारे संगठन में रणनीतिक दस्तावेज प्रायः चित्रों के स्वरूप में होते हैं। उनमें लिखित सामग्री कम, चित्र और अवधारणाएँ ज्यादा होती हैं। हमारे रणनीतिक दस्तावेजों में प्रायः कहानियाँ होती हैं, जो हमारे प्रबंधकों को भावनात्मक अनुभूति देती हैं और रणनीति को यथार्थ जीवन के साथ जोड़ती हैं।

मैंने यह भी देखा है कि साधारण मैनेजमेंट सोच के विपरीत एक निश्चित सीमा तक अनिश्चितता और व्यवस्था-हीनता भी रणनीति के विकास में महत्त्वपूर्ण भूमिका

अदा करती हैं। हम एक जटिल व उलझी हुई दुनिया में रह रहे हैं और हमारे प्रबंधक प्राय: अनिश्चिततापूर्ण व्यावसायिक माहौल को लेकर शिकायत करते रहते हैं। अधिकांश व्यवसाय एवं आर्थिक सिद्धांत इस धारणा पर आधारित हैं कि 'बाकी सब स्थितियाँ यथावत् रहें या समान रहें' और यह बात मेरी समझ के परे है। लेकिन व्यवसाय में ऐसा नहीं हो सकता। सबकुछ तैयार किया हुआ और आसानी से मिल जाए, ऐसा जरूरी नहीं है। मेरा मानना है कि हम भारतीय अनिश्चित मामलों को सँभालने में कुछ ज्यादा ही अच्छे हैं—हमारे जीवन में कम ही बातें निश्चित होती हैं—चाहे वह बिजली-पानी की आपूर्ति हो या फिर वाहन अथवा यातायात की सुविधा।

अत: इस परिवर्तनशील माहौल में कोई भी संगठन अपने लिए पूर्ण स्थायी रणनीति नहीं बना सकता। दीर्घकालिक उद्देश्य और लक्ष्य तो निर्धारित किए जाने चाहिए, लेकिन वहाँ तक पहुँचने का रास्ता स्थिति के अनुसार ही होना चाहिए। यह कार्य फुटबॉल के खेल की तरह है—आप गोलपोस्ट को देख रहे होते हैं, लेकिन गोल करने के लिए कोई व्यापक योजना या युक्ति नहीं तैयार कर सकते। आपको पहले से कुछ नहीं पता होता कि विरोधी टीम कैसे खेलेगी, मैदान कैसा रहेगा और कब किस साथी खिलाड़ी को चोट लग जाएगी? अत: मैदान में खिलाड़ी को हमेशा चुस्त और सतर्क रहना पड़ता है, भले ही वह बहुत अच्छी रणनीति के अंतर्गत खेल रहा हो।

किसी संगठन की सफलता समस्या आने पर उसकी समायोजन की क्षमता पर निर्भर करती है। इसमें परिवर्तन-निरपेक्ष अथवा लोचहीन रणनीति से संगठन को आगे बढ़ने में बाधा ही आती है। मैं अपने प्रतिस्पर्धियों को अपनी रणनीति की जानकारी नहीं होने देता। हम उन्हें बस अनुमान तक ही सीमित रखना चाहते हैं। रणनीति में थोड़ी सी अनिश्चितता होने पर सहकर्मी भी अचानक आनेवाली बाधाओं से बेहतर ढंग से निपट सकते हैं। डिजाइन-आधारित सोच में विश्वास करनेवाले प्रबंधकों के लिए ऐसा माहौल उत्साहवर्धक होता है। विकल्पों के अभाव या अपर्याप्त जानकारी की स्थिति में भी डिजाइन-आधारित अवधारणा सहायक होती है। इससे हमें नव-प्रवर्तन में मदद मिलती है और हम सिर्फ एक निश्चित रास्ते पर चलने से ऊपर उठते हैं।

परंतु डिजाइन-आधारित संगठन तैयार करना इतना आसान भी नहीं है। डिजाइन एक सहकारी प्रक्रिया है, जिसमें अलग-अलग क्षेत्रों से जुड़ी टीमों को एक साथ मिलकर काम करना होता है। हम अपनी डिजाइन प्रक्रिया में विभिन्न शैक्षिक और व्यावसायिक पृष्ठभूमिवाले लोगों को शामिल कर रहे हैं। डिजाइनरों के अलावा अर्थशास्त्री और समाजशास्त्री भी हमारी टीमों में काम कर रहे हैं। वे पहले इंजीनियरों, प्रबंधन स्नातकों और चार्टर्ड एकाउंटेंटों से जानकारी प्राप्त करते हैं और फिर उसे

टीम में दूसरे सदस्यों तक पहुँचाते हैं। अलग-अलग पृष्ठभूमिवाले लोग मिलकर चुनौतियों का आसानी से और बेहतर ढंग से मुकाबला कर लेते हैं। हमारी अधिकतर प्रबंधन टीमें इन लोगों के साथ डिजाइन चिंतन कार्यशाला में प्रशिक्षण ले चुकी हैं। डिजाइन-प्रेरित कंपनी की ओर हमने कदम तो बढ़ा दिए हैं, लेकिन अभी बहुत कुछ करना शेष है।

इडियम की स्थापना के रूप में मैंने इस दिशा में एक महत्त्वपूर्ण कदम उठाया है। इडियम बंगलौर में स्थित स्वतंत्र डिजाइन एवं कंसल्टेंसी फर्म है। कार्य की गुणवत्ता और पैमाने के मामले में यह एक दिन सैन फ्रांसिस्को की डिजाइन पावर हाउस IDEO (आइडियो) की बराबरी में होगी। व्यक्तिगत रूप से इडियम की स्थापना से जुड़ना मेरा सर्वश्रेष्ठ रचनात्मक कार्य रहा है।

II

जोसेफ चेम्मानूर हॉल बंगलौर के इंदिरा नगर इलाके में स्थित है। स्थानीय चर्च द्वारा इसका निर्माण एक ऑडिटोरियम के रूप में कराया गया था। आजकल यह भारत के सबसे बड़े डिजाइन-समूह इडियम के कार्यालय के रूप में प्रयोग में लाया जा रहा है। ऑडिटोरियम के बाहर एक खुली कार्यशाला बन गई है, जहाँ अलग-अलग क्षेत्रों के लगभग 180 सदस्यों की टीम कार्य कर रही है। ग्राहकों के साथ कार्य-व्यवहार से संबंधित हर छोटे-बड़े सुझाव व विचार पर यहाँ चर्चा होती है और उसके बाद उसका प्रारूप तैयार होता है।

उपभोग क्षेत्र में इतने सारे कार्य शुरू करने की हमारी क्षमता का एक महत्त्वपूर्ण साधन व स्रोत इडियम ही है। अपनी स्थापना के अठारह माह के भीतर ही आज यह हमारे संगठन के लिए विचार व रणनीति का केंद्र बन गया है।

इडियम की 180 सदस्यीय टीम प्रायोगिक तौर पर काम करती है। कॉन्फ्रेंस-कक्ष अथवा बैठक-कक्ष में बैठकर हम नए-नए उपयोगी विचार विकसित करने की अपेक्षा नहीं रखते, बल्कि इसके लिए टीम के सदस्य अपना अच्छा-खासा समय गलियों में विभिन्न प्रकार के लोगों के अध्ययन-अवलोकन में व्यतीत करते हैं।

इडियम ग्राहकों के बारे में जानकारी प्राप्त करने के लिए बाजार सर्वेक्षण एजेंसियों की सेवा नहीं लेती। टीम के सदस्य स्वयं ही लोगों से मिलकर इस प्रकार की जानकारियाँ इकट्ठी करते हैं। वापस ऑडिटोरियम में आने पर वे अपने द्वारा एकत्र की गई जानकारियों को लिखित या रिकॉर्ड के रूप में अथवा चित्र के रूप में एक-दूसरे को बताते हैं। इसका उद्देश्य ग्राहकों की सामाजिक, आर्थिक, सांस्कृतिक व मनोवैज्ञानिक प्रवृत्ति की जानकारी प्राप्त करना होता है। आपको ऑडिटोरियम के

भीतर दीवारों पर विभिन्न प्रकार के चित्र, रेखाचित्र, फ्लोचार्ट और तसवीरें जड़ी हुई देखने को मिलेंगी।

इडियम की पूरी टीम सामूहिक विचार-निर्माण में लगी हुई है। किसी अच्छे विचार अथवा सुझाव की संभाव्यता की पहचान करने और उसे शीघ्रता से कार्यान्वित करने के लिए इडियम आठ-चरणीय प्रक्रिया अपनाती है। अपनी कंपनी में विकसित होनेवाले विचारों को भी हम इडियम तक पहुँचाते रहते हैं। इडियम पहले उन विचारों के सभी पहलुओं का अध्ययन करती है, उसपर अपनी राय रखती है और फिर उन्हें आगे बढ़ाती है। फैशन, पुस्तक, संचार, मनोरंजन का व्यवसाय हो या फिर कोई और—इडियम अपने सहज ज्ञान, अध्ययन-अवलोकन और अनुभव के आधार पर ग्राहकों के लिए नई-नई अवधारणाएँ विकसित करती है। चूँकि उसकी टीम स्वतंत्र रूप से कार्य करती है, अतः वह बाजार से जुड़ी अधिक उपयोगी और मूल्यवान् अवधारणाएँ विकसित करने में सक्षम है।

ऐसी कोई संस्था तैयार करना कोई आसान काम नहीं है। पैंटलून्स और बिग बाजार शुरू करने के समय हम दो डिजाइन फर्मों—टेसारैक्ट और एसाइन के साथ मिलकर काम कर रहे थे। एसाइन—जिसका नेतृत्व मनचंदा के हाथ में था—रणनीतिक और संचार डिजाइन परियोजनाओं पर काम करनेवाली एक छोटी किंतु सफल फर्म थी। टेसारैक्ट का नेतृत्व जैकब, सुंदर और आनंद के हाथों में था। यह अपेक्षाकृत अधिक अनुभवी फर्म थी, जो बहुत सी रिटेल कंपनियों के लिए उत्पाद व फर्नीचर डिजाइन का काम कर रही थी। उसके पास कुल मिलाकर लगभग तीस डिजाइनर थे, जिनमें से अधिकतर राष्ट्रीय डिजाइन संस्थान के स्नातक थे। इन दोनों ही फर्मों के साथ हमारे स्थायी संबंध थे, क्योंकि ये दोनों मिलकर डिजाइन संबंधी हमारी सभी आवश्यकताओं को पूरा करती थीं।

जब हमने नए-नए फॉर्मेट खोलकर अपने काम का दायरा बढ़ाना शुरू किया तो मैंने इन दोनों कंपनियों को एक साथ मिलकर एक डिजाइन पावर हाउस बनाने के लिए प्रोत्साहित किया, लेकिन अपनी रचनात्मक प्रवृत्ति के चलते वे स्वतंत्र ही बनी रहीं। वे कॉरपोरेट समूह का हिस्सा नहीं बनना चाहती थीं। उन्हें एक साथ मिलकर तैयार करने के लिए मैंने तीन वर्षों तक कोशिश की।

जैकब मैथ्यू

इडियम की स्थापना मुंबई-पुणे एक्सप्रेस वे पर हुई मानी जा सकती है। एक बार मुंबई के बाहर कार से जाते हुए एक जगह पहुँचकर हम रास्ता

भूल गए। हम एक्सप्रेस वे के प्रवेश मार्ग का पता नहीं लगा पा रहे थे। हम चक्कर काटते रहे और वहाँ कोई रास्ता दिखानेवाला बोर्ड नहीं था। किशोरजी के मुँह से एकदम निकला, 'एन.आई.डी. (राष्ट्रीय डिजाइन संस्थान) को शुरू हुए तीस वर्ष हो गए हैं और तुम लोगों को कुछ अता-पता ही नहीं है।' मैं हैरान था। मैंने उन्हें एन.आई.डी. के स्नातकों द्वारा किए गए अच्छे कामों के बारे में समझाने की कोशिश की—स्टेट बैंक ऑफ इंडिया, इंडियन एयरलाइंस और बहुत सी भारतीय कंपनियों के लिए लोगो की डिजाइन। उन्होंने मुझसे कुछ अच्छे डिजाइन समूहों के नाम बताने के लिए कहा। मैंने कुछ नाम गिनाए, लेकिन उन्होंने यह कहते हुए सबको खारिज कर दिया कि ये इतने छोटे हैं कि इनका कोई ज्यादा महत्त्वपूर्ण प्रभाव नहीं हो सकता।

डिजाइन की पहचान वह तुरंत कर लेते थे। उन्हें पता होता था कि कौन सी डिजाइन कहाँ उपयुक्त रहेगी। अधिकतर फॉर्मेटों में हम उनका पूर्ण ग्राहक-संपर्क विकसित कर रहे थे; लेकिन वह और भी अधिक तेजी से आगे बढ़ना चाहते थे और हमसे भी अपने साथ ही आगे बढ़ने की अपेक्षा रखते थे। पहली बार जब उन्होंने एसाइन और टेसारैक्ट को एक साथ मिलाने के बारे में हमें बताया तो उस समय हमने कोई प्रतिक्रिया नहीं दी। डिजाइनरों की सोच भी बिलकुल अलग ही होती है। हमने इस विषय पर चर्चा की, लेकिन कई डिजाइनरों को एक साथ लाना आसान नहीं है। हमने कहा कि जिस तरह डिजाइन मौलिक एवं परिवर्तनशील होता है, उसी तरह हमारा संगठन भी परिवर्तन-सापेक्ष होना चाहिए। किशोरजी की हमेशा शिकायत रहती थी कि हम छोटे दायरे में सोचते हैं। हम अकसर एक-दूसरे को मजाक में कहा करते थे, 'तुम एन.आई.डी. के लोग भी बहुत छोटी सोच रखते हो। तुम लोगों के पास संभाव्यता तो है, लेकिन···'

परंतु हम—दोनों संगठनों के—लोग यही चाहते थे कि स्वतंत्र रूप से काम कर सकें। हमारा छोटा सा संगठन था और हम उसी में ठीक थे। हम किसी बड़ी कंपनी का हिस्सा बनकर उसमें खो जाना नहीं चाहते थे। एक-दो अन्य कंपनियाँ हमें वित्तीय मदद देने के लिए तैयार थीं, लेकिन वे चाहती थीं कि हम उनकी कंपनी का ही हिस्सा बनकर रहें।

परंतु किशोरजी पर हमें पूरा भरोसा था। वह एक महत्त्वाकांक्षी व्यक्ति हैं और उनके विचार प्राय: संक्रामक होते हैं। हमने अपने संगठन में चर्चा की

> और मुंबई आने पर किशोरजी से भी मिलते रहे। यह उनके लिए मुश्किल भरा जरूर रहा, लेकिन वह इसके लिए प्रतिबद्ध थे। उन्होंने हमारी टीम के सदस्यों से भी व्यक्तिगत रूप से बात की। हमने स्वयं देखा कि वह बहुत मेहनत कर रहे थे।

अंततः, अप्रैल 2005 में टेसारैक्ट और एसाइन के सम्मिलन के परिणामस्वरूप इडियम अस्तित्व में आया। मैं कंपनी का सरपरस्त बना।

इतने कम समय में भी इडियम ने आकार और मानव संसाधन के मामले में छह गुना विकास किया है। हमारे ग्रुप के लिए इडियम बहुत से काम कर रही है और साथ ही कई अन्य कंपनियाँ भी हैं, जिनके साथ उसके मजबूत व्यावसायिक संबंध हैं। उनमें से कुछ इस प्रकार हैं—गोदरेज की रिटेल कंपनी आधार, इन्फोसिस, रॉयल ऑर्किड होटल्स, वर्ल्डस्पेस, टाटा टेलिकॉम आदि।

इडियम सभी प्रकार के डिजाइन का काम करती है—उत्पाद व औद्योगिक डिजाइन से लेकर संचार एवं ब्रांडिंग, आंतरिक डिजाइनिंग, स्टोर की डिजाइनिंग आदि। हमारी उपभोक्ता रणनीतियों में इसकी महत्त्वपूर्ण भूमिका होती है। इडियम ने हमारे लिए जो काम किए हैं, उन्हें देखकर तो मैं कल्पना भी नहीं कर सकता कि विश्व की कोई भी कंपनी इस कीमत पर हमारे लिए इतना काम कर सकती थी। अवधारणाएँ विकसित करने, उनका प्रारूपण करने और फिर उन्हें कार्यान्वित करने में बहुत समय लगता है; लेकिन इडियम ये सारे काम हमारे लिए पूरी गति के साथ कर रही है। इडियम वैसे तो फ्यूचर ग्रुप से अलग स्वतंत्र रूप से कार्य कर रही है, लेकिन यह हमारे संगठन में नवप्रवर्तन की प्रक्रिया में कई तरह से अपनी भूमिका निभा रही है।

मेरा विश्वास है कि इडियम में एक दिन विश्व की सर्वोत्तम डिजाइन कंपनी बनने की संभाव्यता है। हालाँकि यह तो संयोग की बात है, लेकिन इडियम में ऐसा कर दिखाने की क्षमता है। इससे भी महत्त्वपूर्ण बात यह है कि इडियम अपने डिजाइनों में भारतीयता का रंग डालने में सफल रही है। अब वह भारत में कई क्षेत्रों में अपना प्रभाव छोड़ने में सक्षम है।

गिरीश राज*

इड़ियम की स्थापना के समय हमने यही सोचा था कि यदि डिजाइन का

---

* गिरीश राज इडियम डिजाइन ऐंड कंसल्टिंग के संस्थापक सदस्य हैं।

वैश्विक इडियम है तो डिजाइन का—भारतीय डिजाइन का—इडियम भी जरूर हो सकता है। डिजाइन प्रबंध या डिजाइन प्रशिक्षण अंतरराष्ट्रीय है और जो भी सिखाया जाता है वह पूरी तरह पश्चिम से प्रभावित है। पाश्चात्य डिजाइन शैली भाव एवं स्वरूप पर आधारित है और इसका प्रयोग श्रेष्ठता सिद्ध करने में किया जाता है। इसमें कुछ इस तरह की सोच विकसित होती है कि 'मेरा तुम्हारे से अच्छा है, बड़ा है या अधिक उन्नत है।'

परंतु भारतीय संस्कृति में इस तरह की सोच को स्वीकार नहीं किया जाता। मेरा मानना है कि भारतीय डिजाइन शैली एकता और पूर्णता की भावना पर आधारित है। यह हमारी संस्कृति के विभिन्न विरोधाभासी तत्त्वों को भी एक साथ लाती है। भारत में उच्चतम या महत्तम गुणांक नहीं देखा जा सकता, यहाँ लघुत्तम सर्वनिष्ठ गुणांक के आधार पर ही काम किया जा सकता है। भारत में संचार अथवा प्रसार और ब्रांडिंग में प्राय: आम जन को ध्यान में नहीं रखा जाता। दस में से नौ भारतीय अपनी स्थानीय भाषा में सोचते हैं, फिर भी उपभोक्ता व्यवसाय में लगे अधिकतर लोग कॉन्वेंट शिक्षित और अंग्रेजीभाषी हैं। ये कुछ ऐसी बातें थीं, जो हमने अनुभव कीं और मैंने देखा कि के.बी. (किशोर बियानी) भी ऐसा ही मानते थे।

नवप्रवर्तन का अर्थ परिवर्तन लाने से है, न कि परिवर्तन पर प्रतिक्रिया करने से। भविष्य को किसी ने नहीं देखा है और कोई उसे परिभाषित भी नहीं कर सकता। भविष्य स्वयं में परिवर्तनशील और गतिशील है, जिसकी कोई भी संगठन कल्पना और निर्माण करता है। डिजाइन-प्रेरित चिंतन भविष्य की वांछित तसवीर तैयार करने में हमारी मदद करेगा। कहानी के माध्यम से अपनी बात कहना और प्रवाह के साथ चलना इसे और मजबूत करेंगे।

III

नकल करना मनुष्य का स्वभाव है। वह प्राय: एक-दूसरे के व्यवहार की नकल करता है। किशोर वय के लड़कों की सिगरेट पीने की आदत हो या वयस्कों की अपने मोबाइल फोन पर गेम खेलने की प्रवृत्ति—यह किसी-न-किसी तरह एक नकल का ही परिणाम है। परिवार, समाज और समुदाय के कार्य-व्यवहार को देखकर ही मनुष्य अपना कार्य एवं व्यवहार अपनाता है।

उदाहरण के लिए, मैं अपने एक मित्र श्रीकृष्ण की बात बताता हूँ। श्रीकृष्ण के पिता एक छोटे से गाँव में पैदा हुए थे और वहीं पले-बढ़े थे। उन्होंने गेहूँ या आटे का

स्वाद कभी नहीं चखा था। वह बस चावल ही खाते थे। श्रीकृष्ण भी अपने भोजन में ज्यादा-से-ज्यादा चावल या चावल से बनी चीजें ही लेना पसंद करता है, हालाँकि बाहर होने पर अन्य चीजें भी खा लेता है। लेकिन उसका 70 प्रतिशत भोजन चावल ही होता है। चावल खाने की उसकी आदत—जो बचपन से ही उसे अपने परिवार व समुदाय से मिलती रही थी—फास्ट फूड और इतालवी रेस्त्राँओं तथा पत्नी द्वारा दूरदर्शन पर देखकर बनाई गई नई-नई चीजों के कारण अब बदल गई है।

यहाँ दिलचस्प बात यह है कि किस तरह श्रीकृष्ण के बेटे की खाने की आदत बदल रही है। यह आनुवंशिकता पर निर्भर करता है—सांस्कृतिक आनुवंशिकता पर। आनुवंशिकता की तरह सांस्कृतिक आनुवंशिकता भी होती है, जिसके माध्यम से विभिन्न सांस्कृतिक लक्षण एक व्यक्ति से दूसरे व्यक्ति में पहुँचते हैं। अब यहाँ प्रश्न उठता है कि क्या श्रीकृष्ण का बेटा अपनी बाह्य संस्कृति के प्रभाव में आकर बिना चावलवाला भोजन ज्यादा खाना शुरू कर देगा या फिर कन्नड़ संस्कृति के प्रभाव में बने रहकर चावल ही खाता रहेगा? चावल खाने की उसकी आदत पर किन कारकों का प्रभाव होगा? चावल खानेवाले लोगों की अगली पीढ़ी में कैसा और कितना बदलाव आएगा और इस प्रकार ग्राहक प्रवृत्ति में बदलाव आने से पहले हम उसे कैसे समझ पाएँगे?

मीम्स (Memes) के अंतर्गत कुछ भी आ सकता है—जनसंचार माध्यमों द्वारा फैलाई जानेवाली जागरूकता, कोई विशेष अंदाज या व्यवहार अथवा स्वाद, कोई आकर्षक पद या वाक्य, कोई धुन, कोई विचार, फैशन प्रवृत्ति और कोई नई फिल्म भी। आनुवंशिकता की तरह ही मीम में भी मिश्रित लक्षण व अवधारणाएँ होती हैं, जो आसानी से एक व्यक्ति से दूसरे व्यक्ति तक पहुँचते हैं।

मीम्स (Memes) का अध्ययन मीमेटिक्स (Memetics) कहलाता है। यह आनुवंशिकता, मनोविज्ञान, मानव विज्ञान और अन्य सामाजिक विज्ञानों के अध्ययन का एक मिश्रण है, जिन्हें एक साथ मिलाकर व्यावहारिक अध्ययन किया जाता है। 'मीम' शब्द का सर्वप्रथम प्रयोग रिचर्ड डॉकिंस ने अपनी पुस्तक 'द सेल्फिश जीन' में किया था। मीमेटिक्स सामाजिक प्रवृत्तियों को समझने और उनका पूर्वानुमान लगाने का एक कारगर माध्यम है। अब तक मीमेटिक्स का प्रयोग प्रायः वायरल मार्केटिंग के लिए ही किया जाता रहा है। परंतु हमें लगता है कि मीमेटिक्स के माध्यम से बदलती सामाजिक-आर्थिक और सांस्कृतिक परिस्थितियों को समझने की व्यापक संभावनाएँ हैं।

मीमेटिक्स का प्रयोग इन सभी प्रवृत्तियों को समझने और उसके अनुरूप उपभोक्ताओं को प्रभावित करने के लिए किया जा सकता है। उदाहरण के लिए, यह जानने के लिए

कि उत्तर भारत की महिलाएँ अपनी नाक में बाईं ओर छेद कराती हैं, जबकि दक्षिण भारत की महिलाएँ नाक में दाईं ओर छेद कराती हैं—आप इस फैशन की शुरुआत पर जा सकते हैं या फिर, क्यों और कैसे साड़ी का फैशन बदल रहा है?

मीम्स का विकास स्वाभाविक चयन, नकल और प्रतिस्पर्धा के माध्यम से होता है। उदाहरण के तौर पर, कोई एक विचार या अवधारणा असफल या समाप्त हो सकती है, पर वैसे ही दूसरे विचार बने रह सकते हैं और नकल या थोड़े सुधार के बाद व्यापक रूप से अपनाए जा सकते हैं।

विशेषज्ञों का कहना है कि एक सफल मीम में तीन लक्षण होते हैं—1. जिसकी आसानी से नकल हो सके, 2. नकल एकदम सही एवं वैसी ही हो और 3. जो दीर्घायु हो। मीमेटिक्स के अध्ययन के माध्यम से किया गया उत्पादों या सेवाओं का डिजाइन बाजार रणनीति में क्रांति ला सकता है। ये उत्पाद व सेवाएँ एक व्यक्ति से दूसरे व्यक्ति तक आसानी से और सिर्फ बातों के माध्यम से पहुँच सकती हैं।

उदाहरण के लिए, रेडीमेड कपड़े का कोई उत्पादक यह जानना चाहेगा कि क्या ऐसी कमीजों की माँग है, जिसमें जेब के भीतर रखा मोबाइल फोन बाहर से दिखाई दे, यानी जिसका कपड़ा पारदर्शी हो, या फिर लोग बहूपयोगी कपड़े ज्यादा पसंद करेंगे, जिसे आवश्यकतानुसार अलग-अलग रूप दिया जा सके और यदि माँग है तो कोई रिटेलर इसका लाभ कैसे उठा सकता है?

मीम्स को समझने में लगी हमारी टीम ने भारत में उभरती मीम्स से संबंधित कई दिलचस्प बातों का पता लगाया है। परिवर्तन सोलवाले जूतों—जिनसे आप अपना कद घटा या बढ़ा सकते हैं—से लेकर वेल्क्रो वर्णमालावाली टी-शर्टों तक—सभी मामलों में हम मीम्स की इन उभरती प्रवृत्तियों का लाभ उठाने की कोशिश कर रहे हैं।

मीमेटिक्स हमारे लिए एक कारगर माध्यम बन गया है, क्योंकि इनसे हमें अपनी व्यावसायिक रणनीतियाँ तैयार करते समय मानव-व्यवहार व संस्कृति का अध्ययन करने में मदद मिलती है। हालाँकि, अभी हम मीमेटिक्स का पूरा लाभ उठाने में सक्षम नहीं हो पाए हैं। यह देश में व्याप्त विविधताओं को समझने की दिशा में हमारा शुरुआती प्रयास है।

IV

चियांग के अनुसार, युक्ति यह थी कि जोनाथन स्वयं को बयालीस इंच के पंखोंवाले शरीर के भीतर तक सीमित न समझे और न ही अपने कार्य को सिर्फ चार्ट पर अंकित संकेत के रूप में देखे। युक्ति यह थी कि वह स्वयं यह जाने कि उसका यथार्थ स्वरूप है, सब जगह है—बिलकुल पूर्णता में।

आप में से जो इस उद्धरण को पहचान रहे हैं, वे रिचर्ड बैक की कहानी 'जोनाथन लिविंगस्टोन सीगॉल' के बारे में जानते होंगे। यह एक सीगॉल (समुद्री चिड़िया) की कहानी है, जिसका नाम जोनाथन है। जोनाथन पुरानी धारणा को तोड़कर अपने झुंड की अपेक्षा अधिक ऊँचाई पर उड़ना सीखने का फैसला करता है। वह अपने झुंड के अन्य सदस्यों की बात मानने से इनकार कर देता है और इतनी ऊँचाई पर जाने की कोशिश करता है, जहाँ पहले कोई नहीं पहुँचा था। हर मुश्किल का सामना करते हुए वह अपने इस एकमात्र लक्ष्य तक पहुँचने में लग जाता है। बाद में उसकी मुलाकात चियांग से होती है, जो उसे सीमित दायरे से बाहर निकलकर अपनी क्षमताओं को सिद्ध करने के लिए प्रोत्साहित करता है।

जोनाथन की लगन और इच्छा-शक्ति उसे हर मुश्किल पर विजय पाने और ऊँचा, खूब ऊँचा उड़ने में मदद करती हैं। इस कहानी का लक्षण और मूल तत्त्व हमारे अपने संगठन की कहानी, उसके मूल तत्त्व से मिलता है। इसमें हमने कुछ काल्पनिक चित्र जोड़ दिए और फिर यह हमारे लिए अपनी रणनीति को अपने सहकर्मियों व अन्य बाहरी लोगों को समझाने का एक सशक्त माध्यम बन गई। कहानी आज हमारे लिए अपनी रणनीति को विकसित करने और उसे दूसरों को समझाने का एक महत्त्वपूर्ण माध्यम बन गई है।

अपनी आवश्यकताओं और संदर्भ के अनुसार हमने पॉलो कोएल्हो की पुस्तक 'दि अल्केमिस्ट' तथा कुछ बॉलीवुड फिल्मों से अनेक कहानियाँ संकलित की हैं। 'प्रतियोगिता का सामना कैसे करें'—इस विषय से संबंधित चर्चा में एक आम आदमी के विभिन्न कंपनियों के साथ कार्य-व्यवहार पर आधारित कोई कहानी उद्धृत की जा सकती है; एक छोटे से कस्बे से आए उस छोटे से उद्यमी की कहानी से एक विक्रेता प्रबंधन रणनीति तैयार की जा सकती है, जो शहर में आकर हमें अपना साझेदार बनाता है और अपने व्यवसाय को आगे बढ़ाता है। नए कर्मचारियों को पहले विभिन्न कहानी सत्रों के माध्यम से हमारी रणनीति और पृष्ठभूमि के बारे में बताया जाता है, उसके बाद उन्हें अपने अनुभव पर आधारित अपनी स्वयं की कहानी तैयार करने के लिए प्रोत्साहित किया जाता है। कहानी के माध्यम से हमें अपने संगठन के मूल तत्त्व, आदर्शों और चिंतन प्रक्रिया को समझने-समझाने में मदद मिलती है।

हम अपने कहानी सत्रों को सरल और व्यावहारिक ही रखते हैं। एक आदर्श कहानी में कम-से-कम पात्र होने चाहिए और कहानी रोचक होनी चाहिए, जिसका अंत शिक्षाप्रद हो। कहानी में शाब्दिक सामग्री की बजाय हम चित्रीय अभिव्यक्ति को ज्यादा प्रभावोत्पादक मानकर चलते हैं। इससे कहानी अधिक सुग्राह्य और शिक्षाप्रद बन

जाती है। कोई विशेष रणनीति हमने क्यों तैयार की है, इसकी एक स्पष्ट छवि सबके दिमाग में होनी चाहिए। कहानी का माध्यम यह आवश्यकता आसानी से और प्रभावी ढंग से पूरा करता है।

उल्लेखनीय है कि व्यावसायिक रणनीति, जिसका उद्देश्य एक वांछित लक्ष्य को ध्यान में रखकर कार्य-योजना को कार्यान्वित करना होता है, कई बार विपरीत दिशा में ले जाती है—ठहराव या निष्क्रियता की ओर। इसका कारण यही है कि संगठनों के कार्यकारी प्राय: संचार व विज्ञापन के परंपरागत साधनों—पावर पॉइंट और स्प्रेडशीटों—का ही प्रयोग करते हैं, जो संबंधित संगठन की संकुचित या कभी-कभी भ्रामक छवि लोगों के सामने पेश करते हैं।

दूसरी ओर, कहानी के माध्यम से अभिव्यक्ति संचार अथवा अभिव्यक्ति का प्राचीनतम माध्यम है। मनुष्य आदिकाल से ही संस्कृति, ज्ञान और विभिन्न आदर्शों को एक पीढ़ी से दूसरी पीढ़ी तक पहुँचाने के लिए कहानी का प्रयोग करता आया है। परंतु आज के व्यावसायिक संगठन इसके महत्त्व को नहीं समझ पा रहे हैं।

कहानी के साथ-साथ परिदृश्य-नियोजन की भी हमारी रणनीतियों में महत्त्वपूर्ण भूमिका रही है। परिदृश्य नियोजन का उपयोग प्राय: ऊर्जा क्षेत्र में किया जाता है। यह अंकगणितीय नमूनों और विश्लेषणों पर आधारित है; परंतु हमारे संगठन में यह परिदृश्य-नियोजन स्थापित नमूनों की बजाय सहज ज्ञान व कल्पना पर ज्यादा आधारित है। हम जानते हैं कि हम अतीत के आधार पर भविष्य की तसवीर नहीं तैयार कर सकते। रिटेल के क्षेत्र में आज भारत में जो कुछ हो रहा है, उसकी तुलना '60 के दशक में अमेरिका में और '90 के दशक में दक्षिण-पूर्व एशिया में जो कुछ हुआ, उससे नहीं की जा सकती। उन दिनों की बातें या अवधारणाएँ आज के भारतीय संदर्भ में लागू नहीं हो सकतीं। आज जिस तेजी से भारत की तसवीर बदल रही है, उसमें यह अपेक्षा रखना पूरी तरह से असंगत है कि जो रणनीति पहले सफल रही है, वह आज यहाँ भी सफल होगी। अत: अतीत से पूर्वग्रहित हुए बिना ही भविष्य को देखने की आवश्यकता है।

परिदृश्य-नियोजन रचनात्मक दूरदर्शिता की मौलिक उद्यम-शक्ति पर आधारित होता है। बाजार के परिदृश्य को ध्यान में रखकर ही हम अपनी कार्य-योजनाएँ तैयार करते हैं। हम देखते हैं कि किस प्रकार बाह्य परिवेश या परिदृश्य बदल सकता है, किस प्रकार की तकनीकें विकसित हो सकती हैं, नीतियों व नियमों-विनियमों में क्या परिवर्तन हो सकते हैं और प्रतियोगिता का स्वरूप कैसा हो सकता है ? यह सब देखने के बाद हम यह समझने की कोशिश करते हैं कि किस प्रकार हम इन सभी बदलावों

के साथ समायोजन या अनुकूलन कर सकते हैं? उसके बाद हम अपनी रणनीति कुछ इस प्रकार तैयार करते हैं कि वह भविष्य की सकारात्मक तसवीर खींचने में हमारी मदद करे।

तो क्या परिदृश्य-नियोजन सफल रहा है? एक उदाहरण लेते हैं, जिससे यह स्पष्ट हो जाएगा कि परिदृश्य-नियोजन से हमें क्या लाभ हुआ है। अभी एक वर्ष पूर्व तक अधिकतर विश्लेषक और व्यावसायिक विशेषज्ञ कह रहे थे कि भारत में बहुत अधिक संख्या में नए मॉल और शॉपिंग सेंटर बन रहे हैं। उद्योग से जुड़े लगभग सभी लोगों की यही राय थी, जो रिटेल क्षेत्र में अतीत में हुई प्रगति पर आधारित थी। आधुनिक रिटेल में मुट्ठी भर लोग ही सक्रिय थे और नगरीय जनसंख्या का एक छोटा सा हिस्सा ही शॉपिंग मॉलों में खरीदारी के लिए जाता था। इस आधार पर परंपरागत तर्क से ऐसा ही लगता था कि रिटेल रियल एस्टेट में अधिक सप्लाई की स्थिति जल्दी ही पैदा हो जाएगी।

परंतु एक वर्ष के भीतर ही स्थिति बिलकुल विपरीत हो गई है। रिटेल क्षेत्र में आनेवाले उद्यमियों की संख्या लगातार बढ़ती जा रही है और आधुनिक रिटेल में नए-नए उपभोक्ता मॉडल विकसित हो रहे हैं। ऐसे में रिटेल उद्योग के सामने अच्छे और अनुकूल स्थान की कमी बनी हुई है। वर्ष 2008 तक लगभग 600 मॉल हो जाने का अनुमान है। यह संख्या वर्तमान संभावनाओं को देखते हुए बहुत कम लगती है। रिटेल मॉडल के लिए स्थान आरक्षित करानेवालों की भीड़ बढ़ती जा रही है और इसके साथ ही रिटेल रियल एस्टेट का किराया भी आसमान छूता जा रहा है।

हम शुरू से ही यह मानकर चल रहे थे कि भारत में रिटेल की व्यापक संभावनाएँ मौजूद हैं। हम उपभोक्ता प्रवृत्ति और उपभोग प्रवृत्ति पर बराबर नजर रखकर चल रहे थे। हम समझ गए थे कि आधुनिक रिटेल में पहले की अपेक्षा बहुत ज्यादा तेज गति से प्रगति होगी। हमें यह भी पूर्वानुमान था कि बड़े-बड़े उद्यमी भी शीघ्र ही इस क्षेत्र में अपनी पैठ बनानी शुरू कर देंगे। वर्ष 2002 से हम अपनी वास्तविक कार्य-योजना के अनुसार आवश्यक स्थान से भी ज्यादा स्थान आरक्षित कराने लगे थे। इस प्रकार हमें बहुत कम दर पर स्थान मिल गया। वर्ष 2011 तक हमें जितने स्थान की आवश्यकता है उतना हम पहले ही आरक्षित कराने के करीब पहुँच चुके हैं। अब मौजूदा और नए रिटेलरों के बीच स्थान के लिए प्रतिस्पर्धात्मक लड़ाई चल रही है, इस कारण उन्हें ज्यादा किराया चुकाना पड़ रहा है। हमारे सामने ऐसी कोई समस्या नहीं है और इसका लाभ सीधे हमारे ग्राहकों को मिलेगा।

केवल रियल एस्टेट में ही नहीं, बल्कि व्यावसायिक सहयोगी या साझेदार और

विक्रेता चुनने में भी हमने पहले बाजी मारने में सफलता प्राप्त की है। इसका आज हमें प्रतिस्पर्धात्मक लाभ मिल रहा है। जब दूसरे लोग अपनी कार्य-योजना पर विचार-विमर्श में लगे थे, उस समय हम अपनी योजनाओं को वास्तविक स्वरूप में कार्यान्वित कर रहे थे। हम जानते थे कि हमें अनेक चुनौतियों का सामना करना पड़ेगा, लेकिन हम इन संभावित चुनौतियों के पीछे छिपी संभावनाओं का लाभ सबसे पहले उठाना चाहते थे।

V

व्यावसायिक संगठन को मैं एक जीवंत अस्तित्व मानता हूँ, जो किसी सजीव की तरह ही विकास करता है। मैं यह भी मानता हूँ कि कोई भी व्यावसायिक संगठन प्रकृति से काफी कुछ सीख सकता है। सचमुच, प्रकृति सबसे अच्छी डिजाइनर है। कई बार हम उसके कार्यों से स्वयं को प्रेरित महसूस करते हैं। प्रकृति में संरक्षण और परिवर्तन के बीच, व्यवस्था और स्वतंत्रता के बीच या संगठित और असंगठित के बीच किसी तरह का आधारभूत तनाव नहीं होता। इसमें जटिलता और सरलता एक साथ दिखाई देती हैं। यहाँ जीवित बने रहने के लिए सतत संघर्ष चलता रहता है; लेकिन इसके बावजूद यहाँ सभी जीवधारियों के बीच आपको पूर्ण समरसता देखने को मिलेगी।

देखने में ये सभी पहलू परस्पर विरोधी लग सकते हैं, लेकिन इनके मूल में पंथनिरपेक्ष तत्त्व है, जो सबसे ऊपर है। यह तत्त्व है—विकास। प्रकृति में सृजन, विस्तार, विनाश के साथ-साथ सतत विकास की प्रक्रिया भी चलती रहती है। यहाँ आपको ठहराव नहीं दिखाई देगा। जिस प्रकार नदी अपने मार्ग में आनेवाले शैलों या बाधाओं को पार करती निरंतर आगे बढ़ती रहती है, उसी प्रकार एक संगठन भी सभी प्रकार की बाधाओं को दूर करता हुआ लगातार विकास की ओर बढ़ सकता है। विकास, विस्तार, समायोजन और निरंतर गतिशीलता किसी संगठन के आवश्यक लक्षण होने चाहिए। इसे मैं 'प्रवाह' कहता हूँ।

'प्रवाह' किसी भी संगठन के लिए अत्यंत आवश्यक है और यही हमारे संगठन का आदर्श मूल्य है। प्रवाह में विश्वास करनेवाला व्यक्ति निर्णय लेने के लिए रुके रहने की बजाय आगे बढ़ते रहना चाहता है। अधिकतर संगठनों में मैंने देखा है कि प्रबंधक किसी मामले के बारीक-से-बारीक पहलुओं पर विचार-विमर्श, पुनः विचार-विमर्श में लगे रहते हैं; इसके बावजूद उनके दस में से आठ निर्णय ही सही सिद्ध हो पाते हैं।

मैं समझता हूँ कि यदि दस में से आठ निर्णय भी सही निकलें तो अच्छा है, बहुत अच्छा है। एक-दो निर्णय तो गलत निकल ही सकते हैं; लेकिन यदि उनसे डरकर हम कुछ न करते हुए शांत बैठे रह जाएँ तो बहुत सी उभरती संभावनाओं और अवसरों के

लाभ से वंचित रह जाएँगे। कोई कार्य करने से पहले किसी भी संगठन के पास उससे संबंधित पूर्ण जानकारी नहीं होती और न ही शत-प्रतिशत सहमति बन पाती है। जब वह पूर्ण जानकारी प्राप्त करने या पूर्ण सहमति बनाने के लिए रुक जाता है तो उसका विकास भी रुक जाता है और वह ठहराव या स्थिरता की ओर बढ़ने लगता है। हमारे संगठन में हर सदस्य को—चाहे वह किसी भी स्तर पर हो—अपने स्तर पर निर्णय लेने का अधिकार दिया गया है।

प्रकृति हमें यह भी सिखाती है कि हमारे काम में सह-अस्तित्व और समरसता होनी चाहिए। यहाँ कुछ भी स्थायी नहीं है। किसी को हानि पहुँचानेवाला व्यक्ति स्वयं भी हानि से नहीं बच सकता। जो चीज ज्यादा बड़ी हो जाती है, वह अंततः टूट जाती है। प्रकृति की तरह ही कोई संगठन भी किसी अन्य संगठन के बल पर आगे नहीं बढ़ सकता। हमारे संगठन के साथ भी यही बात लागू होती है। हम अपने समुदाय के बल पर आगे बढ़ सकते हैं, समुदाय के सदस्यों के साथ अपने संबंधों के बल पर आगे बढ़ सकते हैं। जैसे ही हम इन संबंधों का सम्मान करना बंद करेंगे, हमारा पतन शुरू हो जाएगा।

ये दो मूल तत्त्व ही हमारे संगठन को आगे बढ़ाने में सर्वाधिक सहायक रहे हैं—'सतत प्रगति' एवं 'दूसरों को भी आगे बढ़ने दो' का सिद्धांत। यह सब हमने किसी और से नहीं सीखा है, किसी प्रबंधन गुरु से नहीं सीखा है। यह सीख हमें प्रकृति से मिली है।

VI

किसी व्यक्ति के बारे में कोई बात करते समय अकसर हम यही कहते हैं—'यह उसके जीन (Gene) में है।' यदि संगठन भी एक सजीव अस्तित्व है तो उसका अपना भी जीन होता है, जो उस संगठन की कार्य-शैली, उसके लोगों, उसकी नीतियों-रणनीतियों में मौजूद होता है।

चूँकि किसी संगठन की सफलता व्यक्तिगत कार्य-व्यवहार द्वारा निर्धारित होती है, अतः अभी हाल में हमें लगा कि अब हमें यह जानना जरूरी हो गया है कि हमारा संगठनात्मक जीन क्या है, कैसा है? हमें यहाँ तक पहुँचाने में वह किस प्रकार सहायक रहा है? यह सब समझने के लिए हमने अच्छा-खासा समय और श्रम लगाया। अंततः, पैंटलून के जीन यानी मूल तत्त्व के रूप में हमने पाया—

- **हम सादगी पसंद करते हैं** और अपने विचारों में भी सरलता पसंद करते हैं। सरल विचार हमें चुनौतियों का सफलतापूर्वक सामना करने और कार्य को पूर्ण करने में सहायक होते हैं।

- **गति हमारे सभी कार्यों का केंद्रीय तत्त्व है।** हम योजनाएँ बनाते हैं और विवेकपूर्ण निर्णय लेने के लिए आँकड़ों का प्रयोग करते हैं। परंतु हम अति-विश्लेषण या अति-नियोजन के चक्कर में नहीं पड़ते। हमें रुकना या अपनी गति को धीमी करना पसंद नहीं है।
- **हमें स्वयं काम करते हुए सीखना पसंद है।** इसके लिए हम जोखिम लेने को तैयार रहते हैं। गलतियों से हम सीख लेते हैं, लेकिन उन गलतियों को दोबारा कभी नहीं दोहराते।
- **हम मितव्ययिता पसंद करते हैं।** हम दिखावा नहीं पसंद करते, महँगी फैंसी कारों का दिखावा नहीं करना चाहते। हम अपने ग्राहकों को कम-से-कम कीमत पर उत्पाद उपलब्ध कराना चाहते हैं। इसके लिए हम अपने कार्य-संचालन, नियोजन और रख-रखाव की लागत को न्यूनतम रखते हैं।
- **हम यह मानकर चलते हैं कि ग्राहक हमेशा सही होता है।** ग्राहकों की बदौलत ही हमारा व्यवसाय है। हम उनसे बहुत कुछ सीखते भी हैं। हम उनके व्यवहार का अवलोकन करते हैं और उनकी स्पष्ट व अस्पष्ट आवश्यकताओं को समझने की कोशिश करते हैं। उनके बोलने से पहले हम उनकी आवश्यकता अथवा माँग की वस्तु उनके सामने रख देने की कोशिश करते हैं।
- **हम बहुसंख्यक ग्राहकों के बारे में सोचना पसंद करते हैं।** हम ग्राहकों में किसी को खास या आम मानकर नहीं चलते, सभी ग्राहकों को एक दृष्टि से देखते हैं। देश की विविधता को ध्यान में रखते हुए हम स्थानीय लोगों की रुचि व पसंद के अनुसार अपनी ग्राहक सुविधाएँ तैयार करते हैं।
- **भारतीयता हमारा मूल आदर्श है, जिस पर हम गर्व महसूस करते हैं।** हम यह मानकर चलते हैं कि भारत एक नए स्वरूप में उभर रहा है और यहाँ ऐसी अवधारणाओं की आवश्यकता है, जो पूरी तरह से भारतीय शैली पर आधारित हों। हमारा विश्वास है कि भारत दुनिया को यह दिखा देगा कि किस तरह वह अपनी तरह से काम करते हुए बड़ी-बड़ी उपलब्धियाँ हासिल कर सकता है। हम इस परिवर्तनकारी सोच का नेतृत्व करना चाहते हैं।
- **हम अपने आप में विश्वास रखते हैं।** हमें अपने संगठन की अलग दृष्टि से सोचने की क्षमता पर विश्वास है, जिससे हम वह कर सकते हैं, जिसे दूसरे असंभव समझते हैं। हम नवप्रवर्तन की संस्कृति विकसित करना चाहते हैं। हम मस्तिष्क के दोनों पक्षों—रचनात्मक व विश्लेषणात्मक—का प्रयोग करना चाहते हैं।

- **हम दूसरे लोगों या बाह्य कारकों को दोषी नहीं मानते।** कोई समस्या आने पर पहले हम आत्मविश्लेषण करते हैं और यह समझने की कोशिश करते हैं कि कहीं यह समस्या हमारे संगठनात्मक डिजाइन अथवा हमारी अपनी कार्य-योजनाओं या रणनीतियों के कारण तो नहीं है। हमारी कुशलता बेहतर करने की हमारी दृढ़ इच्छा-शक्ति में निहित है।
- **हम हर स्थिति में सकारात्मक सोचना चाहते हैं।** हम यह मानते हैं कि हर समस्या या चुनौती के पीछे एक संभावना या अवसर छिपा रहता है। अत: हम हर स्थिति—अच्छी या बुरी—का लाभ उठाना चाहते हैं। हम इस विश्वास के साथ चलते हैं कि भविष्य वर्तमान की अपेक्षा हमेशा अधिक उज्ज्वल होगा।
- **हम अपने संपर्क में आनेवाले हर किसी के साथ संबंध विकसित करना चाहते हैं।** हम अपने साझेदारों के साथ आगे बढ़ना चाहते हैं। हम अपने समाज और समुदाय के साथ आगे बढ़ना चाहते हैं।
- **हम मूल्यों को बनाए रखते हुए नियमों को बदलना चाहते हैं।**

□

जिंदगी, दोस्त और पुस्तकें

'जब तक दुःख न पहुँचे, देते रहो।'

—मदर टेरेसा

I

दीवाली खुशियों का त्योहार होता है। मेरे लिए यह आत्म-विश्लेषण का अवसर भी होता है। हर दीवाली को मैं यह जानने की कोशिश करता हूँ कि क्या मेरे परिवार का हर सदस्य खुश और संतुष्ट है? एक-एक सदस्य के स्थान पर स्वयं को रखकर देखता हूँ कि उसकी जगह पर मैं होता तो क्या खुश होता?

परिवार का प्रबंधन व्यवसाय के प्रबंधन से कम महत्त्वपूर्ण नहीं होता। हमारा अच्छा-खासा बड़ा परिवार है। मेरे दो सगे और दो चचेरे भाइयों ने हमारे संगठन की नींव तैयार करने में महत्त्वपूर्ण भूमिका निभाई है। मैं सिर्फ एक कंपनी का ही नहीं बल्कि एक परिवार का भी नेतृत्व कर रहा हूँ। इसमें त्याग और आत्मसंयम की आवश्यकता होती है। किसी को कुछ कहने से पहले उसे स्वयं करके दिखाने की आवश्यकता होती है। हमारे अपने अलग-अलग मानदंड हैं, कोई उससे बाहर नहीं जा सकता, मैं स्वयं भी नहीं। परिवार का नेतृत्व करने के लिए एक अलग तरह के नेतृत्व की आवश्यकता होती है, जिसमें कहीं अधिक संवेदनशीलता की आवश्यकता होती है। मैं इस नेतृत्व में सफल रहा हूँ, जिस पर मुझे गर्व है।

स्वामित्व, प्रशासन और कार्यान्वयन—तीनों विभागों को अलग-अलग करके हमने एक महत्त्वपूर्ण कदम उठाया है। स्वामित्व के लिए हमने ट्रस्ट (न्यास) बनाए हैं,

जिसके पास हमारी कंपनी के शेयरों का स्वामित्व होता है। कोई भी दो लोग बराबर या समान नहीं होते; उनकी अपनी-अपनी क्षमताएँ, खूबियाँ और कमजोरियाँ होती हैं। इसी विश्वास के आधार पर हमने अपनी-अपनी क्षमता और कार्य-कुशलता के अनुरूप अलग-अलग भूमिकाएँ ली हैं।

संगठन के भीतर परिवार के हम सभी सदस्य अपने व्यावसायिक साझेदारों के साथ संबंध-निर्माण और व्यवसाय को उपयुक्त मार्गदर्शन प्रदान करने पर अधिक बल देते हैं। जहाँ निर्णय लेने की बात आती है वहाँ वे भी कंपनी के अन्य कार्यकर्ताओं की तरह ही अपनी भूमिका निभाते हैं। हमारे बीच असहमति और मतभेद जैसी बातें भी आती हैं, लेकिन हर सदस्य अपनी बात को स्पष्ट रूप से सबके सामने कह देता है। इससे उसके मन की बात सामने आ जाती है और दूसरे लोग उसे आसानी से समझ लेते हैं। इससे उसकी धारणा और इच्छा-शक्ति का भी पता चलता है। हमारी सोच अलग हो सकती है—दृष्टिकोण अलग-अलग हो सकता है, लेकिन हमारा अंतिम उद्‌देश्य संगठन का हित ही होता है। हम इसे 'सामूहिक व्यक्तिवाद' कहते हैं—यानी अनेक मत होते हुए भी सबका एक ही उद्‌देश्य। हमारे सामूहिक परिवार में किसी का किसी से वैर-भाव नहीं है। कोई किसी की बुराई नहीं करता और न ही किसी से ईर्ष्या करता है और यह मेरे लिए एक बड़ी उपलब्धि है।

मेरा चचेरा भाई राकेश, चाचा गोपालजी और मैं स्वयं पैंटलून रिटेल के बोर्ड में परिवार का प्रतिनिधित्व करते हैं। बोर्ड में छह अन्य स्वतंत्र डायरेक्टर भी हैं, जो अलग-अलग पृष्ठभूमि के हैं। बोर्ड कंपनी के कार्यों की समीक्षा करता है। कार्यकर्ताओं अथवा विशेषज्ञों की एक टीम भी है, जो संगठन के दैनिक कार्यों का नेतृत्व करती है। कार्यकारी शक्तियाँ इसी टीम के हाथों में हैं।

मेरे सबसे बड़े आलोचक मेरे अपने घर में ही मौजूद हैं। मेरी बेटियाँ अश्नि एवं अवनि मेरी प्रेरणा भी हैं और सबसे बड़ी आलोचक भी। जब भी वे अपनी मम्मी के साथ हमारे स्टोरों में आकर खरीदारी करती हैं तो वे अपनी बातें जरूर बताती हैं—स्टोर में क्या अच्छा है, क्या खराब है।

अश्नि, अवनि और उनके चचेरे भाई-बहन विवेक और निशिता से हमें नई युवा पीढ़ी के बारे में काफी कुछ सीखने-समझने को मिलता है। ये चारों भाई-बहन मुझे नए-नए विचार देते रहते हैं और मेरे विश्वासों को चुनौती देते हुए मेरी गलतियों की ओर संकेत भी करते हैं। इससे मुझे बहुत संतोष मिलता है। मैं जानता हूँ कि वे यह सब किसी तरह के निहित स्वार्थ या डर अथवा दबाव के कारण नहीं करते, बल्कि यह उनका स्वतंत्र मूल्यांकन और निर्णय होता है।

जहाँ तक मेरा मानना है, हमारे परिवार के सुखी और संतुष्ट होने के पीछे राज यही है कि हम आज भी अपने मध्यम वर्गीय संस्कारों को कायम रखकर चलते हैं, जिसके साथ हम बड़े हुए हैं। सम्मान, सादगी और विनम्रता—ये ही वे विशेषताएँ हैं, जो हमें आपस में जोड़कर रखती हैं। हमारी कंपनी की आर्थिक शक्ति भले बढ़ गई हो, लेकिन हमारी कार्य-शैली और हमारी सोच में कोई बदलाव नहीं आया है। सुबह 9:00 बजे मैं घर से निकल जाता हूँ और जब मुंबई में होता हूँ तो शाम को 9:00 बजे तक वापस घर पहुँच जाता हूँ। पार्टियों में जाना मुझे ज्यादा पसंद नहीं है। हालाँकि मैं अपनी बेटी के स्कूल में होनेवाले सभी आयोजनों में तो नहीं पहुँच पाता; लेकिन परिवार के सभी लोग जानते हैं कि जहाँ मेरी आवश्यकता होगी वहाँ मैं जरूर पहुँचूँगा। दोस्तों और रिश्तेदारों को भी मेरे बारे में ऐसा ही विश्वास है।

हीरू ठाकुरदास*

व्यावसायिक मामले में किशोरजी अब बहुत बड़े आदमी बन गए हैं; लेकिन उन्हें देखकर मुझे ऐसा कभी नहीं लगा। यह बात तो पत्र-पत्रिकाओं में पढ़कर और दूसरों से सुनकर पता चली। किशोरजी में अपने विचारों के बारे में आत्मविश्वास और उत्साह बीस वर्ष पहले भी उतना ही था जितना आज है। वह आँखें मूँदकर लोगों पर विश्वास कर लेते हैं। आज भी वह अपने संबंधों को उतना ही महत्त्व देते हैं जितना दस साल पहले दिया करते थे। उनकी जीवन-शैली, आकांक्षाएँ—सबकुछ पहले जैसी ही हैं। आज भी वह एक पैंट सालों तक पहनते रहते हैं। उनकी जेब भी प्रायः खाली ही रहती है। कई बार तो उनके पेट्रोल या लंच का बिल मुझे चुकाना पड़ जाता है। उनके आस-पास की दुनिया तो बहुत बदल गई है, लेकिन वह आज भी वैसे हैं जैसा मैं उन्हें पच्चीस वर्ष पहले देखा करता था।

अब धीरे-धीरे मैं समझ गया हूँ कि नाम और शोहरत के भी अपने फायदे और नुकसान होते हैं। कभी-कभी स्वयं को विशिष्ट अनुभव करता हूँ। तथाकथित ऊँचे और बड़े लोगों द्वारा मुझे पार्टियों एवं आयोजनों में आमंत्रित किया जाता है। कभी-कभी बाहर के देश के प्रमुख से मिलने के लिए भी मुझे आमंत्रित किया जाता है। व्यावसायिक मामले में भी मुझे अंतरराष्ट्रीय फोरमों में देश का या उद्योग का प्रतिनिधित्व करना पड़ता

* हीरू ठाकुरदास किशोर के घनिष्ठ मित्र और सहयोगी रहे हैं।

है, जो निश्चित रूप से मेरे लिए गर्व की बात है। कभी-कभी अनचाही टेली-मार्केटिंग फोन कॉल की तरह कुछ लोग व्यक्तिगत रूप से भी मेरे पीछे पड़ जाते हैं। जैसे एक बार एक लग्जरी कार कंपनी के प्रबंध निदेशक ने मुझे लंच पर आमंत्रित किया था, ताकि वह मुझे अपनी कार का नया मॉडल खरीदने के लिए तैयार कर सकें।

अब हर जगह लोग मुझे पहचान लेते हैं—हवाई अड्डे से लेकर होटल के वॉशरूम तक। समय के साथ हम यह सब स्वीकार करने लगते हैं। जब कभी लोग सार्वजनिक स्थानों पर मुझे नहीं पहचानते तो मुझे कुछ अजीब सा महसूस होता है। लगता है, कहीं कुछ भूल आया हूँ।

परंतु सबसे बड़ी समस्या दोस्तों या परिचितों के साथ व्यक्तिगत संबंधों में आ जाती है। लोग—जो मुझे दशकों से जानते हैं—वे यह सोचने लगे हैं कि मैं बहुत व्यस्त रहता हूँ, इसलिए वे मुझे फोन भी नहीं करना चाहते। मित्रगण कभी बिना बताए मेरे दफ्तर में आने से पहले दो बार सोचते हैं कि कहीं मेरा काम बाधित न हो! ऐसी बातों से कई बार मैं परेशान हो जाता हूँ।

II

मेरा मानना है कि हम इस दुनिया में समय बिताने के लिए आए हैं, इसीलिए हम अपनी पसंद का कोई काम चुन लेते हैं और उसे अपना व्यवसाय या पेशा कहने लगते हैं। मैं इसे 'टाइम पास' का सिद्धांत कहता हूँ।

मैं एक उद्यमी हूँ। मैं व्यवसाय या संगठन के लिए काम करता हूँ; लेकिन वास्तविक अर्थों में मैं अपने जीवन का समय व्यतीत कर रहा हूँ। रोज सुबह मैं किसी काम के लिए तैयार होता हूँ तो इसलिए नहीं कि वह काम करना मेरी बाध्यता है, बल्कि इसलिए कि मेरे पास और कोई ज्यादा काम ही नहीं होता।

हम सब अपने काम में इसलिए व्यस्त रहते हैं कि हम अपने समय का अधिक-से-अधिक आनंद ले सकें, कुछ रचनात्मक कर सकें। कुछ लोग अध्यापन को अपना पेशा बनाना पसंद करते हैं तो कुछ अन्य लेखक या नाविक बनना पसंद करते हैं। अपने-अपने व्यवसाय या पेशे में लगे रहते हुए हम अपनी अलग-अलग दुनिया बना लेते हैं। सफलता-असफलता और हार-जीत की अपनी अलग-अलग परिभाषाएँ तैयार कर लेते हैं और फिर उसी दृष्टि एवं मान्यता के अनुसार हम दूसरों को भी देखने लगते हैं तथा यह नहीं समझ पाते कि हम जो कुछ कर रहे हैं वह गड्ढा खोदते रहने और उसे भरते रहने से ज्यादा कुछ नहीं है। लेकिन मैंने बहुत से लोगों को देखा है, जो अपने जीवन को कुछ ज्यादा ही गंभीरता से लेकर सोचते हैं और यह नहीं समझ पाते कि वे इस दुनिया में जो कुछ भी कर रहे हैं, वह टाइम पास से ज्यादा कुछ नहीं है।

अलग-अलग लोगों के लिए सफलता का मानदंड अलग-अलग होता है। कुछ लोग अपनी कार को अपनी सफलता का मानदंड मानते हैं, कुछ लोग अपने पद को, कुछ अपनी डिग्री या ग्रेड को तथा कुछ अपनी सामाजिक मान-प्रतिष्ठा को अपनी सफलता का मानदंड मानते हैं। हम सभी की अपनी-अपनी सीमाएँ हैं, आलोचक और प्रशंसक हैं। हम दर्पण में देखकर खुद को झिड़कते हैं तो कभी अपनी पीठ थपथपाते हैं। जब कोई सार्वजनिक रूप से जाना-पहचाना जाने लगता है तो उसका दर्पण समाचार-पत्र और टेलीविजन चैनल बन जाते हैं। ऐसे कई लोगों को मैंने देखा है कि वे समाचार-पत्र में अपनी तसवीर और नाम को देखकर या टेलीविजन चैनल पर खुद को देखकर अपनी सफलता निर्धारित करते हैं।

हमारी कंपनी ने कुछ पुरस्कार प्राप्त किए थे, उसके कुछ ही समय बाद मेरी अपनी बेटी के साथ एक प्रेरक बातचीत हुई। उसने मुझसे पूछा कि मेरे लिए सफलता का अर्थ क्या है? क्या सफलता को मापा जा सकता है? या फिर वह सापेक्षिक अथवा विषयगत है?

मेरे लिए सफलता का अर्थ एक निश्चित ज्ञान और अंतर्निहित समझ प्राप्त करने से है। इसे मापा नहीं जा सकता। यह एक अनुभूति है, एहसास है, एक पल है, अभिव्यक्ति है। हर व्यक्ति के अपने लक्ष्य होते हैं, विश्वास होते हैं, जिनसे वह अपने लक्ष्य तक पहुँचने का रास्ता तैयार करता है और अपनी सफलता की कहानी लिखता है। मेरी दृष्टि में, हर व्यक्ति स्वयं में खास है और वह किसी-न-किसी तरह सफल भी है।

जब मैं अपनी उपलब्धियों पर दृष्टि डालता हूँ तो मुझे लगता है कि यह सब मैंने प्रकृति के बहाव के विपरीत चलकर नहीं प्राप्त किया है। अनावश्यक बातों या कामों में मैं स्वयं को कभी नहीं उलझाता। मैंने हमेशा अपने अंतिम लक्ष्य को देखा है और उसी दिशा में पूरे जोश से काम किया है। लेकिन कड़ी चुनौती आने की स्थिति में मैंने हमेशा वही रास्ता चुना है, जिस पर पहले कम लोग चले हों। बेवजह संघर्ष और समायोजन न करने का रास्ता मैंने कभी नहीं चुना। व्यावसायिक प्रतिस्पर्धा के मैदान में भी मैंने हमेशा प्रवाह की दिशा में चलते हुए कार्य-संतुष्टि को ही अपना सरल उद्देश्य बनाकर काम किया है। किसी अन्य के बल पर आगे बढ़ने की इच्छा मैंने कभी नहीं की। यहाँ 'प्रवाह' से मेरा अभिप्राय अपने स्वयं के कार्य में पूरी तरह डूब जाने से है और यह प्रवाह पूरी ऊर्जा एवं शक्ति लगाने, वास्तविक रूप से शामिल होने एवं इस प्रक्रिया में सफलता प्राप्त करने का खास अनुभव है।

हमारे संगठन के बाहर के लोग हमें बिलकुल अलग तरह से काम करनेवाला समझते हैं। मीडिया की दिलचस्पी और हमें मिले सम्मान व पुरस्कारों से यह पता चल

जाता है कि दुनिया अब हमें किस दृष्टि से देखती है। यह हमारा सौभाग्य है कि हमें ऐसे कई पुरस्कार व सम्मान मिले हैं और उनके लिए मैं लोगों का शुक्रगुजार हूँ। लेकिन इनसे तो बस क्षणिक संतुष्टि ही मिल पाती है। प्रतियोगिता में बढ़त हासिल करना या व्यवसाय के लिए नया साझेदार प्राप्त करना भी क्षणिक खुशी ही दे पाता है। मैं इन सबको दूसरी नजर से देखता हूँ। ये सम्मान, पुरस्कार और आकर्षण हमें अपनी जिम्मेदारियों को बेहतर ढंग से समझने और लाखों लोगों की उम्मीदों पर खरा उतरने के लिए प्रेरित व प्रोत्साहित करते हैं। इस प्रकार हमारी सार्वजनिक जिम्मेदारियाँ बहुत बढ़ जाती हैं।

मेरे लिए यह सब तभी संभव है, जब मैं अपने आस-पास के वातावरण में रम जाऊँ और उसके प्रवाह के साथ चलने के लिए स्वयं को तैयार रखूँ। यह प्रवाह मुझे निरंतरता, विकास और विस्तार के साथ-साथ ग्राहकों की प्रतिक्रिया तथा इच्छाओं को समझने की शक्ति देता है। अपने स्टोरों के बाहर प्रसन्नचित्त ग्राहकों को देखकर या ग्राहकों को अपने स्टोर का शॉपिंग बैग लेकर बाहर निकलते हुए देखकर और खरीदारी करके बाहर निकलते ग्राहकों के चेहरे पर संतोष भरी मुसकराहट देखकर मुझे जो खुशी और संतुष्टि मिलती है, वह बड़े-से-बड़े पुरस्कार से भी नहीं मिल सकती।

III

सफलता और असफलता को लेकर हर व्यक्ति की अपनी सोच होती है, परिभाषा होती है। असफलता की परिभाषा देना मुश्किल काम है और उससे भी ज्यादा मुश्किल काम है उसे मापना। जिस तरह सफलता की एक सामाजिक कसौटी होती है, क्या उसी तरह असफलता की भी कोई कसौटी है? क्या असफलता हमेशा सफलता के विपरीत होती है? क्या गलती करना ही असफलता है?

मैंने देखा है कि जो लोग अपनी असफलता का दोष दूसरे लोगों पर नहीं मढ़ते, वे खुश रहते हैं। ऐसे लोग सफलता या असफलता की दूसरों की परिभाषा को मानकर नहीं चलते। वे अपनी स्वयं की परिभाषा पर चलते हैं। मेरा मानना है कि निशाना चूक जाना या रास्ता बदल देना अथवा फिर कुछ नया करने की कोशिश करना—इसे असफलता नहीं माना जाना चाहिए। असफलता वास्तव में वहाँ आती है, जहाँ कोई व्यक्ति हारकर स्वयं की श्रेष्ठता प्राप्त करने की कोशिश बंद कर देता है।

'90 के दशक के मध्य में जब हमने ब्रांडेड पतलून—एक बड़ी रिटेल शृंखला—को बेचना शुरू किया तो वे नहीं बिके। इस कारण देश भर में फ्रैंचाइज (वितरण अधिकार-युक्त) स्टोर तैयार करने के बाद हमें सब बंद कर देने पड़े। अभी कुछ समय पहले भी ऐसा हुआ कि हमारे कुछ रिटेल मॉडल हमारी अपेक्षा के अनुरूप नहीं चल सके; परंतु हम निराश या हतोत्साहित नहीं हुए। इन अनुभवों से हमें बहुत कुछ सीखने को मिला, जिससे हमने अपनी व्यावसायिक रणनीतियों को सुधारा तथा इस प्रकार

व्यवसाय को और मजबूती दी।

इसी तरह फिल्में बनाने की मेरी कोशिश भी पूरी तरह असफल रही। यह मेरे लिए अनुत्साहपूर्ण बात भी थी; लेकिन यह भी सच है कि यदि मैं फिल्में नहीं बनाता तो वह नहीं बन पाता, जो आज हूँ।

मैं समझता हूँ कि इस तरह की असफलताएँ हमारे संगठन के लिए सफलता की ओर मजबूत कदम के रूप में रही हैं। असफलता हमें कुछ सीखने और आगे बढ़ने का अवसर देती है। वस्तुतः गलती, हार, निराशा या असफल प्रयास को पूर्ण असफलता कभी नहीं माना जा सकता। एक तात्कालिक हार या असफलता एक दीवार भी हो सकती है और आगे बढ़ने की सीढ़ी भी।

बहुत से लोग अपनी गलतियों को स्वीकार नहीं कर पाते। मेरा मानना है कि व्यक्ति को आवश्यकता पड़ने पर अपने आप पर हँसने के लिए तैयार रहना चाहिए। अपनी गलती को स्वीकार कर लेना भी सफलता की ओर बढ़ाया हुआ एक कदम है। पूर्ण असफलता तब है जब व्यक्ति कुछ नया करने की कोशिश बंद कर देता है, स्वयं के विचारों एवं आकांक्षाओं पर विश्वास करना छोड़ देता है और हार के सामने समर्पण कर देता है। मैं समझता हूँ कि मैं पूर्ण असफलता की स्थिति पर कभी नहीं पहुँचूँगा, क्योंकि मैं ऐसा व्यक्ति नहीं हूँ कि बिना लड़े अपनी हार मान लूँ।

IV

लड़ाई को अकसर लोग नकारात्मक अर्थ में लेते हैं और उसे विनाश से जोड़कर देखते हैं; परंतु लड़ाई स्वयं में एक वास्तविकता है, जो सिर्फ रक्षा बलों या सेनाओं तक ही सीमित नहीं है। हम सभी को किसी-न-किसी रूप में छोटी या बड़ी लड़ाई लड़नी पड़ती है—चाहे अकेले लड़ें या मित्रों के साथ। वस्तुतः यह सृजन, पालन और विनाश के चक्र का एक हिस्सा है। लड़ाई का संबंध रणनीतिक कला और मानसिक स्तर पर तैयारी से भी है। व्यक्ति को अपने जीवन में हर समय लड़ाई के लिए तैयार रहना चाहिए।

मेरे विचार से—लड़ाई का पहला सिद्धांत 'कब और कहाँ' लड़ना है। अपनी लड़ाई का स्वयं चुनाव करना जरूरी है। व्यक्ति को अपने अंतिम लक्ष्य के साथ-साथ अपनी शक्ति और कमजोरियों को भी समझना चाहिए। हर लड़ाई में कूद पड़ने की गलती सिर्फ मूर्ख ही करते हैं। एक अच्छा योद्धा छोटी-छोटी लड़ाइयों को जीतना अपना लक्ष्य नहीं मानता, वह पूरा युद्ध जीतने को अपना अंतिम लक्ष्य मानकर लड़ाई लड़ता है।

लड़ाई जीतने के लिए व्यक्ति का आसक्ति और पूर्वग्रहों से मुक्त होना भी जरूरी है। युद्ध के दौरान उसे जोश से काम नहीं लेना चाहिए। जोश या मोह से व्यक्ति कमजोर

पड़ जाता है और वह हमला बरदाश्त नहीं कर पाता। स्वयं को आसक्ति और पूर्वग्रहों से मुक्त रखकर ही युद्ध में विजयश्री प्राप्त की जा सकती है।

परंतु सबसे अच्छा युद्ध वह होता है, जो बिना लड़े जीत लिया जाए। ऐसे युद्ध को मैं 'दिमाग का खेल' कहता हूँ। यह लड़ाई बहुत कठिन होती है। इसमें दुश्मन को रणनीतिक और मानसिक स्तर पर हराना होता है। इसके लिए दुश्मन के एक-एक संभावित कदम की जानकारी पहले से रखना जरूरी होता है। इसमें दुश्मन के सामने ऐसी स्थिति पैदा करनी होती है कि वह स्वयं कोई रणनीतिक गलती कर बैठे और मात खा जाए या फिर ऐसा माहौल तैयार करना होता है, जिसमें लड़ाई खत्म होने से पहले हार-जीत का फैसला साफ तौर पर दिखने लगे।

लड़ाई सिर्फ प्रतिस्पर्धा तक ही सीमित नहीं होनी चाहिए। जहाँ तक प्रतिस्पर्धा की बात है, मैं समझता हूँ कि यह विकास और प्रगति का एक स्वस्थ माध्यम है। चाहे कोई व्यक्ति हो या फिर संगठन, सभी को आगे-ही-आगे बढ़ते रहना चाहिए। इस विकास और बढ़त में अपने साथ अपने समाज-समुदाय को लेकर चलना भी जरूरी है और संबंधित व्यक्ति या संगठन के संपर्क में आनेवाले सभी को किसी-न-किसी तरह लाभ पहुँचाना भी जरूरी है। यही मेरे लिए युद्ध का अंतिम अर्थ है।

V

पुस्तक के आरंभिक अध्यायों में मैंने उल्लेख किया था कि किस प्रकार व्यक्ति को अपने सपनों को साकार करने के लिए गुरु या प्रेरक आदर्श प्राप्त करना आसान नहीं है। मेरा कोई वास्तविक गुरु या रोल मॉडल नहीं था; पत्र-पत्रिकाओं में पढ़कर ही मैंने अपने लिए काल्पनिक रोल मॉडल चुना और उसी से मैंने व्यवसाय के गुर सीखे तथा जीवन के प्रति अपना अलग दृष्टिकोण तैयार किया। इस पुस्तक के माध्यम से मैंने अपने जिन विचारों को आपके साथ बाँटा है, वे किसी-न-किसी तरह से मेरे इतने वर्षों के अध्ययन का ही परिणाम और प्रभाव रहे हैं। मैं समझता हूँ कि यह पुस्तक तब तक अपूर्ण ही रहेगी जब तक मैं उन पुस्तकों से आपको अवगत न कराऊँ, जिनसे मैं प्रभावित रहा हूँ।

यहाँ मैं स्टीफेन कोवी की पुस्तक 'द सेवन हैबिट्स ऑफ हाइली इफेक्टिव पीपल' का उल्लेख करना चाहूँगा। इसमें जीवन जीने और कार्य करने के नियमों का विस्तार से वर्णन है, जो कुछ आधारभूत सिद्धांतों या प्राकृतिक नियमों पर आधारित हैं। यह पुस्तक जब मैंने पढ़ी थी, उस समय मैं काफी छोटा था और इससे बहुत प्रभावित हुआ था। इसमें जिन आदतों का उल्लेख है, वे मुझे लगभग हर सफल और प्रभावशाली व्यक्ति में मौजूद दिखाई देती हैं। दूसरी प्रेरणाप्रद पुस्तक है एंथनी रॉबिंस की—'अवेकन द जॉयंट विदिन'। यह पुस्तक बताती है कि किस तरह मनुष्य अपनी पूरी संभावना व

क्षमता भर ऊँचाइयाँ छू सकता है। पॉलो कोएल्हो की पुस्तक 'दि अल्केमिस्ट' और रिचर्ड बैक की पुस्तक 'जोनाथन लिविंगस्टोन सीगॅल' से हमारे संगठन में कई लोग बहुत प्रेरित और प्रभावित रहे हैं। इसने हमें वह हासिल करने में मदद की है, जिसे दूसरे लोग असंभव मानते थे।

भविष्यवादी लेखक आल्विन टोफलर ने अपनी पुस्तक 'फ्यूचर शॉक', 'द थर्ड वेव' तथा 'पावरशिफ्ट' में नई-नई प्रौद्योगिकी से समाज में आए बदलावों पर होनेवाली प्रतिक्रिया और उसके प्रभावों की पड़ताल की है। अपनी एक सुंदर अभिव्यक्ति के रूप में उन्होंने लिखा है—इक्कीसवीं शताब्दी के निरक्षर वे नहीं होंगे जो पढ़ना-लिखना नहीं जानते, बल्कि वे होंगे जो सीखना, भूलना और पुनः सीखना नहीं जानते। और फिर आते हैं टॉम पीटर्स, जो यथास्थिति को चुनौती देते हुए डिजाइन चिंतन के महत्त्व पर बल देते हैं—जो हमारे संगठन का एक अभिन्न हिस्सा बना हुआ है। पीटर की पुस्तकें 'ए पैशन फॉर एक्सलॅन्स' और 'री-इमैजिन' दोनों ही बहुत प्रेरणाप्रद हैं। जिस चिंतन-प्रक्रिया के साथ आज हम अपने संगठन को मजबूती दे रहे हैं, वह वास्तव में टॉम पीटर्स की चिंतन-प्रक्रिया के समान ही है।

रिटेल पर लिखी पुस्तकों में सैम वाल्टन की 'मेड इन अमेरिका' से मैं सर्वाधिक प्रभावित रहा हूँ। हालाँकि रिटेल पर बहुत कम पुस्तकें ऐसी होंगी, जिन्हें मैंने न पढ़ा हो। मेरी पसंदीदा पुस्तकों में एक है—हॉवर्ड शुल्ट्ज की 'पोर योर हार्ट इनटू इट : हाउ स्टारबक्स बिल्ट ए कंपनी वन कप एट ए टाइम'। शुल्ट्ज ने स्पष्ट किया है कि कुछ नया गढ़ने की भावना से युक्त उत्साह और सादगी ही बड़ा ग्राहक-अनुभव प्रदान करने के लिए सर्वाधिक महत्त्वपूर्ण है। इसके अतिरिक्त रिटेलरों पर लिखी गई कुछ पुस्तकें भी हैं : उदाहरण के लिए, बर्नी मार्कस और आर्थर ब्लैंक 'हाउ ए कपल ऑफ रेगुलर गाइज ग्रयू द होम डिपो फ्रॉम नथिंग टू $30 बिलियन'; इंगवेर कंप्रैड की 'लीडिंग बाई डिजाइन : दि आईकेईए स्टोरी'; और मार्विन ट्राउब की 'लाइक नो अदर स्टोर : द ब्लूमिंगडेल्स लीजेंड ऐंड रिवोल्यूशन इन अमेरिकन मार्केटिंग'।

भारतीय और विदेशी उद्यमियों की आत्मकथात्मक पुस्तकें भी मैंने खूब पढ़ी हैं, परंतु वर्गीज कुरियन की आत्मकथा 'आई टू हेड ए ड्रीम' (हिंदी में : 'सपना जो पूरा हुआ') मुझे सबसे ज्यादा अच्छी लगी। कुरियन की कहानी एक सच्चे भारतीय लोकनेता की कहानी है। उन्होंने यह सिद्ध करके दिखा दिया है कि यदि भारत की आम जनशक्ति का अधिकतम संभव उपयोग किया जाए तो किसी भी सपने को साकार किया जा सकता है। आज के भारतीय संदर्भ में देखा जाए तो यह पुस्तक मेरे द्वारा पढ़ी गई भारतीय व्यवसाय से जुड़ी पुस्तकों से किसी मायने में कम नहीं है। पुस्तक में कुरियन ने बार-बार दोहराते हुए लिखा है कि भारत का सबसे बड़ा धन उसके लोग और राज्य हैं।

अपने देश में हमने ऐसे कई गौरवशाली उदाहरण देखे हैं कि हम एक साथ मिलकर काम करते हुए क्या कुछ उपलब्धि हासिल कर सकते हैं, और हासिल किया भी है।

कुरियन इस कटु सच्चाई का उल्लेख करने से भी नहीं हिचकिचाते—'भारत के लिए दुर्भाग्य की बात यह है कि हम भारतीयों का या भारतीय प्रयासों और भारतीय सफलता का सम्मान ही नहीं करते।' यह बात भी कम दुःखद नहीं है कि जो समस्याएँ कुरियन के सामने रही थीं—बहुराष्ट्रीय कंपनियों की अवसरवादिता, अच्छे सार्वजनिक नेतृत्व का अभाव और नौकरशाही अड़चनें—सब आज भी भारत के सामने सबसे बड़ी चुनौतियाँ हैं। परंतु कुरियन की पुस्तक से यह स्पष्ट हो जाता है कि खेड़ा सहकारी संघ की स्थापना के पचास वर्ष बाद भी सफलता का मूल आधार पहले जैसा ही बना हुआ है—लोगों में विश्वास, आत्मविश्वास और अपने देश के प्रति गर्व की भावना।

परंतु यदि आप यह सोच रहे हों कि मैं हमेशा व्यावसायिक पुस्तकें ही पढ़ता रहा हूँ, तो ऐसा नहीं है। बचपन में हमारे यहाँ कार्टून नेटवर्क की सुविधा नहीं थी। इतवार का दिन प्रायः 'टिनटिन', 'एस्टेरिक्स', 'आर्चीज' और 'रिची रिच' पढ़ने में बीतता था। मैं रॉबर्ट लुडलम जैसे लोकप्रिय कहानीकारों का भी प्रशंसक रहा हूँ, जिनकी कहानियाँ प्रायः किसी ऐसे व्यक्ति या समूह पर आधारित होती थीं, जो सफलतापूर्वक अपने शत्रु को हरा देता था। कुछ अन्य लेखक भी हैं, जैसे इरविंग वालेस, जिसने लिखा था—'स्वयं के विचारों पर दृढ़ रहना—चाहे वे सही हों या गलत—दूसरों के अनुरूप बनने के कायरतापूर्ण समर्पण से कहीं ज्यादा प्रशंसनीय है।' जेम्स हेडली चेईज की कहानियाँ भी बहुत रोमांचक लगती थीं।

परंतु भारत को समझने के लिए भारतीय भाषा में लिखी पुस्तकें पढ़ना जरूरी है। हालाँकि मैंने केवल हिंदी में लिखी पुस्तकें ही पढ़ी हैं, लेकिन मेरा विश्वास है कि सभी भारतीय भाषाओं में ऐसी पुस्तकें मौजूद हैं, जो भारत की सच्ची तसवीर प्रस्तुत कर सकती हैं। उदाहरण के लिए, मुंशी प्रेमचंद की सादगी और ग्रामीण तथा कस्बाई गरीब एवं पिछड़े वर्ग की समस्याओं का यथार्थ चित्रण समय एवं भौगोलिक सीमा को बहुत पीछे छोड़ देता है।

अधिकतर सफल हिंदी लेखकों ने अपनी पुस्तकों में उन्हीं समस्याओं, संघर्षों और पीड़ाओं का शाब्दिक चित्रण किया है, जो उन्होंने झेली हैं। हरिवंश राय बच्चन की कविताएँ उनके स्वयं के जीवन की झलक प्रस्तुत करती हैं—गरीबी, दुःख और पीड़ा तथा उपलब्धियाँ। कमलेश्वर की रचनाओं में तेजी से बदलते समाज का यथार्थ चित्रण मिलता है। हरिशंकर परसाई ने आम समस्याओं—जैसे भ्रष्टाचार, शोषण तथा मानव-व्यवहार से संबंधित कुछ बुराइयों—पर जोरदार व्यंग्य कसे हैं। इन हिंदी लेखकों और कवियों का भारतीय समाज व मानव-व्यवहार की मेरी सोच-समझ पर गहरा प्रभाव रहा है। □

10

क्यों आसमान में छेद नहीं हो सकता?

'सफलता और जीवन की दौड़ में बने रहना आपकी गति और कल्पना पर निर्भर है।'

—एन.आर. नारायणमूर्ति

I

हर संगठन को एक ब्रह्मा, एक विष्णु और एक महेश (शिव)—यानी स्रष्टा या निर्माता, पालक और संहारक—की आवश्यकता होती है।

किसी भी संगठन को आगे बढ़ने और बदलती परिस्थितियों के साथ गति बनाए रखने के लिए यह सब एक साथ होना जरूरी है। अधिकतर संगठनों में प्राय: यही होता है कि एक निश्चित विस्तार या आकार पर पहुँच जाने के बाद वे पालक की भूमिका में आ जाते हैं, यानी अपनी यथास्थिति को बनाए रखने में ही लग जाते हैं। मैं तो स्वयं को सबसे पहले सर्जक और संहारक ही मानता हूँ। 'पालक' की प्रवृत्ति मुझमें कभी नहीं रही।

उदाहरण के लिए, हर तीसरे वर्ष हम अपने मौजूदा संगठनात्मक डिजाइन को नष्ट कर देते हैं। अब मैं आपको बताता हूँ कि किस तरह इस विनाश की प्रक्रिया से हमने क्या नव-निर्माण किया है। शुरू में हमने गारमेंट मैन्यूफेक्चरर यानी रेडीमेड कपड़ों के निर्माता के रूप में व्यवसाय शुरू किया था, उसके बाद कुछ ब्रांड शुरू किए। उस समय हमारा व्यवसाय मुख्य रूप से फैशन पर केंद्रित था। कुछ समय के लिए हमारे संगठन का नाम 'पैंटलून फैशन हाउस' भी रहा। हमारा अगला कदम अपने

फैशन उत्पादों के लिए अपनी स्वयं की रिटेल शृंखला स्थापित करना था और धीरे-धीरे हमने अनेक रिटेल व्यवसाय शुरू किए।

ग्राहकों तक सीधी पहुँच बनाने के लिए विभिन्न ग्राहक सेवाओं-सुविधाओं की अच्छी समझ की जरूरत थी। हमने इसी पर सबसे ज्यादा ध्यान दिया। यह हमारे लिए एक कारगर साधन बन सकता था। यह सब हमने व्यवस्थित तरीके से किया। हमने पैंटलून नॉलेज ग्रुप बनाया और अपनी कंपनी के अंतर्गत सूचना के संग्रहण के लिए एक ज्ञान अथवा सूचना कार्यालय भी बनाया। रिटेल और भारतीय उपभोक्ताओं से जुड़ी व्यापक सूचनाओं के भंडार से हमें ग्राहकों की प्रत्यक्ष व अप्रत्यक्ष आवश्यकताओं को समझने और इस प्रकार अपने अंशधारकों की उम्मीदों को नई ऊँचाई देने में बहुत मदद मिली।

वर्ष 2006 में हमने दूसरा बड़ा कदम बढ़ाया। लगभग दस वर्षों तक रिटेल में रहने के बाद हमें लगा कि अब हमें नवप्रवर्तन और अवधारणाओं पर आधारित कोई कंपनी शुरू करनी चाहिए। पहले का हमारा संगठनात्मक ढाँचा एक औसत रिटेल व्यवसाय के लिए था, लेकिन बाद में हमें पूरे उपभोग क्षेत्र में अपनी पहुँच बनाने के अवसर उपलब्ध हुए। फ्यूचर ग्रुप नई विचारधारा का परिणाम था, जो अब एक संगठन बन गया है। नई डिजाइन तैयार करने के लिए हमने पुरानी डिजाइन को खत्म कर दिया। नई डिजाइन बहूपयोगी व्यावसायिक व्यवस्था को ध्यान में रखकर तैयार की गई है।

यह मेरी 'संहारक' या 'विनाशक' प्रवृत्ति है। मेरी निर्माण की प्रवृत्ति को देखना है तो हमारे संगठन की डिजाइन को देखिए। अब हमारा संगठन परिदृश्य-नियोजन, डिजाइन-आधारित चिंतन, नवप्रवर्तन और मीमेटिक्स जैसे नए शोध क्षेत्र पर आधारित है। हम न तो अतीत को लेकर चलते हैं और न ही उससे अपने निर्णय को प्रभावित होने देते हैं। हम भविष्य और भावी परिदृश्य को ध्यान में रखकर चलते हैं—अगले तीन वर्षों में हमारा संगठन कैसा दिखाई देगा? उस समय तक क्या-क्या और किस तरह की चुनौतियाँ उभरकर आएँगी? तब हम अपनी व्यावसायिक रणनीति तैयार करते हैं और एक अनुकूल भावी परिदृश्य तैयार करने की कोशिश करते हैं। इस सबके पीछे हमारा उद्देश्य होता है—समस्या सामने आए, इससे पहले ही उसका संभावित हल तैयार करके रखना और नए उभरनेवाले अवसर का सबसे पहले लाभ उठाना।

संगठन का नेता या प्रमुख होने के नाते मेरा काम संगठन को रणनीतिक दिशा देना है। मेरी अपनी कमजोरियाँ भी हैं। शुरू में मैं अपने व्यवसाय का दैनिक कार्य-संचालन लंबे समय तक कर चुका हूँ। '80 और '90 के दशकों में मैं स्वयं काम करते हुए सीख रहा था। अब मैं समझता हूँ कि मेरी कुशलता कार्य-संचालक की बजाय रणनीतिक नेतृत्व के लिए ज्यादा उपयुक्त है।

हमारे पास विशेषज्ञों-कार्यकर्ताओं की एक टीम है, जो व्यवसाय के दैनिक कार्य-संचालन का काम सँभालती है। आधारभूत निर्णय लेने और उन्हें कार्यान्वित करने की जिम्मेदारी भी मैंने इसी टीम को दे रखी है। नृत्य या संगीत दल का संचालक एक अच्छा निर्देशक हो सकता है, लेकिन स्वयं विश्व स्तर का कलाकार हो, यह जरूरी नहीं। मेरा खयाल है कि मैंने एक ऐसी टीम बनाने में सफलता प्राप्त की है, जो मेरी अभिदृष्टि में विश्वास करती है और जिसने अपने मूल्यों-आदर्शों के साथ हमें अपनी आज की स्थिति में पहुँचने में मदद की है।

मैं स्वभाव से बहुत भावुक भी हूँ। मैं आसानी से किसी को 'न' नहीं कह सकता। मैं लोगों पर खूब विश्वास करता हूँ; यह मेरी कमजोरी भी है और खूबी भी। लेकिन मेरी वास्तविक शक्ति यह है कि मैं भविष्य की एक काल्पनिक तसवीर अपने मन में बना सकता हूँ, मानव-व्यवहार को समझ सकता हूँ और अपने सहज ज्ञान के बल पर तत्काल काम कर सकता हूँ। मेरे निर्णय प्राय: रणनीतिक ही होते हैं। इसके अलावा मेरा अधिकांश समय लोगों से मिलने और संबंध बनाने में व्यतीत होता है।

मैं पूर्णतावादी भी नहीं हूँ। मुझे नहीं लगता कि यहाँ कोई 'पूर्ण दुनिया' है। इसलिए मैं पूर्णता की बजाय उत्कृष्टता हासिल करने पर अपना ध्यान केंद्रित करना बेहतर मानता हूँ। समस्या वहीं शुरू होती है, जहाँ हम हर काम में पूर्णता की खोज करने लगते हैं। इस खोज का कोई लाभ नहीं होता। अपूर्णता में हमें खुशी ढूँढ़नी चाहिए और संतुष्ट रहना चाहिए। हम जो हैं उसमें प्रसन्न रहना चाहिए और जिससे हम खुश हों वह करना चाहिए।

संजय जोग

जिस समय मैंने कंपनी में काम करना शुरू किया था उस समय मेरी सबसे बड़ी चिंता इस बात को लेकर थी कि चालीस से भी ज्यादा लोग कंपनी में ऐसे थे, जो सीधे मैनेजिंग डायरेक्टर को रिपोर्ट करते थे। अब तो यह संख्या दोगुनी हो गई है। यह किसी आदर्श संगठनात्मक डिजाइन के पूरी तरह विरोध में है। इसे देखकर पहली दृष्टि में यही लगता है कि यह आदमी सिर्फ 'वन मैन शो' करना चाहता है।

यह समझ पाने में मुझे कुछ समय लग गया कि किशोरजी के लिए सीधी पहुँच और सीधा उत्तरदायित्व—दोनों अलग-अलग बातें हैं। वह पारदर्शिता पसंद करते हैं और चाहते हैं कि कोई भी सदस्य आवश्यकता पड़ने पर उनके दफ्तर में जाकर उनसे मिल सके, बात कर सके; लेकिन वह बहुत बारीकी

> में नहीं जाना चाहते। वह मोटे तौर पर अपना उद्देश्य तो बता देते हैं, लेकिन वहाँ तक पहुँचने का रास्ता नहीं बताते। वह हमारे दैनिक कार्यों में ताक-झाँक नहीं करते। संगठन के नेता के रूप में वह स्वयं प्रबंधन टीमों के लिए एक प्रशिक्षक की भूमिका अदा करते हैं। उनका उद्देश्य विभिन्न अवधारणाओं को संस्थागत बनाना और उन्हें कार्यरूप देना होता है। आवश्यकता पड़ने पर वह बाहरी मदद भी देने के लिए तैयार रहते हैं। अधिकांश लोग गलतियों पर ध्यान देते हैं और उनके बारे में पता लगाने की कोशिश करते हैं; जबकि किशोरजी अच्छाइयों एवं अच्छे कामों पर ध्यान देते हैं और उन्हें प्रोत्साहित करने की कोशिश करते हैं। वे लोगों के गलतियाँ करने से नहीं डरते। वे लोगों में तथा टीम में सृजनात्मक, रचनात्मक और उद्यमी ऊर्जा की अनुपस्थिति से डरते हैं।

मेरा मानना है कि नेतृत्व का संबंध अधिकार सौंपने से नहीं है। नेतृत्व का संबंध त्याग से है और दोनों में एक महत्त्वपूर्ण अंतर है। प्रतिनिधित्व में तो फिर भी व्यक्ति संपूर्ण निरीक्षण शक्ति अपने पास बनाए रखने की कोशिश करता है, परंतु यह बहुत अच्छी बात नहीं है। यह व्यवस्था सिर्फ संरक्षकों या पालकों की फौज तैयार करती है, जो यथास्थिति को बनाए रखने का ही प्रयास करती है। संगठन में उद्यमिता और नवप्रवर्तन लाने के लिए उसके नेता को कुछ त्याग करना पड़ता है, निर्णय-निर्धारण की जिम्मेदारी अपनी टीम पर छोड़नी पड़ती है। तभी वह अपने संगठन के लिए कुछ अच्छा और बड़ा कर सकता है। हमारे संगठन के प्रत्येक स्तर पर आपको यही व्यवस्था देखने को मिलेगी। अपनी जिन विशेषताओं के बल पर हमने इतने सारे व्यवसायों का प्रबंधन एक साथ कर पाने में सफलता प्राप्त की है, उनमें यह एक महत्त्वपूर्ण विशेषता रही है।

हमारे कई व्यावसायिक प्रतिष्ठान अब पैंटलून रिटेल से अलग स्वतंत्र रूप से चल रहे हैं। उनका प्रबंधन कुछ ऐसे लोगों के हाथ में है, जो भारत और विदेशों की बड़ी-बड़ी कंपनियों में सेवा कर चुके हैं। उनमें से एक हैं समीर सेन, जो लंदन से वापस मुंबई आकर फ्यूचर कैपिटल में हमारे साझेदार बने हैं।

परंतु साझेदार होते हुए भी हम इतने अलग हैं जितना खड़िया और पनीर। वह बहुत संगठित पृष्ठभूमि से आए हैं और एक बड़े बिजनेस स्कूल से शिक्षा प्राप्त कर चुके हैं। निर्णय-निर्धारण के मामले में वह काफी सतर्क रहते हैं। अपने अब तक के जीवन का अधिकांश समय उन्होंने विदेशों में बिताया है, अच्छी जीवन-शैली पसंद

करते हैं और स्वभाव से ही आकर्षक हैं। बहुत से ऐसे मामले हैं, जिन पर हमारे विचार एक-दूसरे से बिलकुल नहीं मिलते। लेकिन हमारे बीच एक बात समान है; हम दोनों को हिंदी फिल्म संगीत पसंद है और दोनों ही वित्तीय व्यवसाय को लेकर बहुत उत्साहित रहते हैं। समीर का मानना है कि पूँजी व्यवसाय में नई क्षमताओं व कुशलताओं की आवश्यकता होती है, जो हमारे रिटेल व्यवसाय से बिलकुल अलग है। भारत की सबसे अच्छी वित्तीय सेवा कंपनी स्थापित करने की उनकी महत्त्वाकांक्षा भी हमारी इस महत्त्वकांक्षा से मिलती है कि हम हर भारतीय को हर चीज श्रेष्ठतम उपलब्ध कराएँ। यही कारण है कि मैंने व्यवसाय का पूर्ण प्रबंधन उन पर ही छोड़ दिया है।

समीर सेन

गोल्डमैन सैच्स में अपने ग्यारह वर्ष के कार्यकाल—विशेषकर उसके संपत्ति प्रबंधन के प्रबंध निदेशक के रूप में सेवाकाल—के दौरान मुझे कुछ बड़े और कामयाब उद्यमियों के संपर्क में आने का अवसर मिला। उनमें से कई ऐसे थे, जिनमें कुछ विशेषताएँ समान हैं, जैसे—जोखिम लेने की प्रवृत्ति, इच्छा-शक्ति और उत्साह; लेकिन उनके बीच कुछ अंतर भी है। उनमें कोई आक्रामक प्रवृत्ति का है तो कोई उदासीन, कोई दयालु है तो कोई कठोर, कोई साम्राज्यवादी है तो कोई धन-अर्जन की ओर प्रवृत्त है, कोई दंभी है तो कोई विनम्र; लेकिन उनमें कम ही लोग ऐसे हैं, जो उद्यमिता को प्रोत्साहित करते हैं। आपको सपने देखने के लिए प्रेरित करनेवाले और भी कम हैं और ऐसे लोग तो शायद ही होंगे, जो आपकी छिपी योग्यताओं का आदर करें, आपको बढ़ावा दें और दिल से आपकी सफलता की कामना करें। किशोर स्वयं में इन सबसे अलग हैं। उनकी प्रबंधन-शैली में उनका व्यक्तित्व झलकता है। वे विरोधाभासों को काम में लेते हैं और उन्हें पसंद करते हैं। वे शरमीले व आक्रामक हैं, दिव्य दृष्टिवाले संचालक और सीधे मुकाबले में न खड़े होने वाले योद्धा हैं। यही कारण है कि उनकी प्रबंधन-शैली पहली बार में कुछ अजीब सी लगती है। वे कमजोर हाथ मिलाते हैं, आँखों से आँखें नहीं मिलाते पर निर्भीक वक्तव्य देते हैं और आक्रामक निर्णय लेते हैं। अपनी बात को पूरे विस्तार से बताते हुए भी वह मूल तथ्य पर बहुत बारीकी से अपनी राय व्यक्त करते हैं। उनकी सोच हमेशा विकास पर ही केंद्रित रहती है, पर लाभ-हानि पर भी वह बहुत बारीकी से अपना दृष्टिकोण रखते हैं और कभी एक रुपया भी खोना पसंद नहीं करते। वे लगातार आपकी बात की आलोचना

करते हैं और जो भी आप कहें उसे हवा में उड़ा देंगे, फिर भी आप देखेंगे कि आपकी कई बातें अमल में ला रहे हैं और जब भी जरूरत हो, वे मजबूत समर्थक सिद्ध होंगे।

बहुत व्यवस्थित संगठन से आनेवाले किसी व्यक्ति के लिए किशोर को समझ पाना इतना आसान नहीं है; लेकिन उनके साथ लंबे समय से रहनेवाले लोग स्वयं मानेंगे कि उन्होंने व्यक्तिगत और व्यावसायिक दोनों स्तरों पर सबको प्रभावित किया है। पहले वह आपको बड़े-बड़े सपने देखने के लिए प्रेरित करेंगे और फिर आपके भीतर यह विश्वास भरेंगे कि आप उन्हें साकार कर सकते हैं। जब आप अपने सपनों को साकार करने में सफल हो जाएँगे तो आपको उसका श्रेय देंगे, लेकिन यह याद दिलाएँगे कि उन्होंने ही आपको ऐसा करने के लिए कहा था। 'प्रवाह के साथ चलो' और 'टाइम पास' के उनके सिद्धांत सुनने में वाणिज्यिक संदर्भ में बहुत दूर लगते हैं, लेकिन वह स्वयं इन्हीं सिद्धांतों पर चलते रहे हैं और इनका व्यावसायिक लाभ भी देखने को मिला है। वह लोगों का मनोवैज्ञानिक अध्ययन करने में बहुत कुशल हैं। सामनेवाले व्यक्ति को कुछ ही सेकंड में समझ लेना उनके लिए बहुत आसान काम है। सामनेवाले व्यक्ति के मनोवैज्ञानिक स्तर के अनुसार ही वह उसके साथ कार्य-व्यवहार करते हैं।

किशोर की कुछ व्यक्तिगत कमजोरियाँ भी हैं, जो उनकी प्रबंधन-शैली में दिखाई देती हैं। उनका कहना है कि ज्यादातर लोग उन्हें अच्छी तरह समझ न पाने के कारण उनकी संभाव्यता और सफलता को भी नहीं समझ पाते। इससे उनके भीतर स्वाभाविक विद्रोह की प्रवृत्ति जन्म लेती है, इसलिए वह लीक से हटकर चलनेवालों की ओर ज्यादा आकर्षित होते हैं। परिणामस्वरूप, उनके संपर्क में आनेवाले लोग जानते हैं कि अगर उन्हें किशोर का ध्यान अपनी ओर आकर्षित करना है तो उन्हें 'नियमों को बदलकर पुन: लिखना' होगा। जिस समय वह एक उद्यमी के रूप में उभरने की कोशिश कर रहे थे, तब उन्हें तत्कालीन व्यवस्थाओं से जूझना पड़ा, अत: वह साधारणत: स्थापित व्यवस्थाओं से घृणा करते हैं। व्यवस्था के पक्षवाले कितनी भी संभावना वाले व्यक्ति के लिए किशोर के पास बहुत कम अवसर है। आलोचना को वह सकारात्मक दृष्टि से लेते हैं; लेकिन वह ऐसा मौका ही नहीं छोड़ते कि लोग उनकी आलोचना कर सकें। अकसर तो वह उनकी बातों को सुनते ही नहीं हैं और कभी-कभी तो सुनते ही खारिज कर देते हैं। किसी भी तरह किशोर

की आलोचना करना बहुत मुश्किल है। हाँ, उनकी दोनों पुत्रियों की बात अलग है।

पर अंत में तो परिणाम ही महत्त्वपूर्ण है। किशोर ने एक बड़ा संगठन तैयार कर लिया है, जिसका कार्य-परिवेश बहुत रचनात्मक है। हर स्तर पर उन्होंने योग्य और प्रतिभाशाली लोगों की नियुक्ति की है, जो उनके और संगठन के प्रति वफादारी की भावना से भरे हैं। उनकी प्रबंधन-शैली देखने-सुनने में अजीब या विरोधाभासी जरूर लग सकती है, लेकिन अपनी प्रबंधन-शैली के बल पर ही वह इतने सारे लोगों को अपनी ओर आकर्षित करने में सफल हो सके हैं। किशोरजी स्वयं कहते हैं—'शक्ति हमेशा अंतर या मतभेदों में होती है।'

II

जब संगठन छोटा हो तो वह अपनी सहज वृत्ति या ज्ञान के आधार पर निर्णय ले सकता है; लेकिन जैसे-जैसे वह बड़ा होता जाता है, उसकी निर्णय-निर्धारण की प्रक्रिया भी अधिक विशुद्ध और वैज्ञानिक बनानी होती है। अभी हम ऐसे मोड़ पर हैं, जहाँ हमें शीघ्र और विवेकपूर्ण निर्णय लेने की आवश्यकता होती है, ताकि हम तेजी से आगे बढ़ सकें। हमने तेजी से प्रगति की है, लेकिन इसके लिए हमें संचालन के स्तर पर कुशल व्यवस्थाएँ करनी पड़ी हैं। संचालन के स्तर पर हमारे कार्यों की गुणवत्ता भी साधारण से निम्न स्तर पर हो सकती है।

पृष्ठाधार को कम महत्त्व देने की हमारी नीति भी अनेक लोगों के लिए चिंता का विषय रही है। हमने शुरू में ग्राहक के स्तर पर व्यवस्था और नियोजन पर ज्यादा जोर दिया था। हमने अपने पृष्ठाधार पर जान-बूझकर ज्यादा जोर नहीं दिया।

दरअसल, हम यह नहीं चाहते थे कि हमारी पृष्ठ व्यवस्था किसी भी तरह से हमारी प्रत्यक्ष ग्राहक व्यवस्था के प्रतिकूल हो। अब हमने अपनी प्रत्यक्ष ग्राहक सुविधा या व्यवस्था को मजबूत कर लिया है, इसलिए अब हमें संपूर्ण व्यवसाय की पृष्ठ व्यवस्था को मजबूत बनाने पर ध्यान देना है। इसमें मुझे प्रौद्योगिकी की महत्त्वपूर्ण भूमिका दिखाई देती है।

पिछले दो वर्षों में हमने कई अलग-अलग प्रौद्योगिकियों को लेकर प्रयोग किए। वर्ष 2005 में मैंने अपने भंडारण-गृहों में आर.एफ.आई.डी. पायलट परियोजना शुरू की थी। आर.एफ.आई.डी. एक चिपवाली प्रौद्योगिकी है, जिसे रिटेल स्टोर पर बिकनेवाले प्रत्येक उत्पाद से जोड़ा जा सकता है। इससे रिटेलर को अपने हर उत्पाद के बारे में जानकारी रखने में मदद मिलती है; क्योंकि पहले यह आपूर्तिकर्ता से भंडारण-गृह में

आता है और भंडारण-गृह से स्टोर में तथा अंततः ग्राहक के थैले में आ जाता है। इससे ग्राहक को जल्दी बिल प्राप्त करने में भी आसानी हो जाती है। मैं समझता हूँ कि आर.एफ.आई.डी. में रिटेल उद्योग के स्वरूप को बिलकुल बदल देने की क्षमता विद्यमान है; लेकिन यह प्रौद्योगिकी अभी पूर्ण विकसित नहीं हो सकी है और बहुत महँगी भी है।

वर्ष 2006 में हमने एस.ए.पी. (SAP) शुरू किया। यह उपक्रम संसाधन के नियोजन का एक माध्यम है, जिससे हमें अपने स्टॉक का कुशल प्रबंधन करने में मदद मिलती है। हालाँकि अब तक हम आर.एफ.आई.डी. और एस.ए.पी. में से किसी भी प्रौद्योगिकी का पूर्ण दोहन या उपयोग नहीं कर पाए हैं, लेकिन इनके प्रयोग का हमारा अनुभव यही कहता है कि अपने ग्राहकों को अधिक गुणवत्तापूर्ण उत्पाद व सेवाएँ उपलब्ध कराने के लिए हम सूचना तकनीक का लाभ उठा सकते हैं।

इसी को ध्यान में रखते हुए हमने विश्व की कुछ बड़ी प्रौद्योगिकी कंपनियों से हाथ मिलाना शुरू कर दिया है और अब हम टेक्नोलॉजी आधारित व्यवस्था व प्रक्रिया स्थापित करने की बहुत बेहतर स्थिति में हैं। अभी हमारे पास अपेक्षाकृत कमजोर टेक्नोलॉजी होने का भी फायदा है। अन्य विश्व स्तरीय रिटेलरों की तरह हमारे पास कोई पुरानी प्रणाली नहीं है, इसलिए हम नई शुरुआत आसानी से कर सकते हैं और निकट भविष्य में हमें अपनी प्रौद्योगिकी के पुरानी हो जाने की चिंता भी नहीं रहेगी। नई प्रौद्योगिकी पूरी संगठनात्मक व्यवस्था को बदल सकती है, जिससे बाजार अनुमान और ग्राहक सुविधाओं के मामले में भी मदद मिलती है।

संगठन के स्तर पर अपने संचालन और प्रबंधन को बेहतर बनाने के लिए हम विभिन्न प्रौद्योगिकी विकल्पों की तलाश कर रहे हैं। हम अपनी नियंत्रण प्रणाली को चुस्त बनाकर अपने व्यवसाय को और मजबूत तथा कुशल बनाना चाहते हैं। ग्राहकों को अधिक गुणवत्तापूर्ण सेवा उपलब्ध कराने में प्रौद्योगिकी की भूमिका महत्त्वपूर्ण होगी।

इन प्रौद्योगिकी साधनों-सुविधाओं का इस्तेमाल करके मैं बाजार के भावी परिदृश्य का पूर्वानुमान लगाना चाहता हूँ। हम अपने ग्राहकों और ग्राहक प्रवृत्तियों के बारे में और जानकारियाँ हासिल करना चाहते हैं। समूह के स्तर पर उपभोक्ता-प्रवृत्ति के बारे में सूचनाएँ संगृहीत कर लेने के बाद हम भावी उपभोक्ता-प्रवृत्तियों का अधिक विशुद्ध पूर्वानुमान लगाने की व्यवस्था करेंगे।

इसके लिए फ्यूचर नॉलेज सर्विसेज शुरू करने जा रहे हैं, जिसका नेतृत्व उशीर भट्ट कर रहे हैं। उशीर भट्ट इससे पहले यूरोप में कुछ बड़ी रिटेल शृंखलाओं में

प्रौद्योगिकी कार्यों का नेतृत्व कर चुके हैं। इससे हमें अपनी पृष्ठ व्यवस्था को सुदृढ़ बनाने और व्यावसायिक प्रक्रिया की बाहरी एजेंसियों से करवाने में मदद मिलेगी। फ्यूचर नॉलेज सर्विसेज संगठन की सभी कंपनियों में लेखांकन, वित्त, पैरोल प्रबंधन, ग्राहक संबंध के प्रबंधन और अन्य क्षेत्रों से संबंधित कार्य सँभालेगी।

किंतु सूचना प्रौद्योगिकी स्वयं कुछ नहीं कर सकती। कोई भी टेक्नोलॉजी उतनी ही अच्छी है, जितने अच्छे उसे काम में लेनेवाले व्यक्ति होते हैं। कुशल मानव संसाधन द्वारा संचालित होने पर यह बेहतरीन निर्णय लेने में हमारी मदद करती है। सूचना प्रौद्योगिकी सूचनाएँ प्राप्त करने में हमारी मदद कर सकती है, लेकिन उन सूचनाओं के उपयुक्त प्रयोग का काम हमें ही करना होता है। तभी इसका वास्तविक व्यावसायिक लाभ उठाया जा सकता है। अत: प्रौद्योगिकी के प्रयोग के साथ-साथ हम अपने संगठन में कुशल मानव-संसाधन पर भी बल देते रहेंगे।

उशीर भट्ट*

फ्यूचर ग्रुप इस समय अपने विस्तार और रूपांतर के मोड़ पर है; लेकिन हमें लग रहा है कि मौजूदा टेक्नोलॉजी की सहायता से हम विकास-विस्तार की अपनी वांछित गति नहीं बना पाएँगे। यह एक बड़ी चुनौती है और उससे बड़ा अवसर है।

ग्राहक-प्रवृत्ति को पहचानने, समझने और उसे लाभदायक अवसर के रूप में बदलने में किशोर को कुशलता प्राप्त है। शुरू में तो वह कहा करते थे कि रिटेल में प्रौद्योगिकी की भूमिका कम ही होगी; लेकिन अब उन्होंने अपनी सोच बदल ली है, क्योंकि वह जानते हैं कि व्यवसाय संचालन के पैमाने और विकास की गति को देखते हुए पूरी व्यवस्था का एक रूपांतरण जरूरी हो गया है। पहले बनाना, फिर उसे बिगाड़कर जरूरत के हिसाब से कुछ नया बनाना किशोर की एक बड़ी खूबी रही है।

जो है उसको नष्ट करने से हमें अन्य रिटेलरों से आगे निकलने का अच्छा मौका मिलता है, क्योंकि हम नए सिरे से शुरुआत करने में सक्षम हो जाते हैं। सामाजिक रिटेलिंग—जिससे युवा ग्राहकों को आकर्षित करने में मदद मिलती है—और वायरल नेटवर्किंग, आर.एफ.आई.डी. और मोबाइल क्रांति :

---

* उशीर भट्ट फ्यूचर नॉलेज सर्विसेज के मुख्य कार्यकारी अधिकारी हैं। वे जनवरी 2007 में समूह में आए थे। इससे पूर्व वे टेस्को हिंदुस्तान सर्विस सेंटर, बंगलौर में कार्यरत थे।

ये सभी नए ग्राहक अनुभव व अवधारणाएँ विकसित करने में महत्त्वपूर्ण भूमिका निभाएँगे। रूपांतरकारी कार्य-पद्धति कार्यान्वित करने के लिए नव-निर्माण व ज्ञान अथवा सूचना संसाधन का उपयोग करने से संगठन दीर्घजीवी बनेगा। हमारा नया मंत्र टेक्नोलॉजी पर आधारित ग्राहक, जगह और प्रक्रिया ही होना चाहिए।

यह सबकुछ भारतीय परिवेश, उसकी विविधता और जटिलता पर आधारित है। पिछले तीस वर्षों के दौरान कई देशों और उद्योगों से मुझे जो अनुभव मिले हैं, उनके आधार पर मुझे लगता है कि भारत के इस संगठित परिदृश्य में सरलता का सिद्धांत स्वयं में बहुत सी समस्याओं का हल है। यात्रा अभी शुरू भर हुई और मुझे लगता है कि यह बहुत मजेदार होगी।

किशोरजी के साथ काम करने का अपना अलग आनंद है, इसलिए 'प्रौद्योगिकी के क्या और क्यों' को स्पष्ट करने की चुनौती भी उतनी ही मजेदार होगी। साथ ही, उनकी आक्रामक कार्य-शैली और जल्दी-जल्दी लक्ष्य बदलने की नीति को देखते हुए यह बहुत निराशाजनक भी हो सकता है। लेकिन मुझे लगता है कि वह एक चुस्त प्रौद्योगिकी-पुरुष हैं, इसलिए मैं इसे ध्यान में रखकर चल रहा हूँ।

III

वर्ष 2011 के लिए हमने अपना एक अच्छा-खासा ऊँचा लक्ष्य निर्धारित किया है। इस अवधि तक हमारी 30 लाख वर्ग फीट रिटेल क्षेत्र पर काम करने की योजना है। यह क्षेत्र देश भर के सौ शहरों में फैला होगा, जिससे 30 हजार करोड़ रुपए का टर्नओवर अनुमानित है। इतना ऊँचा लक्ष्य प्राप्त करना कोई आसान काम नहीं है। इसमें आगे बहुत सी चुनौतियाँ दिखाई पड़ती हैं। संचालन के आकार की बात करें तो इस अवधि में वह दस गुना बढ़ जाएगा। हमारा प्राथमिक विश्लेषण संकेत करता है कि इस लक्ष्य तक पहुँचने के लिए हमें प्रति सप्ताह लगभग 3 करोड़ ग्राहकों को अपनी सेवाएँ देनी होंगी और हर वर्ष लगभग 30 करोड़ बिल तैयार करने होंगे। इसके लिए और अधिक मानव-संसाधन, रियल एस्टेट, संसाधन तथा पर्याप्त तकनीकी आवश्यकताएँ होंगी।

परिदृश्य-नियोजन आदि के माध्यम से हमें अपने व्यवसाय को एक मजबूत आधार देने में मदद मिली है। रियल एस्टेट यानी भू-क्षेत्र की बात करें तो हमने इतना भू-क्षेत्र आरक्षित कर लिया है कि वर्ष 2011 तक की हमारी जरूरत पूरी हो गई है। जहाँ तक मानव संसाधन की बात है, एक अरब मानव-शक्तिवाले भारत देश में इसकी

कमी होगी, ऐसा कोई कारण दिखाई नहीं देता। प्रतिभाशाली और योग्य मानव संसाधन के लिए हम कई शिक्षण संस्थानों से सहयोग ले रहे हैं, जो हमारी आवश्यकतानुसार अभ्यर्थियों को प्रशिक्षित कर उन्हें हमारे संगठन के लिए भेजेंगे। हमारा कर्मचारी ह्रास स्तर उद्योग के औसत ह्रास स्तर से बहुत कम है, इसलिए हम अपने सतत विकास को और भी स्थायी बना सकते हैं।

समष्टि अर्थव्यवस्था के स्तर पर हमने यह पता लगाने की कोशिश की है कि अलग-अलग परिदृश्यों में हमारा संगठन किस प्रकार काम करेगा। इसमें अर्थव्यवस्था में मंदी की स्थिति में अपनी स्थिति पर कायम रहना भी शामिल है। वैसे आनेवाले पाँच वर्षों में अर्थव्यवस्था में किसी बड़ी मंदी की आशंका लगभग नहीं के बराबर ही है, फिर भी हमने उसके लिए अपने आपको तैयार कर लिया है। हमने रिटेलिंग की विभिन्न श्रेणियों तथा गुणवत्ता एवं फैशन अथवा लाइफ स्टाइलवाली उत्पाद श्रेणियों में अपनी उपस्थिति दर्ज करा ली है। यदि सस्ते उत्पादों की माँग बढ़ती है तो हम अपने सस्ते रिटेल मॉडल के माध्यम से ग्राहकों को अपनी ओर आकर्षित कर सकेंगे।

दूसरी बात यह भी है कि हमारा रिटेल व्यवसाय ज्यादा पूँजी-प्रधान मॉडल नहीं है और हमारी ब्याज लागत भी काफी कम है। सबसे ज्यादा स्थिर लागत, जो हम वहन करते हैं, वह रियल एस्टेट का किराया है, जहाँ हम अपना व्यवसाय चलाते हैं। लेकिन हमारे समझौते की शर्तें कुछ ऐसी हैं कि हम जब चाहें, आसानी से जगह खाली कर सकते हैं। अर्थव्यवस्था में आनेवाले उतार-चढ़ाव से हम पूरी तरह तो सुरक्षित नहीं हैं, लेकिन कम-से-कम अन्य व्यवसायों की अपेक्षा तो हमारा व्यवसाय सुरक्षित ही है। हमारे लाभ का स्तर कम है, जो हमें प्रभावित कर सकता है; लेकिन व्यवसाय में जोखिम को एक सीमा तक ही कम किया जा सकता है।

इसके अलावा हमारे सभी नए व्यवसाय—संपत्ति प्रबंधन, उपभोक्ता वित्त, बीमा, रिटेल मीडिया और रियल एस्टेट प्रबंधन—हमारे लाभ के प्रतिशत को काफी बढ़ा सकते हैं। रिटेल हमारे समूह के केंद्र में बना रहेगा, जिससे हमें अधिक-से-अधिक ग्राहकों को आकर्षित करने में मदद मिलेगी। इस प्रकार इससे हमारा लाभ निरंतर बढ़ेगा।

परंतु हमारे सामने एक बड़ी चुनौती अपने आदर्शों एवं व्यावसायिक दृष्टिकोण बनाए रखने की है। कुछ लोग इसे अनियंत्रित दृष्टिकोण का नाम देते हैं तो कुछ इसे परस्पर विरोधी मानते हैं, लेकिन सच यह है कि हमारी कार्य-शैली और हमारा बाजार विश्लेषण असाधारण रूप से सफल रहा है।

अनंत रामन

> अन्य व्यवसायों की तरह पैंटलून रिटेल व्यवसाय को भी अल्पकालिक उतार-चढ़ाव से गुजरना पड़ेगा। प्रतिकूल तिमाही हो सकती है और प्रतिकूल वित्तीय वर्ष भी। इससे कोई कंपनी बच भी नहीं सकती, यह एक अपरिहार्य स्थिति है; लेकिन मुझे जोखिम यह दिखाई देता है कि इन अल्पकालिक उतार-चढ़ावों के चलते प्रबंधन स्वयं उस मूल व्यावसायिक मॉडल पर प्रश्न उठा सकता है, जो इतना सफल रहा है। खराब वित्तीय वर्ष के कारण प्रबंधन का अपनी व्यावसायिक समझ पर से विश्वास उठ सकता है। यह मुझे एक बड़ा जोखिम लगता है। इस स्थिति से कई कंपनियों को गुजरना पड़ा है। मुझे याद है, जब डॉट कॉम युग के दौरान मैं एक बड़े रिटेलर के एक वरिष्ठ कार्यकारी का वक्तव्य सुन रहा था। यह कामयाब रिटेलर एक पोर्टल शुरू करने की योजना बना रहा था, जो बी2बी वर्ग (व्यवसाय से व्यवसाय) के लिए था। यह मेरे लिए बहुत हैरानी की बात थी, क्योंकि कोई भी कामयाब रिटेलर अपने रिटेल उपभोक्ताओं की बजाय बी2बी की योजना शायद ही बनाता। एक निवेशक भी उस समय वहाँ मौजूद था। उसने कहा कि आजकल 'डॉट कॉम' और 'बी2बी' शब्द बहुत लोकप्रिय हो गए हैं।

हम अन्य विभिन्न प्रकार के उपभोक्ता व्यवसायों में भी प्रवेश कर रहे हैं, जहाँ हमारे सामने बिलकुल अलग तरह की चुनौतियाँ होंगी। यद्यपि हमारे कुछ व्यवसाय परिपक्वता को प्राप्त हो रहे हैं, लेकिन कुछ अन्य अभी आरंभिक चरण में ही हैं। लेकिन हमें नहीं लगता कि किसी कारण से अपने अब तक के व्यावसायिक आदर्शों, मूल्यों को बदलने की आवश्यकता होगी। किसी नए व्यवसाय में जाँची-परखी विदेशी व्यवस्था को आजमाया जा सकता है, लेकिन भारत में ऐसा प्राय: कम ही संभव है। स्वयं पर विश्वास और भारतीय कार्य-शैली पर विश्वास—यही हमारा आधारभूत सिद्धांत रहा है।

आज हमने भले ही बहुत प्रगति कर ली है, शक्ति हासिल कर ली है; लेकिन हमें अपने व्यावसायिक संबंधियों के साथ पहले जैसी विनम्रता ही बनाए रखनी है। सच यह है कि इन्हीं संबंधों के बल पर आज हम यहाँ तक पहुँच सके हैं। इसके साथ ही हमें अपनी सादगी और मितव्ययिता भी बनाए रखनी है, ताकि हम अपने ग्राहकों को अधिक-से-अधिक लाभ पहुँचा सकें।

नियमों को बदलकर पुन: लिखना लगभग हम सभी की एक आदत-सी बन गई

है। आगे बढ़ने के साथ-साथ अपने मूल्यों व आदर्शों को ऊँचा उठाना भी हमारे लिए जरूरी होगा।

हमारी टीम में हर महीने बड़ी संख्या में नए लोग शामिल हो रहे हैं। ऐसे में हमारे सामने अपने संगठनात्मक मूल तत्त्व को अक्षुण्ण बनाए रखने की भी चुनौती है। संगठन का आकार बढ़ते रहने के साथ भी हम पहले जैसी चुस्ती से ही काम में लगे रहेंगे। हमें तितली के जैसे उड़ना और मधुमक्खी की जैसी तेजी के साथ काम करना होगा, भले ही हमारा संगठनात्मक आकार कितना बड़ा क्यों न हो जाए!

अपनी संचार-व्यवस्था को भी हमें अपने विकास और विस्तार की गति के अनुकूल बनाना होगा, ताकि संगठन में प्रत्येक स्तर पर आपसी संपर्क बना रहे। मैंने समझ लिया है कि संचार का महत्त्व मेरी पहले की उम्मीदों से कहीं बढ़कर है। हमारी संचार-प्रक्रिया और शैली भी बदल रही है। अब हम पहले की अपेक्षा कहीं अधिक सूचनाओं का संग्रहण और आदान-प्रदान कर रहे हैं। यह एक पारदर्शी प्रक्रिया है, जिसके माध्यम से बहुत से लोग एक साथ जुड़कर बहूपयोगी परिदृश्य तैयार कर रहे हैं। इस प्रक्रिया में सूचनाओं का नियोजन और प्रत्येक सहकर्मी को कुछ रचनात्मक सोचने-करने के लिए प्रेरित एवं प्रोत्साहित करना भी शामिल होगा।

कुछ माह पूर्व मैंने व्यक्तिगत स्तर पर एक कार्य शुरू किया था, जो आज संगठन के प्रत्येक सदस्य को एक दिशा में बढ़ाने का उपयुक्त माध्यम बन गया है। हर सोमवार को सुबह मैं अपने मन में आई नई बातों और अनुभवों को लिखता हूँ; बीते सप्ताह के प्रमुख कार्यों के साथ-साथ आनेवाले सप्ताह के लिए निर्धारित प्रमुख कार्यों का विवरण भी लिखता हूँ। उसके बाद ई-मेल संदेश के जरिए इसे प्रत्येक सहकर्मी तक भेजा जाता है। इसे हम 'सोमवार समाचार' कहते हैं। बिलकुल आसान सी लगनेवाली यह प्रक्रिया हमारे संगठन में नए सुझाव व अवधारणाएँ विकसित करने के लिए बहुत उपयोगी सिद्ध हुई है।

इरीना विट्ठल*

भारत और चीन की बहुत सी कंपनियाँ तीव्र विकास के दौर से गुजर रही हैं और उनमें से कई असफल भी हो सकती हैं। इसका एक कारण उनके द्वारा अपनाई जानेवाली रणनीति भी हो सकती है; लेकिन इसके अतिरिक्त बड़ी

* इरीना विट्ठल कंसल्टेंसी फर्म मैकेंजी ऐंड कंपनी की सहयोगी हैं और कंपनी की भारत में रिटेल व्यवसाय की प्रमुख हैं।

चुनौती तब उभरती है जब कोई संगठन तेजी से बढ़ने की अपनी क्षमता और योग्यता विकसित करता है। अधिकतर तो उसकी संगठनात्मक क्षमता ही उसके विकास में सबसे ज्यादा बाधक होती है। दूसरी बड़ी चुनौती विकास के इस चरण में परिवर्तन का नेतृत्व विकसित करने की है।

मैं समझती हूँ कि किशोरजी इन चुनौतियों से परिचित हैं। उन्हें अपने ऊपर और अपनी अवधारणाओं पर पूरा भरोसा है। किशोरजी जैसा रचनात्मक प्रवृत्तिवाला व्यक्ति व्यावसायिक रणनीति को लेकर स्वाभाविक रूप से उत्साहित होगा। वे इसमें पर्याप्त दिलचस्पी लेते हैं। वे किसी विश्वविद्यालय के शिक्षाविद् नहीं हैं। उन्हें अपनी अभिदृष्टि को कार्यरूप देना होता है।

किशोरजी हमेशा अपने व्यवसाय की माँग या आवश्यकता को ध्यान में रखकर चलते हैं, न कि अपनी स्वयं की इच्छाओं को। उनके सामने अब प्रश्न यह है कि क्या अब उन्हें कार्यान्वयन से अलग हो जाना चाहिए। कार्यान्वयन में भी रणनीति की आवश्यकता होती है। मेरी शुभकामना है कि किशोरजी अपनी रणनीति को कार्यान्वित होते देखकर संतोष और आनंद की अनुभूति प्राप्त करें। जितना ध्यान वह रणनीति पर देते हैं उतना ही ध्यान यदि उसके कार्यान्वयन पर भी देंगे तो उनका आनंद बढ़ जाएगा। उनके लिए ध्यान देने की बात यह होनी चाहिए कि आगे बढ़ने, पीछे हटने का समय क्या हो और आगे बढ़ने की गति कैसी हो।

यह बात मैं पूरी तरह से स्वीकार करता हूँ कि अब हमारे सामने सबसे बड़ी चुनौती संगठनात्मक और बाह्य परिवेश, दोनों स्तरों पर परिवर्तन के प्रबंधन की होगी। आधा बिलियन डॉलर के टर्नओवर का लक्ष्य प्राप्त करने के लिए जो संगठनात्मक क्षमता वांछित थी, वह पाँच वर्षों में 6 बिलियन डॉलर का टर्नओवर खड़ा करने के लिए पर्याप्त नहीं है। जो अभिदृष्टि और रणनीतियाँ हमने अपनाई हैं, वे हमारे निर्धारित लक्ष्य तक हमें पहुँचाने में सक्षम हैं। लेकिन इसमें बाह्य कारकों द्वारा उत्पन्न किए गए बदलावों के कुशल प्रबंधन की आवश्यकता बनी हुई है।

पिछले दो वर्षों से हम अपने संगठन में प्रतिभाशाली विशेषज्ञों-कार्यकर्ताओं को नियुक्त कर रहे हैं। हमारी वरिष्ठ प्रबंधन टीम में अब ज्यादातर सदस्य ऐसे हो गए हैं, जो हमारे संगठन में ही कार्य करते हुए धीरे-धीरे आगे बढ़े हैं। उनके साथ ऐसे विशेषज्ञ भी हैं, जो बड़ी-बड़ी भारतीय व बहुराष्ट्रीय कंपनियों के साथ काम कर चुके हैं। उनमें से कुछ स्वतंत्र उद्यमी भी रह चुके हैं। वर्तमान में वरिष्ठ कार्यकर्ताओं

को अपनी ओर आकर्षित करना अपेक्षाकृत आसान हो गया है। पूरी टीम मिलकर संगठन के विभिन्न व्यवसायों का दिशा-निर्देशन करती है।

परंतु हमारे अलग-अलग व्यवसाय अपने विकास के अलग-अलग चरण में चल रहे हैं। बिग बाजार, पैंटलून और सेंट्रल ने कुछ सीमा तक परिपक्वता प्राप्त कर ली है तो कुछ अन्य व्यवसायों को परिपक्वता प्राप्त करने के लिए अभी समय, संसाधन और मानव-संसाधन की आवश्यकता है। हमारे नए व्यवसायों के लिए अपेक्षाकृत अलग नियंत्रण तंत्र, डिजाइन, कुशलता और सूचनागत आधार की जरूरत है।

इन आवश्यकताओं को ध्यान में रखते हुए हम एक नया संगठनात्मक डिजाइन ला रहे हैं। यह डिजाइन हमारे सभी व्यवसायों के संचालन को अपेक्षाकृत कुशल बनाएगी।

मेरे लिए इन व्यवसायों को खड़ा करने और मेरे सपनों एवं आकांक्षाओं को मूर्त रूप देने का सफर एक बार फिर शुरू हुआ है। आज मेरा एक व्यक्तिगत लक्ष्य है। मैं जानता हूँ कि मैं दुनिया में जीने, सीखने और अपने पीछे एक विरासत छोड़कर जाने के लिए ही आया हूँ—संगठन स्थापित करने की भारतीय कार्य-शैली की विरासत, हर नए युग में आनेवाले परिवर्तनों और अवसरों की विरासत। मुझे उम्मीद है कि एक संगठन के रूप में कल के भारत का स्वरूप तैयार करने में हमारी भूमिका महत्त्वपूर्ण होगी।

आज का युग वास्तव में स्वयं में बिलकुल नया है। इस नए युग में जो परिवर्तन और अवसर उभरकर सामने आ रहे हैं, उनसे हम एक बार फिर नियमों को बदलकर पुनः लिख सकेंगे। अंतर बस इतना ही है कि इस नए युग में परिवर्तन की गति पहले से ज्यादा तेज हो गई है और पुराने नियम अब अप्रासंगिक हो गए हैं। नई अर्थव्यवस्था में व्यवसाय को नया आयाम मिलेगा और व्यवसाय की रणनीतियाँ भिन्न होंगी। हम इसे रचनात्मक अर्थव्यवस्था के रूप में जानते हैं।

IV

आज जो नया युग उभरकर सामने आ रहा है, वह नई-नई अवधारणाओं, कल्पनाओं और नवप्रवर्तन पर आधारित है। कृषि अर्थव्यवस्था से आगे बढ़कर औद्योगिक अर्थव्यवस्था तक पहुँचने में मानव समाज को हजारों वर्ष लगे हैं। कृषि-आधारित अर्थव्यवस्था में जिनके पास खूब जमीनें थीं, उन्हें ही अमीर माना जाता था। भाप के इंजन, रेलमार्ग, बड़े-बड़े कारखानों और निर्माण इकाइयों के आ जाने से अर्थव्यवस्था का स्वरूप बदलकर औद्योगिक हो गया और साथ ही धन का स्वरूप भी बदल गया। यह नई सदी 'सूचना-आधारित अर्थव्यवस्था' में बदल गई है। वर्तमान

में जिनके पास सूचनाएँ हैं, ज्ञान है वही सबसे शक्तिशाली और प्रभावशाली हैं; लेकिन इस नई अर्थव्यवस्था—यानी सूचना-आधारित अर्थव्यवस्था—में भी एक बड़ा परिवर्तन हो रहा है।

ज्ञान आज एक वस्तु बनता जा रहा है, विभिन्न संगठनों के लिए पहले व्यवस्था, प्रक्रिया और विश्लेषण आंतरिक तंत्र की बातें होती थीं, आज इनकी सेवाएँ बाहर से ली जा रही हैं। वर्तमान में सबसे सफल संगठन वे ही हैं, जो सूचनाओं, रचनात्मक और नवप्रवर्तन को संस्था के कुल टर्नओवर बढ़ाने के काम में लेते हैं।

इक्कीसवीं शताब्दी के समाज की सर्वप्रमुख विशेषता जुड़ाव या अखंडता है। पूरी दुनिया आज तेजी से जुड़ती जा रही है। बात चाहे किसी व्यक्ति की हो, कंपनी की हो या फिर किसी देश की—चुनौतियाँ और अवसर उन स्रोतों से आ सकते हैं जिनके बारे में हो सकता है, उन्हें जानकारी ही न हो। बदलते जनसांख्यिकी स्वरूप, विश्व भर में सूचनाओं का अविरल प्रवाह और मीडिया की बढ़ती प्रभावशीलता के साथ-साथ समाज भी तेजी से बदल रहा है। परिवर्तन अब तेज ही नहीं हो रहा है बल्कि अपना स्वरूप भी बदल रहा है।

पहले स्थिति यह थी कि प्रौद्योगिकी कुछ दशकों में एक बार बदलती थी और उस समय हमारे जीवन में बड़े बदलाव आ जाते थे। आज रेडियो, दूरदर्शन, हवाई यात्रा और उपग्रह संचार ने समाज के विकास को तेजी प्रदान की है। आज टेक्नोलॉजी हर क्षेत्र में आधारभूत बदलाव लाती है—यह रातोरात किसी सरदार को पादरी बना सकती है। विनाशकारी प्रौद्योगिकी न केवल हमारे रहन-सहन और कार्य-व्यवहार को बदल देती है, बल्कि पूरे क्षेत्र और संगठनों को भी बरबाद कर देती है।

कुल मिलाकर अर्थ यह हुआ कि बीसवीं सदी में जो खूबियाँ किसी संगठन को आदर्श बना सकती थीं, वे ही आज इक्कीसवीं शताब्दी में उस संगठन को अक्षम बना सकती हैं। निगमों की वर्तमान अवधारणा एक सौ बीस वर्ष पहले शुरू हुई थी। व्यावसायिक प्रबंधन एक विषय के रूप में एक शताब्दी पहले शुरू हुआ था। अतः आज व्यवसाय की मूल अवधारणा पर पुनः विचार करने की आवश्यकता है और निगम अब एक किनारे बने रहकर दुनिया को आगे बढ़ते नहीं देख पाएँगे।

पहले के व्यवसायों का मूल उद्देश्य सुदृढ़ता और स्थायित्व लाना था। उन्हें व्यवस्था लागू करने के लिए तैयार किया जाता था; लेकिन वर्तमान युग में, जिसमें कुछ भी स्थायी नहीं है, व्यवसाय का मूल तत्त्व गति और कल्पना पर आधारित हो गया है। जो कंपनियाँ अपने व्यवसाय के लिए पंचवर्षीय योजना तैयार करके रखेंगी, उन्हें इसका अच्छा लाभ मिलेगा। भविष्य को साफ-साफ तसवीर में नहीं उतारा जा

सकता। विभिन्न संगठनों को स्वयं ही अपनी कल्पना और रचनात्मकता की सहायता से भविष्य की तसवीर तैयार करनी होगी। अत: संगठनों को अस्त-व्यस्तता के माहौल में आगे बढ़ना सीखना पड़ेगा।

वित्त और लेखा विभाग किसी संगठन में व्यवस्था लागू करने के लिए होते हैं। संगठन का सबसे शक्तिशाली सदस्य लेखाकार ही हुआ करता था, लेकिन अब स्थितियाँ बदल गई हैं। आज नवप्रवर्तनकारी विचारों-अवधारणाओं के आधार पर व्यवसाय की कार्य-योजना तैयार हो रही है।

रचनात्मक अर्थव्यवस्था में अपना विकास सुनिश्चित करने के लिए संगठनों को नवप्रवर्तन के केंद्रीय महत्त्व को समझना होगा। नवप्रवर्तन का स्वरूप भी शीघ्र ही बदलनेवाला है, ऐसे में संगठनों को उसके साथ तालमेल बनाकर चलना होगा। समष्टि नवप्रवर्तन एक नई प्रौद्योगिकी के रूप में, एक नए उत्पाद के रूप में या फिर एक नए व्यावसायिक मॉडल के रूप में महत्त्वपूर्ण बना रहेगा; परंतु व्यष्टि नवप्रवर्तन का महत्त्व फिर भी ज्यादा रहेगा—व्यष्टि नवप्रवर्तन, यानी ग्राहकों की बदलती आवश्यकताओं और उपभोग-प्रवृत्तियों से संबंधित रोज कुछ नया करना और उन्हें समझकर पूरा करना ज्यादा महत्त्वपूर्ण होगा।

रचनात्मक अर्थव्यवस्था का प्रभाव और महत्त्व कई व्यवसायों में पहले से ही स्पष्ट होने लगा है। पहले प्राय: वे ही कंपनियाँ सफल थीं, जो या तो न्यूनतम मूल्य पर अथवा सर्वोत्तम गुणवत्तावाले उत्पाद उपलब्ध करा पाती थीं। अब अधिकांश सेक्टरों में कीमत या क्वालिटी सबसे प्रभावशाली घटक नहीं रह गए हैं। आज की प्रक्रियाओं और परिस्थितियों में प्रत्येक व्यवसाय क्षेत्र में एक से अधिक कंपनियाँ विद्यमान हैं, जो न्यूनतम कीमत पर सर्वोत्तम गुणवत्तावाला उत्पाद उपलब्ध करा सकने की स्थिति में हैं।

नया प्रभावशालीकारक डिजाइन हो सकती है। डिजाइन की सहायता से विभिन्न कंपनियाँ अपने ग्राहकों के साथ भावनात्मक स्तर पर जुड़ती जा रही हैं। इसका संबंध सिर्फ उत्पाद या सेवाओं की बिक्री तक सीमित नहीं रह गया है और न ही लेन-देन को पूर्ण करने तक ही सीमित है। जब भी कोई ग्राहक आता है, उस समय उसके साथ संबंध स्थापित करने और उसे रूपांतरकारी परिदृश्य का हिस्सा बनने के लिए आमंत्रित करने का अवसर उपलब्ध होता है। डिजाइन प्रबंधन से हमें अपने प्रत्येक निर्णय में ग्राहक को केंद्र में रखने तथा वास्तविक उद्यम शक्ति से व्यवसाय के संचालन में मदद मिल रही है।

यह बिलकुल स्पष्ट हो गया है कि रचनात्मक अर्थव्यवस्था में संगठनात्मक

चिंतन की एक नई शैली की आवश्यकता है। चूँकि यह बदलाव रूपांतरण से संबंधित है, इसलिए पुरानी अवधारणा पर तैयार किए गए व्यावसायिक मॉडल अब प्रासंगिक नहीं रह जाएँगे। हमें परिदृश्य प्रबंधन की आवश्यकता है, जिससे विशेषज्ञों को अनुकूल वातावरण तैयार करने और परिवर्तन लाने में मदद मिलेगी। वे परिवर्तन लाएँ, न कि परिवर्तन पर प्रतिक्रिया करें।

अब तक के संगठनात्मक ढाँचे प्राय: एक ही तरह के परिणाम के लिए तैयार किए जाते रहे हैं। कारों की बात हो या कोड की या फिर कानूनी मत की, हर जगह एक ही तरह के लोगों की नियुक्ति पर ध्यान केंद्रित किया जाता रहा है, जो असेंबली लाइन को कुशलतापूर्वक संचालित कर सकें। सख्त बहुस्तरीय पदाधिकार व्यवस्था औद्योगिक युग के निगमों की आम विशेषता रही है; परंतु इनमें से कुछ भी ऐसा नहीं है, जो लगातार रचनात्मकता अथवा नवप्रवर्तन को बल प्रदान कर सके।

यह एक स्वयंसिद्ध तथ्य है कि विविधता से रचनात्मकता आती है। खेल से लोक-संस्कृति तक हर जगह विविधता ने टीमों को बेहतर प्रदर्शन करने में मदद पहुँचाई है। निगमों में भी विविधता लानी होगी, इसीलिए हमने विविध कार्य-प्रणालीवाली टीमें विकसित की हैं। पुरुष प्रबंधन स्नातकों, लेखाकारों और अभियंताओं की भीड़ इकट्ठी करने का कोई बहुत लाभ नहीं है। हमें और अधिक मानव विज्ञानियों, समाज-शास्त्रियों एवं जाति-विज्ञानियों की जरूरत है तथा साथ ही संगठन की प्रत्येक टीम में महिलाओं की हिस्सेदारी भी महत्त्वपूर्ण है।

यह क्रांति अभी बस शुरू ही हुई है और इसमें रचनात्मक व नवप्रवर्तनकारी कंपनियाँ स्थापित करना एक बड़ा काम होगा। प्रतियोगिता का स्वरूप भयानक होने जा रहा है। यदि हम बदलते परिवेश व परिदृश्य के साथ सामंजस्य नहीं बैठा सके तो हमारा अस्तित्व खतरे में आ जाएगा। लेकिन यह देखना भी उतना ही दिलचस्प है कि किस प्रकार विभिन्न कंपनियाँ विकास और प्रगति सुनिश्चित करने के लिए एक-दूसरे के साथ सामंजस्य बैठाती हैं। रचनात्मक अर्थव्यवस्था में नव-निर्माण की विचारधारा भी सहयोग व सामंजस्य से ही आएगी। हाल के वर्षों में हमने जो नवप्रवर्तन देखे—टोयोटा प्रोडक्शन सिस्टम से लेकर लाइनक्स और विकीपीडिया तक—उनसे यह बात स्पष्ट हो जाती है।

अब यह सबकुछ शून्य योगवाले खेल की तरह नहीं रह जाएगा। हमें ऐसा माहौल तैयार करना होगा, जिसमें हमारे साथ हमारे व्यावसायिक सहयोगी और ग्राहक भी भरपूर लाभ उठा सकें। अपनी मोल-भाव की शक्ति का नाजायज फायदा उठाने से रचनात्मकता और नवप्रवर्तन का अर्थ शून्य हो जाएगा। इसकी बजाय सबसे अच्छे

व्यवसाय विभिन्न व्यावसायिक सहयोगियों की सामूहिक शक्ति से खड़े किए जा रहे हैं। 'नवप्रवर्तन नेटवर्क' अथवा सहयोगात्मक शोध एवं विकास कार्यक्रम और 'सह-निर्माण अथवा उत्पादों एवं सेवाओं की डिजाइनिंग' आज की जरूरत बन गए हैं।

नए युग के बदलते परिदृश्य के साथ अधिकतर प्रतिष्ठित कंपनियाँ स्वयं को ढालने की कोशिश कर रही हैं, यह बात लगातार स्पष्ट होती जा रही है। एपल कंपनी मैक जैसे विश्वस्तरीय उत्पादों की डिजाइनर थी, जो आज आईपॉड और आईट्यूंस जैसे उपभोक्ता अनुभवों की डिजाइनर बन गई है। गूगल में प्रौद्योगिकी की मुख्य भूमिका भले हो, लेकिन सामान्य उपभोक्ता-व्यवहार के कारण ही यह इतनी लोकप्रिय हो सकी है। टॉम पीटर और नए युग के अन्य व्यावसायिक चिंतक तथा प्रबंधन गुरु उपर्युक्त कई विचारों के प्रमुख समर्थक रहे हैं। मेरा दृढ़ विश्वास है कि हमारा भविष्य हमारे वर्तमान से बिलकुल अलग होगा और एक संगठन के रूप में हमें बहुत से स्थापित नियमों को पुनः लिखना होगा। यदि दुनिया के बारे में मेरा अनुमान गलत होगा तो यह शीघ्र ही सामने आ जाएगा, लेकिन यदि सही निकला तो बहुत से लोगों को फिर से नए सिरे से पढ़ाई शुरू करनी होगी।

□

उपसंहार

26 जनवरी, 2007

एक वर्ष पहले बिग बाजार का 'सबसे सस्ता दिन' के दौरान ग्राहकों की ओर से बहुत ही उत्साहवर्धक प्रक्रिया देखने को मिली थी। ग्राहकों की संख्या और कुल बिक्री के मामले में हमने एक नया कीर्तिमान बनाया। लेकिन चूँकि हमने भारत में उपभोक्तावाद को कम करके आँका था, इस कारण स्टोरों के बाहर खड़े ग्राहकों की भीड़ से हम हैरान रह गए थे।

एक वर्ष बाद—26 जनवरी, 2007 को—हमने एक बार फिर 'सबसे सस्ता दिन' की घोषणा की। इस बार यह पूरे तीन दिन के लिए था। हमने 26 जनवरी के तुरंत बाद के शनिवार-रविवार को भी सबसे सस्ता दिन में शामिल किया और इस बार पहले से भी ज्यादा अच्छा परिणाम मिला। लेकिन इस बार हम भी पूरी तरह से तैयार थे। स्टोरों पर अव्यवस्था न फैले और ग्राहकों को किसी प्रकार की असुविधा न हो, इसके लिए हमने पूरा प्रबंध किया था।

भीड़ को नियंत्रित करने की कुछ तकनीकें हमने मंदिरों में देखी थीं। दिसंबर में हमारी एक टीम देश के विभिन्न मंदिरों के दर्शन के लिए गई थी। वहाँ टीम ने देखा कि किस प्रकार मंदिरों के कार्यकर्ता श्रद्धालुओं की उमड़ती भीड़ को नियंत्रित करते हैं, किस प्रकार श्रद्धालु धैर्यपूर्वक कतार में खड़े रहकर अपनी बारी की प्रतीक्षा करते हैं। ये सभी जानकारियाँ विभिन्न मंदिरों से एकत्रित की गई थीं। बाद में उन्हें हमने अपने स्टोरों पर आजमाया। स्टोरों पर बैरीकेड लगाए। स्टोरों में प्रवेश करनेवालों को कतारों में खड़ा किया गया। मॉल के बाहर और अंदर आने-जानेवालों के नियमन से स्थिति कभी भी नियंत्रण के बाहर नहीं हुई। कुछ स्थानों पर हमने पीने के पानी और पॉपकॉर्न की भी व्यवस्था की थी, ताकि स्टोर के बाहर खड़े ग्राहकों को ज्यादा परेशानी न हो।

स्टोर के भीतर हमने कैश काउंटरों की संख्या बढ़ा दी थी और मुख्यालय तथा क्षेत्रीय कार्यालयों के हमारे कई सहकर्मी भी कर्मचारियों की मदद कर रहे थे।

जिस तरह हमने इस बार बेहतर तैयारी की थी उसी तरह ग्राहक भी पूरी तैयारी से आए थे। उन्हें स्पोर्ट्स के जूते पहने और हाथ में पानी की बोतलें लिये देखा जा सकता था। कुछ ग्राहक तो समूहों में आ रहे थे और भीतर घुसते ही समूह के सभी सदस्य अलग-अलग दिशा में निकलकर खरीदारी कर रहे थे। उन्हीं में से कोई सदस्य कैश काउंटर पर लगी कतार में जाकर खड़ा हो जाता था, ताकि समय और श्रम कम लगे।

उस दिन हमने देखा कि ग्राहकों को भीड़ में परेशानी तो जरूर हो रही थी, लेकिन हमारे सहयोगपूर्ण रवैए से उन्हें बहुत संतोष मिल रहा था। इस बार ग्राहकों की संख्या पिछले वर्ष की अपेक्षा दोगुनी थी; लेकिन किसी भी जगह पर हमें अतिरिक्त सुरक्षा या पुलिस-सहायता की आवश्यकता नहीं पड़ी।

तीसरे दिन के अंत तक 50 लाख से भी ज्यादा ग्राहक हमारे बिग बाजार के विभिन्न स्टोरों पर आए थे और लगभग 125 करोड़ रुपए की खरीदारी की थी। भारतीय ग्राहक हर बार हमें आश्चर्यचकित कर देते हैं। इस बार भी कुछ विशेष उत्पाद ग्राहकों को विशेष रूप से लुभाने में सफल रहे। उदाहरण के लिए, चादरें सबसे ज्यादा संख्या में बिकीं। कुल बिकी हुई चादरों को यदि एक साथ सिलकर फैलाया जाता तो पूरा अमृतसर शहर ढक जाता। 35 हजार से ज्यादा मोबाइल हैंडसेट, 1.5 लाख पतलून और इतनी ही कमीजें बिक गई थीं। पाँच-पाँच किलो आटा, चीनी, खाद्य तेल—'555' के करीब 77 हजार पैकेट बिक गए थे।

परंतु यहाँ बात सिर्फ संख्या या गिनती से आगे निकल गई। चेन्नई शहर ऐसा है, जहाँ हम पहले से मजबूत स्थिति में नहीं हैं। यहाँ सन् 2000 में हमने एक पैंटलून स्टोर खोला था। लेकिन वहाँ ग्राहकों की आवश्यकताओं और प्रवृत्तियों को समझने में हमें समय लग गया था, इस कारण वहाँ हमारी सफलता बहुत सीमित रह गई थी। दिसंबर 2006 में हमने वहाँ अपना पहला बिग बाजार खोला; लेकिन 26 जनवरी, 2007 को प्रति वर्ग फुट क्षेत्र में सबसे ज्यादा बिक्री करनेवाला चेन्नई का बिग बाजार ही था।

कोलकाता में हमारा सबसे छोटा और पहला बिग बाजार स्टोर वी.आई.पी. रोड पर स्थित है। छोटा होने के कारण और ग्राहकों की अत्यधिक भीड़ के चलते पिछले वर्ष इसे बंद कर देना पड़ा था। सन् 2007 में इस स्टोर ने 'सबसे सस्ता दिन' के तीनों दिन अलग-अलग 1-1 करोड़ रुपए की बिक्री की थी।

एक और सुखद आश्चर्य की बात थी—हमारी ऑनलाइन सेवा योजना की लोकप्रियता, जिसे हमने कुछ ही माह पूर्व शुरू किया था। इंटरनेट सेवा का विस्तार

भारत में अभी भी शुरुआती चरण में ही है, लेकिन 'सबसे सस्ता दिन' के दौरान हमने futurebazaar.com पर ऑनलाइन बिक्री की सेवा शुरू की थी। इसके अतिरिक्त हमने छोटे-छोटे बूथ बनाए थे, जिन्हें इंटरनेट से जोड़ा गया था, वहाँ से हमारी वेबसाइट पर उत्पादों से जुड़ी विभिन्न जानकारियाँ प्राप्त की जा सकती थीं। नई दिल्ली के अंसल प्लाजा जैसे स्थानों पर, जहाँ बिग बाजार के स्टोर नहीं थे, ऐसे कुल एक दर्जन बूथ बनाए गए थे। इन बूथों पर ग्राहक हमारी वेबसाइट के जरिए हमें अपना ऑर्डर भेजते थे और हम सामान उनके घर पर पहुँचा देते थे। यह एक छोटा सा प्रयोग था और इससे हमें किसी बड़े व्यवसाय की अपेक्षा नहीं थी।

हमारे लिए आश्चर्य की बात यह थी कि इन बूथों पर भी ग्राहकों की लंबी-लंबी कतारें लग गईं। तीसरे दिन के अंत तक यहाँ जितना व्यवसाय हुआ उतना पूरे महीने में नहीं हुआ था। कुछ ग्राहकों ने बाद की तिथि का चेक दिया था, जिसे अगले महीने की पहली तारीख को ही भुनाया जा सकता था। दरअसल, महीने का आखिरी समय था और उनके पास खरीदारी के लिए नकद पैसे नहीं थे। लेकिन वे इस अवसर को छोड़ना नहीं चाहते थे। हमने ऐसे चेकों को भी खुशी-खुशी स्वीकार किया। इसके साथ ही एक ऑनलाइन रिटेल मॉडल उन ग्राहकों तक पहुँच गया, जो इससे पहले कभी इंटरनेट तक नहीं पहुँच सके थे।

मैं समझता हूँ कि 26 जनवरी के 'सबसे सस्ता दिन' को रिटेल क्षेत्र में लोकतंत्र की शुरुआत का प्रतीक माना जा सकता है। शहरी भारत के एक बड़े वर्ग के लिए चकाचौंध भरे शॉपिंग मॉल और आधुनिक रिटेल मॉडल बहुत महँगे लगते थे, लेकिन उस दिन बहुत से शहरी भारतीयों ने अपनी पुरानी धारणा छोड़ दी और शॉपिंग मॉलों में स्थित हमारे बिग बाजार स्टोरों की ओर उमड़ पड़े। केवल बिग बाजार ही नहीं, बल्कि कई अन्य रिटेलर और मार्केटर भी विभिन्न प्रकार के बिक्री प्रोत्साहन कार्यक्रमों के साथ इसमें शामिल थे। वह दिन आज सच्चे अर्थों में प्रत्येक भारतीय उपभोक्ता से किसी-न-किसी रूप में जुड़ गया है। हमें खुशी है कि हमने अपने भारत में यह सब कर दिखाया।

□□□